스피치 아트
우리말
화법

스피치 아트
우리말
화법

초판 1쇄 인쇄 ǀ 2021년 7월 15일
초판 1쇄 발행 ǀ 2021년 7월 25일

글 ǀ 전영우
펴낸이 ǀ 김남석
기획·홍보 ǀ 김민서
편집부 이사 ǀ 김정옥
편집 디자인 ǀ 최은미

발행처 ǀ ㈜대원사
주   소 ǀ 06342 서울시 강남구 양재대로 55길 37, 302
전   화 ǀ (02)757-6711, 6717~9
팩시밀리 ǀ (02)775-8043
등록번호 ǀ 제3-191호
홈페이지 ǀ http : //www.daewonsa.co.kr

ISBN ǀ 978-89-369-2185-9

스피치 아트
우리말
화법

전영우 지음

ﯤ 대원사

책을 펴내며

저자는 아나운서 30년, 대학교수 30년을 통해 일생을 오로지 '스피치' 외길을 걸어왔다. 대학원 석사과정, 박사과정도 모두 '스피치'로 일관했다. 1962년, 국제스피치학회(SAA)에 정식으로 가입, 국제학계 현황을 파악하고, 미래가 밝을 뿐 아니라 스피치 연구가 저자에게 매우 적합한 학문의 길임을 확인했다.

1964년, 『스피치 개론』을 출판하자 공전의 화제를 뿌렸다. '스피치' 전문서가 우리 서점가에 처음 선을 보였기 때문이다. 예상하지 못한 일은 《동아일보》 문화란에 '신간 서평'으로 고대 영문과 여석기 교수 글이 실리면서 『스피치 개론』이 일파만파 반향을 불러온 것이다. 중앙대 연극학과 이근삼 교수, 동국대 장한기 교수, 한양대 신문방송학과 장룡 교수가 출강을 부탁해 왔다. 그리고 경희대 신문방송학과 황기오 교수가 함께 학과 발전에 공동 노력하자고 제의해 와 강사로 출강했다. 그러나 가장 오래 교단을 지킨 곳은 드라마 센터 아카데미다. 극작가 유치진 선생의 부름을 받고 연극 미디어인 '연기 화법'을 담당했다. 현재 이 학교가 서울예술대학교다. 꼭 7년을 출강했다. 동랑(東郞) 유치진 선생은 후에 본인에게 동랑 연극상(1968년)을 수여했다. 한편, 명지대 유용근 설립 이사 추천을 받아 15년간 초빙 교수 자격으로 명지대 국어국문학과에 출강했다.

스피치 출강 요청은 끊임없이 이어졌다. 중앙공무원 교육원을 비롯해 사법연수원, 정당 중앙연수원, 금융기관, 보험기관, 현대그룹, 삼성그룹, LG그룹, SK그룹, 한화그룹, 동아제약 등 전국 각지 주요 기업과 단체에서 출강 요청이 쇄도했다. 또한 서울교육대, 방송통신대, 서울대 사대, 이화여대 교육대학원, 외국어대 통역대학원, 고려대 경영대학원, 한국언론연수원, 서울신학대학원 등 많은 대학에서도 그야말로 눈코 뜰 새 없이 출강 요청을 받아 분주하게 '스피치'를 담당했다.

현재 '스피치'가 우리 사회에 도입된 지 벌써 60년을 지나고 보니 이제 용어도 바뀌어야 한다고 판단, 스피치를 새로 '화법'으로 옮겨 쓰고 있다. 전국 '웅변 학원'이 대부분 '스피치 학원'으로 이름을 바꾸었다. 당분간 이 이름이 쓰일 것이다.

저자는 서울대 사범대에서 국어교육을 전공하고, 경기고에서 국어과 교사로 근무하기도 했다. 그런데 1960년대 중반만 하더라도 국어 시간에 거의 '국문'을 위주로 가르치고, '국어'는 사실상 등한시했다. 발음도 안 가르치고, 화법도 안 가르쳤다. 저자는 이를 심각한 문제로 인식하고 다른 나라 사정을 알아보니, 이미 중고교에서 '작문'과 '화법'을 핵심 과목으로 가르치고, '발음 교육'도 활발히 가르치는 실정을 파악하게 된 것이다. 문제의식이 있어야 발전이 있을 것이란 추정하에 교육 및 학술 정보를 입수, 국제학회에 정식 가입한 저간의 사정은 앞에 말한 바 있다.

　일찍이 안병희 서울대 교수 초청으로 국립국어원 국어문화학교 강사로 나가 '국어 화법'을 담당, 전국 중고등 국어 전담 교사는 물론, 일반 공무원을 대상으로 신명 나게 가르치던 일을 저자는 당분간 잊지 못할 것이다. 그 후 안병희 교수 추천으로 1994년 한글날에 '국어 화법' 연구 공로를 인정받아 대통령 표창을 받고, 이어 2017년 한글날에 같은 공로로 '문화 포장'을 받았다.

　스피치를 '화법'으로 용어를 바꾸고 『화법 원리』를 출간하자 국어교육계에서 관심이 집중되었다. 저자는 동학(同學)을 규합해 1998년, '한국화법학회'를 창립 발족시키며 마침내 학문의 실질적 발전을 도모하고, 동시에 화법을 보다 깊이 연구할 수 있는 학계 분위기를 조성했다.

　저자는 스피치 및 화법 관련 저서를 꾸준히 출판해 오는 중에 교학사에서 『고등학교 화법』 교과서를 내고, 방송통신대학에서 대학 교재 『국어 화법』을 낸 뒤 심기일전하여 『화법 개설』을 출간, 이 교재가 2004년 학술원 선정 '우수 학술도서'의 가림을 받았다. 매우 기쁘고, 감동 또한 크다. 또 이보다 앞서 『오늘을 사는 화법』, 『신국어 화법론』, 『표준 한국어 발음 사전』 등도 각각 문화관광부 추천 '우수 학술도서'의 목록에 올랐다.

　현시점에서 저자는 지난 세월을 돌아보고 60년 넘게 각계각층 초청으로 출강할 때마다 활용한 '스피치 강의' 카드를 배열해 놓고 새로운 관점에서 요약 정리한 끝에 강의 에센스(Essence)만 뽑아 한 권의 새 책을 만들고 보니 감회가 새롭다.

　『스피치 아트, 우리말 화법』을 필요로 하는 독자 여러분에게 이 책을 기쁜 마음으로 소개한다.

2021년 7월

저자 전영우(全英雨)

차 례

1장
스피치 원리

스피치 행위

커뮤니케이션 과정에 포함되는 일련의 스피치 현상의 세부적 사항은 구체적으로 어떤 것인가? 한 사람이 남과 대화할 때 발생하는 상황은 어떤 것인가?

순환 반응

대화는 일방이 아닌 양방 상호 작용을 뜻한다. 따라서 화자의 음성은 청자 귀에는 물론 화자 귀에 들리고, 경우에 따라 좀 더 크게, 혹은 좀 더 천천히 말해야 하겠다는 인식을 위한 신호가 된다. 또, 청자가 화자의 말을 잘 들을 수 없다면 청자는 귀에 손바닥을 세우게 될지 모른다. 그리고 이 행위는 화자에게 화음을 좀 더 크게 발성하라는 신호가 되기도 한다. 화자가 말하는 내용을 이해하기 곤란해 잠깐 찌푸리는 청자의 표정은 화자에게 좀 더 설명을 분명히 하도록 자극하는 것이 되고, 또 반신반의하는 청자의 얼굴 표정은 화자에게 좀 더 증명을 충실히 하도록 화자를 자극하는 신호가 된다.

물론 이 같은 상호 작용은 대화와 집단 토의에서 더욱 명백해진다. 화자는 오디언스(Audience)가 반응을 보이는 원인이 되고, 오디언스의 반응은 화자의 스피치에 부단히 영향을 미친다. 화자 역시 말하는 일방, 자신의 노력에 계속 반응을 보인다. 이 같은 계속적 상호 작용을 소위 '순환 반응'이라 한다. 이 작용이 바로 대화 행위의 기본적 특징이다.

이 행위를 좀 더 구체화하기 위해 일련의 상호 작용을 분석하고, 다양한 요소가 직접적인 장면에서 발생하는 것을 가정한 '몬로의 스피치 과정' 분석을 다음에 인용한다.

1단계—화자가 청자 의중으로 전달하기 바라는 화자 의중에 있는 한 아이디어로써 스피치 커뮤니케이션이 시작된다. 화자가 어떻게 아이디어를 획득했나는(관찰, 독서 혹은 수집한 정보를 통해) 아직 무관한 일이다. 아이디어를 가지고 이를 말하고자 한다는 화자 의도로 시작한다.

2단계—화자는 아이디어를 어느 종류의 언어 기호로 옮겨야 한다. 어, 절, 구 또는 문으로 옮겨야 한다. 그러나 지금까지는 이 같은 언어 기호가 오직 정신적 개념일 뿐이다. 이것이 화자 의중에서 발생해야 하고, 이것을 상대가 들을 수 있게 하기 위해서다.

3단계—중추신경 계통으로부터의 신경 자극이 스피치에 작용하는 복잡한 근육 계통을 조절하지 않으면 안 된다. 호흡근, 후두근, 악근, 설근, 순근 등

4단계―이 같은 근육 등이 적절한 음을 발하기 위해 조절된 작용으로 반응하지 않으면 안 된다. 그러나 이 같은 음이 어와 문이 된 것은 아니다. 단순히 화자를 에워싼 미분자 공기에 의한 한 파형이다.

5단계―공기를 통한 이 같은 파형의 외부 작용이 청자의 고막을 때릴 때, 화자는 청자에게 음을 전달한 셈이 된다. 음파를 전파로, 다시 전파를 음파로 변환하는 전화와 라디오의 활용은 2차적 단계를 보인다.

6단계―청자의 귀에서 압축되고 희박해진 공기파가 다시 신경 자극으로 전이된다.

7단계―공기파는 청각 신경에 의해 뇌로 전이된다. 이때 비로소 청자는 음을 청취한 결과가 된다. 그러나 아직 화자를 이해했다고 할 수 없다.

8단계―청자는 신경 자극을 어와 문의 언어 기호로 인식해야 한다.

9단계―청자는 일련의 언어 기호에 의미를 부여해야 한다.

10단계― 청자는 이 점에 반응하고 또 다른 한편, 청자 반응을 관찰하고 순환 반응 속에서 화자는 청자 반응에 다시 반응한다

커뮤니케이션 과정은 위에 예시한 몬로의 10단계 과정을 완벽하게 거친 때만 온전하다. 위의 사실에서 화자가 청자에게 곡해되는 경우가 없지 않은 근거를 충분히 짐작할 수 있다. 화자와 청자 사이에 이 같은 일련의 사실이 존재할 때, 어디서든 의사 전달의 단절 혹은 왜곡이 발생, 화자가 의도한 것이 아닌 아이디어를 청자가 수용하는 결과를 초래한다.

2단계―화자에 의한 어휘 선택의 미숙

3·4단계―온전하지 못한 조음과 발음

5단계—외부 소음의 간섭

6·7단계—반롱(半聾) 상태의 청자

8·9단계—청자에 의한 부적절한 어휘 수용, 혹은 의미 왜곡

10단계—청자 반응을 잘못 관찰한 화자의 곡해

앞의 현상 가운데 어느 한 가지라도 화자 아이디어가 청자에게 왜곡
되거나 혹은 불완전한 커뮤니케이션을 초래할 수 있다.

습관

구두 커뮤니케이션 과정에서 각각의 단계가 화자와 청자의 의식적
노력을 필요로 하면 대화는 매우 완만해질 것이고, 또 고통스러운 형편
이 될 것이다. 앞에 기술한 구두 커뮤니케이션 과정이 복잡다단함에도
불구하고 스피치가 대부분 용이하고, 자연스럽고, 즉흥적이다. 언어 행
위가 빈번하고 자동적이기 때문이다.

습관에 따르면 총체적 과정의 대부분을 사람은 단순화한다. 어느 동
물을 볼 때, 거의 자동적으로 '고양이'라는 말을 소리 낸다. 만일 동물 이
름을 말하고 싶으면, 습관이 적절한 신경 근육의 패턴을 확립하기 때문
에 스피치 기관은 많은 의식적 노력을 기울이지 않고 '고양이'라는 말의
소리를 내게 된다.

사용되는 문장의 구조와 표현되는 비교적 큰 사고 단위의 구조도 사
색하고 대화하는 사람 습관에 의해 크게 영향을 받는다. 언어 행위의 여
러 단계도 실제 습관화하기 때문에 보다 쉽게 말하는 것이 상례다. 그러
나 한층 스피치가 습관적 과정에 접어들수록 그것이 정당한 것이든, 부

당한 것이든 비교적 덜 의식하게 된다. 습관은 영속적인 것이나 반드시 완전한 것은 아니다. 스피치 연구에서 인간의 언어 습관이 아이디어를 명료하게 전달할 수 있느냐 여부와 용이한 커뮤니케이션을 왜곡하거나 방해하지 않는지 여부를 관찰하기 위해 앞의 커뮤니케이션 과정의 각 단계에서 사람의 스피치 습관을 조사, 분석하는 것이다.

사고 및 감정

스피치 커뮤니케이션의 실제 과정 바로 배후에 화자 및 청자의 사고 과정 및 감정적 반응 등 여러 패턴이 존재한다. 스피치 구성상 실제적 적용의 세부 사항은 뒤로 미루고, 여기서는 기본적 성격에 관한 일반적 국면만 고려한다.

사고 과정

사고는 본질적으로 증명, 분류, 관계 결정, 문제 해결 등으로 구성된다.
우선 생활 환경을 관찰해 본다. 일정 대상물이 우리 시선을 끌고, 외양·색채·대소 등에 주목하게 된다. 어떤 감촉을 느끼게 되고, 때로는 중량 파악을 위해 일정 대상물을 들어보게 된다. 후각을 통해 냄새를 맡고, 미각으로 맛을 본다. 이 같은 종합적 판단의 결합이 기억으로 남는다. 그리고 다시 그에 직면할 때, 대상물을 증명하려면 상기의 결합이 도움을 준다. 얼마 후에 크기만 제외하고 모든 점이 유사한 또 다른 대상물에 우연히 직면한다. 제2 대상물은 비교적 크다. 이처럼 크기의 차이에도 불구하고 제1 대상물에 대한 기억에 비해 새로운 제2 대상물에 대한 인상이 얼마나 유사한가를 주목한다. 그리고 이것이 '동일 종류'라고 말한다.

모든 것을 유사한 특징을 갖는 동류의 것으로 동일시한다는 사실을 인식할 때까지 언제나 유사한 대상물에 직면하면 이 같은 과정을 반복한다. 가령, 바위가 있다고 가정한다. 바위를 본 후에 다시 새로운 대상물을 보면, 그것이 바위와 유사한 특징을 갖느냐 여부에 따라 이것은 바위다, 혹은 이것은 바위가 아니다 하고 말하게 된다. 이처럼 어느 대상물을 이벤트 발생 여부와 특질 그리고 온냉, 흑백 등으로 분류한다.

사고를 시작할 때, 분류를 최소 단위로 재분류한다. 석회암, 자갈 등 그리고 최대 단위로 결합한다. '바위+흙+부식토 = 땅', 그리고 각 개체에 이름을 붙인다. 특질과 상태에 실상이 없는 유사성까지 주의를 돌린다. 그리고 그것을 아름다운 것, 친절한 것의 범주 속에 포함시킨다. 이 같은 형식의 사고는 인상을 조직적으로 정리할 수 있다.

조금씩 다른 무수한 개체를 비교한 입장에서 몇몇 분류로 다룰 수 있고, 동일 분류의 각 개체 사이에 항시 존재하는 차이는 망각하기 쉽다. 논리학 및 의미론에 관한 연구가 이 문제와 연관을 갖는다.

사고의 다른 양식은 관계다. 주위의 대상과 발생한 이벤트에서 정상적 관계와 장면에 주목한다. 한 가지 이벤트는 또 다른 것을 추구하게 한다. 한 대상물은 다른 것보다 비교적 크다. 두 성질은 함께 발생한다. 그러나 제3의 성질이 나타날 때 전혀 다르다. 이 관계를 주목한다. 그리고 경험을 분석하기 위해 관계에 따른 지식을 활용하고, 행동 결과를 예측한다. 관계되는 현상으로 미루어 과거를 탐구하고, 미래를 전망한다.

문제 해결에 다른 형식의 사고를 적용하지 않는다면 상기 사고 양식은 단순히 학술적인 것이 된다.

도저히 넘을 수 없는 높은 담으로 인해 식사를 할 수 없는 상황의 인간을 상정한다. 만일 숙고함이 없다면 대중 없는 뜀박질과 담을 뛰어넘으려는 보람 없는 노력으로 정력을 헛되이 소모하게 될지 모른다. 그리고 마침내 지칠 대로 지치고, 허기진 채 실망할지 모른다. 그러나 주어진 상황의 문제에 관해 숙고하면, 의중으로 달리고 뛸 것이다. 과거의 경험을 적용한 분류와 관계의 과정을 헤아리며, 앞의 행동은 무위로 그치고 만다는 사실로 결론지을 것이다. 당면 문제의 성질을 분석하고, 유사한 문제 해결의 경험을 재검토하면서 발판과 사다리를 만들어야 하겠다는 결론에 도달하면 곧 실천에 옮길 것이다.

이 같은 종류의 사고는 창의적이고 상상력이 풍부한 사고다. 지적 개념을 결합하고 그것을 잘 취급하면서 인간은 이에 소모되는 정력을 소모하기에 앞서 의중에서 일련의 행동을 종합 판단한다. 사물을 대하는 인간의 노력을 감소시켜 주는 인간 사고의 사물 지칭이 바로 언어이기 때문에 언어로 표현되는 모든 중요 사물을 모든 사고 과정에서 중시하게 된다.

화자가 스스로 사고하고 오디언스(청중)의 사고를 이끌어 나갈 때 언어를 사용한다. 따라서 적절한 사고와 부적절한 언어 표현은 동시에 발생하지 않는 것이 통례다.

감정과 효과

사고 과정의 논의에서 인간은 이성에 의해 설복된다는 사실이 추론될 수 있다. 그러나 이것은 사실과 좀 거리가 멀다. 인간 행태의 가장 큰 부분은 매우 감정적이거나 아니면 감정에 좇는 것이 상정이기 때문이다.

오래전부터 인류는 생존 경쟁에서 인류를 둘러싸고 있는 위험에 대해 명백한 형태의 반응을 발전시켜 왔다. 이 같은 패턴의 근거는 현재, 분노, 공포, 흥분 등의 상태로 지속되고 있는 심리적 양상이다. 이 같은 반응은 또 강력한 생리학적 근거를 갖는다.

인간이 분노하거나 공포에 떨 때 아드레날린이 분비되고, 혈당이 혈액에 유입되어 심장은 보다 빠르게 고동친다. 그리고 호흡 속도에 변화가 온다. 과거와 별 다름없이 인간의 신체는 뛰거나 혹은 싸우는 위기에 직면할 수 있는 태세를 항상 갖추고 있다. 물론 문화인은 행동을 위한 기호인 언어를 갖는다. 때문에 생리적 힘으로 안면을 맞았을 때와 같이 언어 기호만 듣고 인간은 노하게 된다. 그리고 인간은 동일한 언어 기호의 방법으로 반응한다. 그러나 과거와 같이 생리학적 과정은 계속된다. 그래서 이따금 분격하는 것이다.

앞서 말한 사고 과정은 인간 행태를 수정하고 지배하는 데 도움을 줄 수 있다. 이때 기본적 감정 패턴은 대부분 자동적이고, 또 거의 무의식적이다.

감정의 농도는 물론 판이하다. 유순한 감정은 거의 항상 나타나고, 유익한 목적에 도움을 준다는 사실에 대부분 심리학자가 의견 일치를 보이고 있다. 이 같은 감정은 유쾌한 기분 및 조절된 감격이나 운명을 개척하도록 인간을 움직이는 유순한 자극 속에 나타난다. 가령 오디언스에 직면, 어떤 자극을 느끼지 못하는 화자는 무감각한 소이로써 그의 연설을 효과적으로 하지 못하게 된다.

강한 감정의 제2 기준은, 농도는 물론 종류도 달라지는 경향이다. 강한 감정은 항상 한 초점을 갖는다. 무엇에 관해, 혹은 어느 사실에 대해 우리는 때로 분격한다. 혹은 또 무엇을 몹시 두려워한다. 강한 감정은 항상 모호한 일반적 느낌보다 차라리 격노, 공포, 애정 등 일정한 형태를 취한다. 그리고 생리학적 변화는 유순한 감정보다 강하다.

우리는 강한 힘을 발휘하도록 준비하나 계속 조정된 행동을 할 수 있다. 어떤 행동을 억제한다는 것이 매우 어려운 일이나 어느 정도 행동을 의식적으로 조절할 수 있다. 에네르기는 방출을 필요로 하나 그것을 조직적 방식으로 조절할 수 있다. 그러나 극단적 감정은 하나의 분열된 감정이다. 감정이 매우 강하게 작용할 때, 인간은 자제력을 상실할 수 있다. 어떤 동물이 경악할 때, 제 위치에서 움직이지 못하는 것 같이 인간 역시 순간 동결될 수 있다. 혹은 주어진 상황에서 되는 대로 빠져나오고, 아무 가치 없는 임의의 동작을 시작할 수 있다. 분열된 감정의 기준은 사람에 따라 모두 다르다.

화자는 자신의 감정적 반응을 지배하고, 또 청자의 감정을 전환시키는 식견을 활용할 수 있다. 화법에 활력을 증가시킨다. 그리고 자신의 의욕과 강한 감정을 환기하는 주제를 말하는 것으로써 비평의 불안을 감소한다. 화자는 청자의 감정에 역행하는 내용을 말함으로써 청자가 어떤 행동을 일으킬 수 있도록 자극할 수 있다. 화자 제안이 지각 있는 방향을 제시하기 위해 화자와 청자의 사고 과정을 활용한다. 그리고 화법과 오디언스에 요구되는 민감한 반응에 활력과 감정을 돋우어 주기 위해 감정에 관한 지식을 활용할 수 있다.

스피치의 이론적 배경과 개념, 그리고 사고 및 감정에서 다루어진 여러 사항은 현존하는 스피치 원리에서 발췌한 것이다. 이 원리에서 추출한 몇 가지 근거를 검토하고, 다양한 접근 방법에 따라 스피치 연구가 어떤 진전을 보이고 있는지에 관심을 가질 필요가 있다.

수사학의 영향

스피치 연구에 대해 고전 수사학이 미친 심대한 영향을 고려한다. 이따금 스피치 연구를 새롭고 별다른 특이한 분야로 인식하는 경향이 없지 않으나, 실제로 스피치는 학문적 연구의 가장 오래된 부분이다. 그리스와 로마의 학자들이 수사학 연구에 특별한 주의를 환기시켜 준다. 그리고 수사학에 관한 조직적이고 체계적인 저술은 훌륭한 학문적 업적이다.

수사학은 구두 표현어 및 문장 표현어의 사용을 두루 취급한다. 그리고 고대 학자들은 문장 작법까지 포함시켰다. 그러나 당시 인쇄기가 발명되지 않았고, 문헌도 희귀했으며, 따라서 독서와 문장 작법은 화법보다 비교적 덜 중시했다. 화법 일반과 함께 연극 상연, 시 낭독도 중시했다. 그러므로 고전 수사학이 크게 강조한 점은 구두 표현 형식의 언어에 관한 것이었다. 중세기 암흑시대 이후 유럽에서 부활된 연구는 보존된 그리스 및 로마의 원고본에 집중했다. 동시에 고전 수사학은 최근 스피치 분야 연구의 기초가 된다. 그리고 이 영향은 미국에 대학이 설립되면서 대서양을 횡단, 미국으로 옮겨 갔다. 용어와 강조점의 변화는 인정하나 화법의 최근 교재에 포함된 내용과 범위, 그리고 대부분의 기초 원리는 고전학자의 저술에서 발견되는 것과 거의 유사하다.

이같이 수사학 원리의 집념이 오직 역사적 관습의 결과라고 하면, 원리의 가치에 회의적이라 해도 지나친 평은 아니다. 오랜 세월을 거쳐 여러 연사에 의해 원리가 효과적으로 응용되었다는 사실은 고전 수사학자에 의한 이 원리의 형성이 예리한 관찰과 통찰력에 기초를 두고 있음을 시사한다.

다음에 적은 저자의 저술에서 스피치에 관한 대부분의 원리가 추출된다. 그것은 오랜 경험을 통해 시험되었고, 더욱 최근에 심리학적 연구에 의해 수정 보완되고 있다. 스피치를 진지하게 연구하는 입장에서 이 저술을 음미함으로써 스피치에 대한 이해의 폭을 넓히고, 그만큼 스피치에 새로운 관심을 불러일으킬 수 있다.

코락스(Corax)

그리스인 코락스는 기원전 5세기경의 수사학 저자다. 후에 전복되었으나 과거 전제 군주에 의해 토지를 몰수당하고 추방된 사람이 다시 귀환하자, 토지를 반환 받고자 하는 요구를 처리하기 위해 시라큐스에 법정이 개설되었다. 그리고 토지 소유권을 주장하기 위해 피고소인이 법정에 출두했다. 코락스는 바로 '법정 변론'을 연구했다. 그리고 이 같은 종류의 스피치 내용을 준비하는 계획을 세웠다. 또 확신이 증명될 수 없는 경우 개연성을 입증하는 증거 사용의 연구를 거듭했다.

스피치 조직과 개연성에 관한 논술은 일반적으로 '연설 원리'에 대한 최초의 계통적 제시로 인정받는다.

플라톤(Platon)

플라톤(B.C. 427~347?)은 본래 도덕적이고 정치적인 철학자다. 수사학에 대한 관심은 당시 아테네 웅변가들에 의해 사용된 수사학에 대한 일종의 혐오에서 생겨났다. 당시 수사학의 지나친 강조가 주도면밀한 논리와 주제에 대한 온전한 지식에 있지 않고 오히려 언어의 교언영색(巧言令色)에 있다는 사실을 잘 인식하고, 대화에서 이 점을 강조했다.

그리고 진실과 도덕적 목적에 기초를 둔 참수사학 체계를 세웠다. 그러나 일방 청중의 이해에 접근하기 위해 인간 감정의 본질에 대한 연사의 지적 중요성을 크게 인식했다.

스피치의 진실과 도덕의 목표에 대한 강조, 고전 수사학에 대한 공헌은 스피치 구성 원리에 대한 진일보의 발전이다.

아리스토텔레스(Aristoteles)

아리스토텔레스(B.C. 384~322)는 플라톤 밑에서 연구했다. 그리고 플라톤의 영향을 크게 받았다. 아리스토텔레스의 업적은 당대 모든 지식을 계통적 방식으로 분류하고 조직하는 특징적 능력을 발휘한 것이다. 아리스토텔레스 수사학은 스피치를 단일화하고 종합화하는 형식에 있어서 포괄적이고 계통적인 최초의 제시다. 연사의 훈련, 스피치의 전개, 그리고 마땅히 분석해야 하는 청중을 거론했다. 아리스토텔레스의 논술은 새로운 것이기보다 오히려 완벽하고 실제적인 유용성의 입장으로 분류한다.

아리스토텔레스 수사학은 수사학 분야에 수반하는 모든 연구에 실제적 기초를 제공하며 오늘까지 큰 영향을 미친다.

키케로(Cicero)

키케로(B.C. 106~43)는 본래 로마의 위대한 웅변가로 알려져 있다. 키케로의 스피치는 오늘까지 웅변술의 귀감으로 손꼽힌다. 이미 키케로의 웅변은 우연의 소산이 아니다. '웅변 원리'를 주의 깊게 연구했고,

실제 활용에 관련을 가진 입장에서 원리에 관한 저술에 힘썼다. 키케로는 웅변가의 적절한 훈련에 관심을 두고 수사학 분야의 연구만 아니라 보다 폭넓은 교육을 권했다.

키케로의 저술은 스피치 구성과 표현에 중점을 둔 것을 제외하면 아리스토텔레스의 원리와 거의 유사하다. 가장 잘 알려진 저술은 『웅변가와 웅변』이다.

퀸틸리아누스(Quintilianus)

퀸틸리아누스(35~95경)는 연사이기보다 오히려 로마의 교육자다. 12권으로 된 그의 『웅변 원리』는 연사 교육을 위한 전체 교육 과정을 소개하고 있다. 키케로와 같이 퀸틸리아누스도 웅변가는, 웅변술은 물론 지식과 특질을 겸비해야 한다는 사실을 확신했다. 퀸틸리아누스에 따르면 위대한 웅변가는 항시 말을 잘하는 훌륭하고 유능한 사람이다. 그에 의해 제시된 수사학 원리는 아리스토텔레스에 크게 의존하고 있다. 그러나 원리의 적용에 능숙하려면 누구보다 교육자의 충고가 중요함을 강조했고, 연사가 꼭 갖추어야 할 구비 여건을 두루 취급했다.

스피치 연구 방향

스피치 연구는 다양한 형식을 취한다. 형식의 중점은 스피치의 한 국면에서 다른 국면으로 이행한다. 단순화의 위험이 따르지만, 스피치 교육에 대한 현재의 개념에 각각 어떻게 기여하는가를 검토하기 위해 주요 관점을 간략히 관찰한다.

수사학적 접근

앞에서 말한 바와 같이 초기에서 현재에 이르기까지 스피치 연구는 수사학 연구를 포함한다. 그러나 수사학적 전통을 계승한 학자의 중점은 어투에 있지 않고 스피치 자체에 있다.

이 방면의 연구는 형식과 내용 그리고 논리, 문제 구조에 초점을 맞춘다. 일화와 숫자 및 통계 사용, 비교와 대조 그리고 일관성, 조화, 강조는 명연설문집의 조사를 통해 연구한다. 간혹 스피치는 문장으로 기술되고 주의 깊게 교정되며, 수사학적 완벽을 기하기 위해 축어적(逐語的)으로 암기된다.

스피치를 완벽하게 구성함에 있어 연사와 청중이 망각되든가, 혹은 고전이라고 수사학이 외면되는 극단적인 견해는 오늘날 존재하지 않는다. 스피치의 구조, 내용, 문체에 접근하는 작업은 오늘날 스피치 연구의 중요한 부분으로 남는다.

기술적 접근

델사르트(Delsarte, 1811~1871)는 스피치 방법에 역점을 둔 19세기에 이를 지지하는 강력한 운동을 전개할 필요가 있음을 염두에 두었다.

청자는 화자의 의중을 파악할 수 없고, 다만 화자로부터 시청할 수 있는 인상만 받기 때문에 그가 창안한 스피치 연구의 명제는 신체 및 음성 훈련이 가장 중요하다는 사실이다. 모든 가능한 유형의 사고와 감정에 적응하는 주의 깊은 연습을 준비하고, 제스처와 음성 및 억양의 정교한 체계를 안출(案出)한 것이다. 일정한 인상을 받고 반응하는 청중을 위해 이 같은 과학적 체계에 따라 언어에 동작을 일치시켜야 한다는 주장이다.

이 같은 견해는 상당히 수정된 형식으로, 러시(Rush)와 머독(Murdok) 그리고 훌톤(Fulton)과 트루블러드(Trueblood)에 의해 일층 진전을 보였고, 그들의 『실험적 웅변』은 금세기 초 유명한 교재로 손꼽힌다. 이들은 물론 성실한 목적과 논리적이고 실질적인 스피치 내용을 강조한다. 그러나 후에 등장, 웅변과 극예술을 교육한 다수의 가정교사가 행한 바와 같이 이 같은 견해로 교육한 당연한 귀결은 스피치의 표면적이고 기술적인 국면만 강조한 셈이 되었다.

연설 방법과 숙련은 오늘에 와서 여전히 강조되고 있다. 그러나 교육 핵심이 아니라 목적 달성의 한 수단으로 교육되고 있다.

효과적 자기 표현

웅변 추종자의 부자연성에 대한 당연한 반발은 자기 자신을 자연스럽게 표현하려는 요구로 나타났다. 이 같은 반발은 미국 보스턴에 표현학교를 설립한 커리(Curry)로부터 구체화되었다. 스피치 방법을 발전시키려는 수단으로 음성적·신체적 연습을 결코 등한시하지 않았으나 표현에 선행하는 자기 인상의 중요성을 커리는 강조했다.

학생은 자신을 충분히 주제의 지식에 몰입시키고, 자신 속에 성실한 감정을 확립시키도록 조장해야 표현이 자연스럽고 동적이고 독특하다는 것이다. 그러나 이 견해는 지나치게 단순화되고 있다. 주제에 자신을 몰입시키면 표현은 자연스럽게 도출된다는 사실과 또, 이 같은 태도는 커리학교에서 전혀 용인하지 않는 부주의한 배열의 내용과 비효과적 표현을 초래하기가 비교적 쉽다. 하지만 이 견해가 의미하는 개인의 성실성과 특성에 대한 새로운 강조는 스피치 교육계에서 계속 수긍되고 있다.

심리학적 접근

오늘에 증대하는 심리학의 영향은 스피치 연구에 광범위하게 작용한다. 현대 수사학의 중점과 전문 용어는 바로 심리학의 영향을 크게 받은 것이다. 주로 제임스(James)와 동시대 심리학에 의해 크게 영향을 받았다. 기초 과정을 중점 취급한 울버트(Woolbert)는 연사의 훈련에 대한 왓슨(Watson)의 행동주의 심리학 교의(敎義)를 응용했다.

개성 문제에 따른 심리학자의 증가된 관심은 전달 능력의 증진은 물론, 개성 발달의 수단으로 스피치 훈련이 적절한 한 시도라는 사실을 반영해 준다. 태도와 지론을 측정하는 심리학자의 진전된 방법은 논쟁과 설득 방법의 재평가를 선도한다. 그러나 주로 심리학의 영향은 스피치 교육의 방향을 전환하기보다 오히려 수정하고 보완하는 것이다. 그리고 그것이 연사와 청중 간의 결정적 고리로 인식되고 있다. 그러나 표현상의 수사학적 구조와 능력은 아직 고리를 다지는 이상으로 본질적이다.

임상적 접근

대부분의 어린이가 보유하는 스피치 결함에 대한 최근의 각성은 스피치의 치료 문제를 급격히 대두시켰다. 이 문제의 의학적 관심은 히포크라테스(Hippocrates)가 표명한 것이다. 그리고 교육적이고 임상적인 심리학이 여기에 상당한 주의를 돌리고 있다.

심리학과 의학 분야는 물론, 스피치 학계 전문가의 협동적 노력을 통해 이 방면 연구가 어느 정도 진전을 보이고 있다. 여러 가지 스피치 결함에 대한 상세한 분석은 신경 근육과 심리학적 과정에 포함되는 많은 내용을 명백히 하고 있다. 그리고 피험자의 병력 기록 연구를 통해 스피치의 결함 있는 어린이의 조기 훈련과 주위 환경에 존재하는 여러 원인을 발견했다.

연설 병리의 전문 학자는 오랜 기간 등한시되어 왔던 스피치의 새로운 분야에 대한 지식에 실질적으로 공헌한 진단과 재훈련을 위한 임상적 처리를 발전시키고 있다. 특히 스피치 결함의 발생 원인과 성격에 대한 연구를 통해 전형적인 스피치에 포함되는 스피치 과정에 대한 지식을 크게 발전시켰다.

생리학·음성학·음향학적 접근

앞에서 말한 스피치 연구의 주요 추세에 덧붙여 스피치의 여러 특정 부분에 관한 지식에 실질적으로 공헌하고 있는 또 다른 연구 방향이 있다. 이 방면의 연구는 발성 기관의 해부 및 생리학으로 이루어진다.

발음 요소는 언어학적, 역사적, 지리적 그리고 실험적인 관점에 따라 영향 받는다. 음의 음향학, 특히 화음(話音)의 음향학은 음성 과학에 특별한 관심을 쏟는 학자에 의해 연구되고 있다.

전화와 라디오에 의한 장거리 커뮤니케이션의 발전과 디스크, 필름, 테이프의 스피치 녹화와 재생은 이 방면의 조사 연구를 촉진시켜 주고 있다. 이 같은 연구는 화음(話音) 자체와 발음 기관에 대한 상세한 지식을 증가시켜 준다. 그리고 이 연구는 스피치 실연(實演)의 녹화와 측정을 위한 유용한 테크닉을 제공해 준다. 뿐만 아니라 이 연구는 스피치가 청자에게 이해, 수용되기 용이하게 하는 여러 가지 요소에 관한 중요 자료를 제공한다. 여기서 발견된 여러 요소는 결함 있는 스피치의 교정과 청취 난해한 스피치 문제 해결에 매우 유용한 것으로 입증되고 있다.

스피치 연구에는 이 밖에도 많은 견해가 상존한다. 앞에 말한 주요 관점의 하위 국면이나, 혹은 일시적 작용에 따른 관점, 극예술 관계는 생략한다.

절충식 접근

앞에 적은 관점이 각기 단독으로 제구실을 하는 것은 아니다. 스피치의 현대적 연구는 각 견해의 효용성 있는 국면에 대한 지적인 혼합을 포함한다.

2장
스피치 교육의 역사

서양 스피치 교육사

이집트의 화법 교육

화법 교육의 여명기인 5천여 년 전에도 사회를 지배하는 방편으로 언어 표현의 중요성은 크게 인정되었다. 세계에서 가장 오랜 문헌의 화법 교육에 관한 초기 기록을 보면 기원전 3200~2000년에 이미 언어 표현에 관한 자료가 발견된다.

1847년, 프랑스 파리 박물관이 '프리세 파피루스(Prisse papyrus)'를 입수했다. 이 파피루스의 명칭은 이것을 박물관에 전한 프리세 다벤느(Prisse D`Avennes)에 유래한 것이다. 다벤느는 프랑스 고고학자로서 많은 고대 유물이 묻혀 있는 이집트 고분 발굴에 참가했고, 당시 발견한 파피루스가 '프리세 파피루스'다. 한편, 이것을 '프타호텝(Ptah-ho-tep) 및 케겜니(Kegemni)의 교훈'이라 한다.

이집트인은 생애가 끝날 무렵, 유언을 기록해 재산과 함께 파피루스를 후손에게 남긴다. 때로는 유언 속의 충고가 재산보다 귀중할 때가 많다. 그 충고가 후손의 장래를 위한 전 생애를 통한 인생 체험의 결과이기 때문이다. 따라서 파피루스 내용도 각기 다양하다. 관리를 지낸 사람은 정계 인물에 관한 것을, 또 임금의 자문을 지낸 사람은 왕실에서 성공하는 처신의 비결을 후손에게 전하고 있다.

그중에서 지금껏 전해진 가장 오래된 파피루스에 청소년을 어떻게 교육시켜야 도시 시장이나 임금의 자문으로 성공하게 하느냐는 내용이 포함되어 있다. 프리세 파피루스 첫 부분은 케겜니가 장차 도시 시장이나 임금의 자문을 희망하는 청소년에게 주는 교훈이고, 둘째 부분은 프타호텝이 그 아들에게 주는 교훈이다. 이 두 교훈은 다 같이 주어진 주위 환경에 적응할 수 있는 처신과 언동에 관해 주로 언급하고 있다.

프타호텝은 기원전 2500년 이집트 왕국의 제5조 이소시(Isosi) 왕조의 고관이다. 당시 이집트인은 하류 사회인의 기술(記述)에 당시 명사의 서명을 받는 관습이 있으므로 프리세 파피루스 둘째 부분에 기록된 내용이 사실상 프타호텝의 것인지, 혹은 그가 강조한 내용을 제3자가 기록하고 글에 서명한 것인지 여부는 확인할 길이 없다. 그러나 이것이 여기 문제될 것은 아니므로 내용만 검토할 뿐이다. 대체로 이 파피루스의 가장 큰 요점은 현존하는 문헌 중 세계에서 가장 오래된 것이라는 점이다.

이집트인은 파피루스를 '문헌'이라 했고, 사실상 이집트인이 문헌을 가졌다는 하나의 상징으로 알려진 것이 이 케겜니 파피루스다. 케겜니의 교훈은 프타호텝의 것보다 앞선 것이다. 배티스컴 조지 건(Battiscombe George Gunn)도 프리세 파피루스를 번역해 프타호텝의 교훈과 케겜니의 교훈이라 했고, 동시에 세계에서 가장 오래된 문헌이라 일컬었다.

파피루스는 목봉(木棒)에 감은 두루마리인데 재료가 파피루스로, 이것을 얇게 세로로 쪼갠 다음, 가로세로로 쌓아 놓고 물에 흠뻑 적신 뒤, 압축해서 평평한 면으로 만든 것이다. 프리세 파피루스를 펼쳐 보면 길이가 7미터, 나비가 1미터가량이다. 이 안에 18단가량 적색 및 흑색 잉크로 쓴 충언(忠言)이 있다. 바로 여기 프타호텝이 그 후손에게 전하는 가장 중요한 부분이 포함된 것이다.

주로 화법의 중요성과 화법을 어떻게 학습해야 한다는 등 화법에 관한 내용이다. 그 가운데 다음 표현의 어구가 있다. "멋진 언어 표현은 자갈 속에서 얻은 에메랄드 보석보다 더 희귀하다." 프타호텝은 언어 기법이 사회를 지배하는 방도라 생각한 것이다. 이 어구는 언어 기법에 대한 현대적 의미를 벌써 내포한 것이다.

울버트(Woolbert)는 『언어 기법의 원리』라는 저서에서 언어 기법의 기능을 네 가지로 분류한다. 언어 기법은 자기 사상 감정을 남에게 전달하고 표현하는 데 필요한 것으로, 첫째는 청중으로 하여금 연사의 사상과 감정을 수용케 하려는 의도가 연사에게 있어야 하며, 둘째는 언어를 구사해서 사상 및 감정을 표현해야 하고, 셋째는 청중은 연사의 웅변을 듣고 연사의 의도와 목적을 충분히 전달받을 수 있어야 한다 했다. 덧붙여 넷째는, 연사가 동작을 통해 청중이 연사를 시각적으로 직감할 수 있게 하라 했다.

한편, 파피루스의 프타호텝은 첫째 요소인 연사의 목적과 의도를 강조했으며, 그것을 다룰 때 윤리 면도 중시했다. 울버트와 함께 프타호텝은 과장되게 큰 발성이나 어음을 바람직하지 못한 것으로 돌린 동시에, 대신 잘 조절된 발성을 종용했다. 연사는 발언과 동시에 제스처를 쓰는데, 이것이 청중에게 미치는 영향이 크다는 사실도 함께 강조하고 있다.

이와 같이 프타호텝은 언어 기법을 요소별로 분석함에 있어 현대적인 감각을 가지고 있을 뿐만 아니라, 언어 기법에서 특히 청중을 절대시한 점도 현대 스피치 교육의 이론과 거의 일치한다.

프타호텝은 언어 기법이 사회를 지배하는 도구로 생각했다. 언어 기법이 청중에 미치는 영향을 중시한 나머지 후손에게도 각계각층의 청중에게 다양성 있는 언어 기법을 활용하도록 종용했다. 여러 특이한 감정을 표현하면 이에 따른 특정 반응을 획득하리라는 사실을 일깨워 줬으며, 의도한바 효과적 반응을 획득함에 있어 윤리의 중요성도 크게 강조했다.

프타호텝 외의 다른 이집트인도 언어 기법의 가치를 강조했고, 어떤 이집트인은 화법을 '기술'이라 표현했다. 결국 고대 이집트인은 이구동성으로 인간의 혀는 무기이고, 언어 기법은 싸움보다 무서운 힘을 갖는다고 했다.

그리스의 화법 교육

프리세 파피루스로 미루어 언어 기법의 비법이 얼마나 많이 이집트 고분 속에 묻혀 있는 것인가를 생각해 보는 일은 매우 당연하다. 따라서 그리스인이 수사학을 최초로 이룬 것이 아님을 반증한다.

프타호텝 이래 100년, 즉 기원전 1000년경에 〈일리아드〉와 〈오디세이〉를 통해 호메로스(Homeros)는 효과적인 화법을 터득하고 있음을 보여 준다. 분명 호메로스는 언어 기법이 사회를 지배하는 하나의 방도로 생각했다. 연사와 청중의 상호 관계도 비상하게 예민하다. 호메로스는 청중이 연사의 웅변에 납득이 가도록 하는 것이 얼마나 긴요한가 알고 청중을 이해시키는 데 연사의 경험이 중요함을 지적했다. 이 같은 사실이 호메로스의 독창적인 능력에서 우러나온 것인지 여부는 알 수 없으나 호메로스가 효과적인 언어 기법에 통달했다는 점만은 인정해야 한다. 호메로스는 말할 자료를 수집·정리하는 방법과 적절히 단어와 문장을 선택하는 방법, 그리고 음성과 제스처로 청중에게 표현·전달하는 방법을 알았다.

기원전 5세기 초, 엘리아(Elea)의 제노(Zeno, B.C. 490~429)가 새 토론법을 창안했다. 이것은 토론을 통해 어떤 결정을 도출하기 위한 것보다 진실을 찾아보자는 데 목적을 둔 토론 방식이다. 제노는 페리클레스(Pericles, B.C. 500~429)의 은사다. 기록에 의하면, 페리클레스는 모든 분야의 교육을 유능한 스승 밑에서 받았다. 제노 또한 예외는 아니다. 제노가 사용한 화법 교육에 관한 기록은 없으나 이룩한 결과에 대한 기록은 남아 있다.

제노의 제자 페리클레스는 적수이건 동료이건 그들 혼백이 빠지게 하는 웅변법을 익힌 웅변가라고 전한다. 페리클레스는 당시 국민 의회가 큰 권력을 가진 때에 그리스에 생존했다. 일반 시민이 소송 사건을 일으키면 이에 대한 판결을 오늘날과 같이 판사가 하는 것이 아니라 배심원이 행했다. 당시 완벽한 정치가 페리클레스는 웅변뿐 아니라 중대 사건의 수임자로서 유명했다. 그는 능숙한 웅변으로 변론해 사건에 모든 사람이 감동하도록 노력했다. 페리클레스의 웅변법이 정확하게 전하지는 않으나 그의 언어 기법이 민중의 행동을 제한, 또는 지도하는 데 효과적이었음은 의심의 여지가 없다.

그와 동시대의 코락스(Corax, B.C. 5세기경)는 체계화된 언어 기법의 효과적인 지침서를 저술했다. 기원전 446년, 시라큐스(Syracuse)에 폭군

이 타도되고, 민주 정치가 구현되었다. 정변 결과 많은 선량한 시민이 망명지에서 귀국해 폭군에 빼앗겼던 재산이 반환되도록 열렬히 탄원했다. 그러나 일부 시민의 재산은 기록의 불명(不明)이나 분실로 재산 반환이 오래 지체되었다. 재산 반환 요구에 대한 문서상 지원도 중요했으나 증거의 불충분한 점을 구두 변론으로 보충하는 일이 더 중요했다. 이와 병행해 언어 기법의 적극적인 필요성이 현실적으로 대두되었다. 언어 기법으로 잃었던 재산을 되찾기도 하고, 언어 기법이 능숙하지 못해 본래 자기 소유 재산마저 포기해야 하는 경우가 비일비재했다. 이때 대부분 재산 반환 요구자는 소송을 제기했는데, 소송 절차에서 대부분 어떤 지도를 필요로 했다.

시라큐스의 코락스는 이 기회를 포착해 화법 선생으로 활약했다. 코락스는 스스로 직업적인 조언을 제공했고, 효과적인 언어 기법의 원리를 체계화한 최초의 인물이다. 코락스는 화법 교재도 저술하고 말할 내용을 정리하는 아이디어도 발전시켰으며, 웅변의 동기 부여 방법을 비롯해 전개와 토론, 그리고 결론으로 이끌어가는 방법 등도 구체적으로 제시했다. 또, 코락스는 연사가 갖춰야 할 것을 갖추지 못하고도 청중을 설득시키는 방법을 제시했으며, 타당한 결론을 끌어내기 힘든 경우에는 임기응변으로 대치할 수 있다고 했다. 그리고 이 같은 개연성에 대한 관념은 고대 그리스인에게 큰 무기가 되었고, 오늘날에 와서도 청중을 설득시키는 일반적인 방법이 되었다.

코락스의 제자인 시실리의 티시아스(Tisias)는 수사학의 중요성을 인정했으며, 코락스의 언어 기법에 대한 견해를 전반적으로 발전시켰다.

개연성과 논쟁의 명백한 관계에 전적인 기초를 두는 논증에서 유리된 스피치를 평가하기는 매우 곤란한 일이다. 연사는 스피치의 주제와 언어, 음성 그리고 동작 등을 조정하는 인간의 천성과 재능을 인식해야 한다. 논쟁의 무쌍한 변화는 인간이 물체 대신 언어로 대치했을 때 일어나는 변전(變轉), 바로 그것이다.

코락스와 티시아스의 주장은 현재 모든 스피치 교재에 포함된다.

기원전 5세기 중엽부터 약 100년간, '소피스트(Sophist)'라는 일단의 교사가 자유주의적인 교육을 실시했다. 소피스트는 학생을 일상 생활에 적용하도록 교육시켰다. 곧 학생으로 하여금 실사회에 나가 즉시 활용할 수 있는 내용의 교육에 중심을 두었다. 바꾸어 말하면, 지식을 추구하기보다 일상 생활을 성공으로 이끄는 데 큰 관심을 기울였다. 따라서 소피스트학파는 진리와 지혜를 가르치는 철학자와 점점 유리돼 나갔다. 특히 그리스에서 유능한 의사 표현 능력은 사회 생활을 성공으로 이끄는 중요한 수단이기 때문에 소피스트는 수사학과 언어 기법을 교육하는 입장에서 큰 역할을 다했다.

그리고 언어 기법을 교육하는 많은 학교가 설립되고, 당시 언변에 능한 인물이 많이 배출되었다. 한편, 언어 기법을 교육하는 웅변학교의 평가 기준도 능변가의 배출 수에 두었다. 일반 시민은 많은 소송 사건을 이들 능변가에게 부탁했다. 소송의 변론을 부탁받은 쪽은 소송을 성공으로 이끌기 위해 때로는 허위 증거를 대고, 교언영색(巧言令色)을 일삼기도 했다. 따라서 이 반향은 불미스러운 결과를 초래하고, 그리스 내 유수한 철학자들은 모든 소송을 성공으로 결부시키려 웅변가들이 부도덕한 방법을 사용한다는 이유로 수사학 교육 내지 웅변 교육을 반대하기에 이르렀다.

플라톤도 당시 수사학이 내포하고 있는 기만성과 천박한 지식에 수반하는 결함을 통렬하게 비난했다. 플라톤은『고르기아스(Gorgias)』와『파이드로스(Phaedrus)』그리고『리퍼블릭(Republic)』등을 통해 수사학에 대한 비판적인 견해를 표명했다. 언어 기법이 사회 생활상 절대적 방편이라고 소피스트학파가 주장한 데 반하여, 플라톤은 화법 교육을 성공으로 이끌려면 도덕적 면을 떠나서는 안 된다고 밝혀 언어 기법상 윤리 도덕 면을 크게 강조했다.

기원전 5세기경, 언어 기법의 효과를 깨닫고 옹호한 부류가 있다. 이들이 바로 프로타고라스(Protagoras, B.C. 481~411), 고르기아스(Gorgias, B.C. 485~376), 그리고 이소크라테스(Isocrates, B.C. 436~338) 등이다.

프로타고라스는 토론법의 비조(鼻祖)로 알려져 있다. 그는 처음 '소피스트'란 호칭을 받았고, 또 처음 보수를 받고 언어 기법을 가르쳤다. 그가 끼친 업적은 남아 있지 않으나, 플라톤의 대화 중에 약간 전한다. 프로타고라스는 언어 기법의 명확한 타입과 철학 원리를 화법에 포함하고 있으며, 언어 기법은 사회인의 자격 여건의 하나임을 주장했다.

고르기아스는 '소피스트' 호칭을 좋아하지 않았으나 교사면 누구나 소피스트로 불리던 당시 사정으로 고르기아스도 이를 피할 도리가 없었다. 그는 자신을 수사학자로 호칭해 주기를 희망했다. 고르기아스는 시실리의 레온티니(Leontini)에 거주하다 기원전 427년에 아테네로 이주, 정착하면서 교사 생활을 시작했다. 아테네에 정착한 고르기아스는 시대적 조류로 보아 자기의 지식이 비교적 앞선 것을 알았다. 후에 오랜 경험을 토대로 수사학과 웅변의 원리를 잘 정리했다. 그러나 가장 흥미를 가진 분야는 언어 계통이다. 문체는 품위가 있으며, 어휘 구사도 무궁무진하다. 때로는 피상적이라는 비난까지 받았다. 일부 학설에 따르면, 고르기아스 웅변은 내용이 없다고 하나 시실리에서 아테네로 수사학을 가져왔으며, 단어와 문장을 교묘히 다룬 사실만은 인정받는다.

이소크라테스(Isocrates)는 그리스 화법 교사다. 그러나 자신은 토크를 능숙하게 하지 못했다. 그는 키케로(Cicero)에 의해 '웅변의 아버지'라고 불렸다. 젭(R.C. Jeb)은 이소크라테스의 수사학 교수 방법이 아리스토텔레스보다 우수한 것으로 믿었다. 이소크라테스는 오래도록 그리스에 큰 영향을 미쳤다. 학교를 설립해 당시 그리스 사교계에 유능한 인재를 많이 배출했고, 언어 기법을 대국적인 관점에서 볼 때 문화의 일부로 간주한다고 했으며, 화법 교육은 두 부분에 주안점을 두고 실시했다. 하나는 수사학적인 면이요, 또 하나는 그리스 시민이 되기 위한 훈련이다. 이소크라테스도 소피스트이며, 보수를 받고 연설문을 써 준 것은 사실이나 후세를 교육하는 데 큰 관심을 기울였다. 분명히 동시대의 다른 소피스트보다 기법적인 측면에서 한층 앞섰다. 피교육자의 개인차 원리를 견지하면서 교육에 임했기 때문에 연사에게 적용할 수 있는 스피치 원리 탐색에 부심했다.

오늘날 스피치 학계에서 관심의 초점은 소피스트학파의 연구다. 소피스트학파는 언어 기법의 습득을 소개했으며, 또 이를 강조했다. 교육의 목적을 유능한 시민의 인격 형성에 두었으나, 보수를 받고 소송에서 반드시 승소할 수 있는 언어 기법을 일반 시민에게 가르쳤기 때문에 비난을 모면할 길이 없었다. 그러나 시대 조류에 따라 점차 사건을 승소로 이끄는 방법에 있어서도 도덕적이고 부도덕적인 것을 구별하게 되었다. 소피스트학파가 화법을 교육의 일면으로 포함시킨 것은 의심할 바 없기 때문에 화법 교육사에서 소피스트학파의 공헌이 결코 과소평가될 수 없다.

프로타고라스와 고르기아스, 그리고 이소크라테스는 토론의 기초를 비롯해 수사학적 능력과 민주적 정치인과의 유대를 강조한다. 화법이 인간 생활에 있어 이같이 중요하고 세계적인 발전을 하고 있기 때문에 학계 일부에서는 화법을 교육하기보다 차라리 전승해야 한다고 믿는다. "말은 누구나 한다.", "말이란 천부의 것이다.", "누구나 직관적으로 말하는 법을 알고 있다."는 표현은 자주 들을 수 있다. 대체로 화법 내지 언어 기법은 원리만 적용하면 습득이 용이하고, 개선의 여지가 있음도 일반적으로 수긍된다.

기원전 4, 5세기의 화법 교사가 이룩해 놓은 가장 큰 공헌은 '웅변도 배워야 한다'고 주장한 것이다. 언어 기법은 전승되는 능력이 아니라고 주장한다. 그리고 실제적으로 청중에 적응해 나가는 데 어느 정도 효과적인 원리가 있다고 주장한다.

기원전 4, 5세기경, 아티카(Attica) 지방에 열 명의 웅변가가 있었다. 화법 교육과 언어 기법의 원리에 대체로 의견 일치를 보이기 때문에 '열 명의 아틱 웅변가'라는 호칭을 듣는다. 모두 기법보다 웅변 내용을 중시해 '첫째 사상, 둘째 언어'라 하여 언어에 포함된 어떤 사상보다 언어 자체에 비중을 두어 온 지금까지의 견해는 쇠퇴했다. 한편, 청중에 따른 언어 기법이 필요한 점과 연사나 청중, 그리고 정황에 적응하는 웅변체 구사를 주장한다. 또, 웅변과 변론과의 차이를 규명한다.

아티카 웅변가는 안티폰(Antiphon), 리시아스(Lysias), 안도키데스(Andocides), 디나쿠스(Deinarchus), 이사에우스(Isaeus), 리쿠루구스(Lycurgus), 하이페리데스(Hyperides), 아이스키네스(Aeschines), 데모스테네스(Demosthenes), 이소크라테스(Isocrates) 등이다. 이 중에서 이소크라테스와 데모스테네스의 이름은 가장 친숙하다. 이소크라테스는 물론, 데모스테네스도 화법 교육에 공헌한 큰 인물이다. 데모스테네스는 효과적인 스피치를 통해 아테네와 그리스의 국리민복(國利民福)을 위해 국민 생활을 보다 나은 방향으로 이끄는 방법 등을 제시했다. 이것이 그의 특징이다. 그 밖의 다른 아티카 웅변가도 모두 직업적인 화법 교사로서 화법 교육의 기초를 닦았다.

1948년, 돈센(Thonssen)과 베어드(Baird)는 아리스토텔레스에 관해 기록을 남겼다. 사실 아리스토텔레스는 당대까지의 화법 교육상 중요한 요소를 조직적으로 총망라해 체계적으로 집대성했다. 아리스토텔레스의 논거가 높이 평가되는 것은 의심할 바 없이 일상 생활의 경험과 사상의 단편적인 관련의 결과라 하겠다. 아리스토텔레스는 16세 때, 당시 학술원장인 61세의 플라톤 밑에서 20년간 사사했고, 후에 학술원 교사로 봉직했다. 플라톤이 작고한 뒤, 몇몇 동료와 함께 아리스토텔레스는 어써스(Assus)에 학교를 설립했다. 마케도니아 필립 왕의 초청을 받은 아리스토텔레스는 펠라(Pella)로 가 어린 알렉산더의 교사로서 7년간 체류했다. 아리스토텔레스는 당시 그곳에 소요학파(逍遙學派)로 알려지게 된 자신의 학교를 세웠다. 학교의 조직은 오늘의 대학과 유사한 것으로, 건물과 이에 따른 시설물이 구비돼 있으며, 전공 과목도 여럿이 있다. 다만 여기서 교사와 학생이 정원을 소요하며 여러 문제를 토의하는 관례가 색다르다. 말년에 아리스토텔레스는 라이시엄(Lysium)에서 저서 『레토릭(Rhetoric)』 대부분을 강론했다. 이 수사학은 모두 3권으로 나뉘어 있으며, 제1권은 연사에 관한 것이고, 제2권은 청중에 관한 것, 그리고 제3권은 언어 기법에 관한 것이다.

오늘날 대부분의 스피치 학자들은 아리스토텔레스의 이 저술이 화법 학설에 크게 공헌한 것으로 여긴다. 그가 언급한 청중을 조정하는 기법도 화법 교육 면에 큰 영향을 미쳤다. 청중 없는 스피치는 무용하다고 했으며, 청중으로부터 기대되는 반응을 얻기 위해 연사 자신이 그의 능력을 알아야 하고, 상대방 청중을 이해해야 할 것이며, 또 청중을 감동시키는 방법이나 스피치 내용의 구성법 등을 알고 있어야 한다고 했다. 또한 연사와 화법, 그리고 청중의 호흡이 일치해야 한다고 천명했다. 청중은 연사의 인격에서 감명을 받으며, 또 연사가 환기시키는 감정 그리고 스피치 논리에 의해 좌우된다. 명연사가 되려면 대중을 움직일 수 있는 여러 증거를 잘 활용할 줄 알아야 한다.

아리스토텔레스는 인간이 감정적 동물인 동시에 이론적 동물임을 깨닫고, 감정을 지배할 수 있는 상세한 방법을 가르쳐 주었다. 그는 연사가 청중의 인간성을 변화시키려 하지 말고 인간성을 조정하려고 노력하라고 주장했다. 연사와 청중의 상관 관계에서 아리스토텔레스는 인간성에 관한 과학적 연구를 했다. 아리스토텔레스는 이와 같이 화법 교육에 광범한 이해를 가졌다. 다른 화법 교사는 스피치가 청중을 기만하는 단순한 '트릭의 주머니'라는 견해를 갖기도 했으나 주도면밀한 각 방면의 조사와 건전한 주제, 이론이 정연한 지식, 청중의 심리 파악 등이 보다 효과적인 스피치를 할 수 있는 기초가 된다고 주장했다.

아리스토텔레스와 동시대에 정반대의 이론을 전개한 이들도 있었다. 그들은 냉철하고 이론적 논쟁을 전개해야 언제나 진리에 도달할 수 있다고 여기고, 스피치는 3단 논법에 의해서만 형성되는 줄 알았다. 그러나 아리스토텔레스는 청중 앞에서의 논쟁이 3단 논법의 형태를 취하는 경우가 드물다는 사실을 보였다. 아리스토텔레스는 행정부가 신중성 있는 스피치를, 법정은 변론적인 스피치를 그리고 의식은 의례적인 스피치를 함으로써 스피치 형태도 대상인 청중에 따라 좌우되는 특성을 갖는다고 지적했다.

이같이 아리스토텔레스는 수사학이 이론적이면서 수사학 자체의 독특한 특성과 필요한 성격을 구비하고 있다고 명백히 했다. 스피치에 관한 저술인『수사학』제3권에서 아리스토텔레스는 스피치의 구성과 언어, 그리고 전달 표현 방식에 중점을 두었다. 또 아리스토텔레스는 문장 표현어와 구두 표현어를 각각 구분하고, 스피치 표현의 음성과 제스처에 같은 비중을 두었다. 오늘에 와서도 그의 저술이 자주 대학 교재로 선택되는 이유는 스피치 효과를 올리는 데 필요한 이론과 원리가 여기 포함돼 있기 때문이다.

아리스토텔레스는 스피치 학술을 체계 있게 이해했으나 그 자신은 명연사가 되지 못했다. 또 이소크라테스만큼 웅변가를 배출하지 못했다. 대부분 스피치 학자는 아리스토텔레스 시대가 스피치를 발전시키기에 적절한 시기가 아니었음을 지적한다. 스피치를 실제로 즉시 활용할 수 있게 화법 교육에 임하기보다 스피치의 깊은 원리를 발견하는 데 아리스토텔레스는 업적을 남긴 것이다.

로마의 화법 교육

학설을 이해하면 실제적으로 응용해 보는 것이 언어 기법 발전의 일반 정칙이다. 이 같은 실례는 아리스토텔레스 200년 후 로마에서 발견할 수 있다. 당시 로마인은 매우 실제적이었다.

로마의 웅변가 키케로(Cicero)는 스스로 언어 기법의 절실한 필요를 느꼈으며, 언어 기법을 실생활에 즉시 활용할 수 있게 교육했다. 키케로는 유명한 웅변가요, 수사학자를 대표하는 제1인자다. 키케로는 기

존의 화법 학술에 깊이 집착하지 못한 것 같으나 화법에 관해 동시대인
이 이해하고, 납득하고 있던 화법 이론의 체계를 세웠다. 특히 키케로는
소피스트학파의 교사와 연사가 행한 비평에 많은 관심을 경주했고, 빈
약한 주제를 통해서도 효과적인 스피치 실연을 할 수 있는데, 여기에 어
떤 기초가 있는 것이라고 역설했다. 또, 키케로는 수사학을 비판했던 플
라톤학파의 철인을 존경했다. 키케로가 플라톤학파의 철인과 적어도
스피치에 관한 한 의견에 일맥 상통하는 점이 있기 때문이다. 논문「De
Oratore」에서 그는 일반적인 교양 교육이 효과적인 스피치를 하는 데 불
가결한 것이라 주장한다.

키케로의 사상은 크레서스(Cressus)나 다른 비평가의 견해와 동일하
고, 안토니우스(Antonius)와 6명의 군소 인물을 옹호한다. 크레서스는 연
사가 전반적인 지식이 있어야 하며, 어느 때 어느 문제에 관해서도 언급
할 수 있는 능력을 갖춰야 한다고 주장한다. 이 같은 키케로의 주장을
안토니우스는 매우 이상적인 것이라 긍정하면서 지식이 부족한 연사는
언어 기법이나 음성, 또는 스피치 등 스피치의 다른 요소를 훌륭히 구비
하는 것으로써 연사의 약점을 은폐할 수 있다고 지적한다. 현재도 스피
치 학계에서 부적절한 주제, 비효과적 언어 기법 및 제스처 등에 관한
문제에 직면하는데, 키케로가 제시한 논법은 아직도 널리 이용된다.

모든 스피치를 5단계 과정으로 분류하는 방법을 키케로가 창안한 것
이라 할 수 없으나, 이 방면에 키케로는 명백한 이론을 정립해 놓았다.
키케로에 의하면 다음 5단계가 어느 종류의 스피치를 준비하는 데도 필
요한 것이라 했다.

조사-구성-언어-기억-전달

'기억'을 제외하면 이 방법은 기원전 100년이나 현재나 동일하다. 키케로가 분류한 구성을 세부적으로 보면 서론, 주제의 진상, 사실의 증명 그리고 결론 등으로 분류된다. 이 같은 분류는 멀리 그리스 이소크라테스와 웅변가로부터 기원을 찾는다. 키케로는 그것을 좀 더 구체적으로 서술했다. 요컨대, 아리스토텔레스가 그리스를 위해 해 놓은 것을 키케로는 로마를 위해 해 놓은 셈이다. 여기 특기할 점은 키케로의 업적이 학술적이기보다 실생활적인 면에 더 치우쳐 있다는 것이다.

이후 기원후 1세기경, 로마에서 정부의 통치가 확대됨에 따라 스피치 교육의 필요성이 다소 감소된다. 이 같은 현실에서 '퀸틸리안 (Quintilian)'이라는 저자가 나타나 그리스 전통을 깊이 이해하고 화법 교육에 대한 기존 학설을 재현하려고 노력한다. 『Institutio Oratoria』, 이 저서는 화법 교사가 참고할 화법 교재다.

퀸틸리안(퀸틸리아누스의 영어명은 '퀸틸리안'이다.)은 35년 스페인에서 출생했다. 그의 아버지는 로마에서 연구한 수사학자다. 이 때문에 그는 로마로 이주하게 된다. 학업을 마친 후 스페인으로 갔으나 수사학을 지도해 달라는 초청을 받고 로마로 되돌아온다. 그는 공립학교 최초의 수사학 교사가 되고, 20년간이나 계속 교육에 임한다. 문하에 플리니 (Pliny)를 비롯해 당대 유명 인사가 많다. 은퇴 후에도 95년경에 앞서 말한 『Institutio Oratoria』를 저술했다. 화법 교육 방법에 관한 많은 저서 중에서 가장 유명한 저서에 퀸틸리안은 그리스 및 로마의 모든 이론을 최대한 기술했다. 목표는 완전 무결한 웅변가를 양성할 수 있도록 화법 교사를 돕는 것이다. 그리고 그는 일반 교육자로서, 또 화법 교사로서 생애를 보냈다.

퀸틸리안은 모든 유형의 주제에 관해 교육한 아리스토텔레스와 키케로의 장점을 강조했으나, 일반적이고 자주적인 교육 배경으로 그 개념을 확대시켰다. 그는 유년 시절 교육을 중시해 유아 교사와 부모를 먼저 교육시키자고 주장했다. 어린이는 나면서부터 언어 교육을 받아야 한다고 주장하고, 어린이가 학습해서 안 될 언어를 일찍 습관 들이지 않도록 해야 한다고 확신했다. 그는 다방면의 지식을 집중시키자는 데 동조하고, 따라서 모든 주제에 관련 있는 지식은 물론, 다른 분야 지식도 함께 습득하고 있어야 청중에게 무엇이든 납득시킬 수 있다고 믿었다. 이 같은 기도의 하나로, 그는 학교 내에서도 모든 분야의 지식을 가르치려고 노력했을 뿐 아니라, 교육에 활용하기 위해 학교 외부 사회로 진출했다.

퀸틸리안은 개인의 능력과 개인이 필요로 하는 특성을 지적하고, 각각 개인은 자기 능력과 소질을 최대로 활용할 수 있는 상태에서 교육받아야 한다고 말했다. 따라서 '개인차'의 원리는 그의 교육 이념에서 중요한 위치를 차지한다. 이에 기초를 두면, 실용성 있고 친절하며 이해성 있는 인물이 적절한 특질을 갖춘 훌륭한 화법 교사라는 데 대체적으로 의견의 일치를 보게 된다. 화법 교육은 그만큼 개인적이기 때문에 학생의 개성을 충분히 고려할 수 있는 교사만이 교육을 성공으로 이끌 수 있다고 했다.

퀸틸리안은 저서를 통해 이상적인 화법 교육자임을 드러낸다. 직접적인 지도를 통하여 언어 기법을 개선한다는 의견에 찬성했고, 언어·음성·발음·제스처 등을 중시하는 반면, 화법·독서·웅변·토론·논쟁 외 일상 대화 등도 모두 문제의 초점으로 삼는다. 동시에 이 방면의 연구를 깊이 있게 함으로써 화법 교육의 기초를 닦았다. 퀸틸리안의 화법 교육 방법은 고도의 도덕적 기준에 입각한 것이기 때문에 크게 존중받는다. 그가 규정한 연사의 제1 조건은 언어 기법의 손질만 아니라 고매한 인격도 함께 겸비해야 한다는 것이다. 완전 무결한 연사를 퀸틸리안은 "효과적인 언어 기법에 익숙한 동시에 진실한 인간이어야 한다."고 정의 짓는다.

당대까지 화법 교육의 역사를 통해 화법 교육의 유형과 범위 그리고 유능한 연사를 필요로 하는 시대적 요구와의 사이에는 직접적인 관련이 있다. 퀸틸리안과 동시대인은 토론이나 공식 연설을 할 기회가 거의 없었다. 투표권도 없고, 행정에 참여할 권한마저 없었다. 다만 사적인 토론, 법정 변론, 일반 변론 등에서 실제의 연설 기회를 가질 수 있을 뿐이었다. 그러나 퀸틸리안이 가르친 학교에서 기념사를 비롯해 환영사, 송사, 축사, 찬사, 조사 등의 연설에 큰 관심을 모았다.

한편, 퀸틸리안은 언어 기법을 실제적으로 활용할 수 있는 한 방도로 '웅변 대회' 같은 행사를 거행함으로써 토론적이고 변론적인 웅변에 대한 흥미와 관심을 재현하려 노력했다. 그러나 이 같은 고식적인 방법으로 웅변을 고조시킬 수 없었다. 우렁찬 음성, 감정적인 호소, 우아한 제스처, 그리고 우렁찬 언어를 사용하도록 웅변은 요구하나 종종 사상적인 면이 무시된다.

퀸틸리안은 이소크라테스, 아리스토텔레스 그리고 키케로 등의 이상을 시인하나 유능한 시민이 되지 못하면 교육은 실패라고 보는 것이 그의 신념이었다. 그의 화법 교육에 대한 발전적인 견해는 이전의 저명한 사상가가 공헌한 것보다 일층 중요한 것이다. 일반 '교양 교육'에 중점을 두고 습관 형성을 중시했으며, 시민 생활의 기초가 되는 언어 기법 다음에 효과적인 연설의 본질이 될 고매한 인격 형성이 화법 교육에 따른 발전적 교육이라 하였다. 이 점으로 미루어 볼 때, 퀸틸리안은 지금까지 알려진 어떤 화법 교사보다 위대함을 규지(窺知)할 수 있다.

퀸틸리안 이후 1500년까지 화법 교육의 관심은 주로 남부와 서부 유럽에서 수도원 신부에 의해 겨우 명맥을 유지한다. 성 어거스틴(Augustine)의 저서 『On Christine doctrine』에는 아동 교육이 중심으로 서술되고 있다. 성 어거스틴은 키케로나 퀸틸리안, 그 밖에 그리스 여러 학자의 방법을 재현하려 했고, 허식적이고 인위적인 소위 소피스트 학설을 외면했다. 그는 스피치의 어투를 체득하지 못하고 스피치를 하는 학생은 언어 기법을 경시하고 스피치 내용을 중시하는 경향이 있을 것이라 확신하고 독서법을 화법 교육에 도입했으며, 성서를 효과적으로 읽기 위해 독서법이 필요하다고 확신했다.

영국의 화법 교육

영국에서 발달한 언어 교육의 전문 분야는 어휘와 문장, 그리고 문장 수식의 연구로 국한된다. 16, 17세기에, 10여 종에 달하는 영국의 교재가 있지만, 수사학은 언어를 적절히 구사하고 스피치 수식(修飾)을 풍부하게 하는 사상의 장식 기술로 내용을 다루어 출판했다. 오늘날 리처드 쉐리(Richard Sherry)가 1550년에 간행한 『Treatise of Schemes and Tropes』나 헨리 피참(Henry Peacham)이 1573년에 출간한 『Garden of Eloquence』를 볼 때, 언어 기법이 청중 행동을 조정하는 실용성 있는 것이란 사실을 망각하고 있는 듯하다.

수사학에 대해 편견을 가진 교육의 결과는 불만스러운 점이 많다. 마침내 1667년, 학자의 집회인 '런던 왕실학회'는 이 같은 유형의 교육을 맹렬히 비난하기에 이르렀다. 17세기, 또 다른 집단의 영국학자들은 영국 교육에서 연설 투에 대한 주의가 미약하다는 데 관심을 집중했다. 그들은 음성과 발음, 그리고 신체 동작에 관한 저술을 남겼다.

존 비시버(John Bishver), 『Chirologia and Chironomia』, 1644
길버트 어스틴(Gilbert Austin), 『Chironomia』, 1806
앨버트 베이컨(Albert Bacon), 『Manual of Gesture』, 1872
로버트 로빈슨(Robert Robinson), 『Art of Pronunciation』, 1917

이후에 영국에서 연설 투(Speech delivery)가 중요하다는 연설 운동이 일어나고, 연설의 개념도 점차 공식 석상에서의 스피치 자체와 동시에 신체 동작 그리고 독서력까지 포함시킨다. 운동의 주도적 역할은 존 워커(John Walker), 토마스 쉐리던(Thomas Sheridan), 제임스 버러(James Burgh), 조슈아 스틸(Joshua Steele) 등이 담당했다. 이들은 그 운동을 '엘러큐션(Elocution)'이라 불렀다.

18, 19세기의 웅변 운동은 영국과 미국의 화법 교육에 큰 영향을 미친다. 고대 수사학에서 '웅변'이란 용어가 포용하는 의미는 언어 스타일 연구지만, 18세기 영국에서는 연설 투의 연구다. 모든 스피치 학자가 한결같이 연설 투 연구에 견해를 같이한 것은 아니다. 쉐리던과 워커는 연설 투 연구에서 서로 다른 방법을 제시했다. 쉐리던은 지역적인 방법을 옹호한 데 비해, 워커는 인위적인 방법을 주장한다. 쉐리던은 연설할 때 인위적이고 가식적인 태도를 경계하는 동시에 참된 진실성과 자연 그대로의 것을 찬양했다. 한편, 워커는 발음과 억양, 자세, 강조점, 다양성 등에 대한 체계를 확립했다. 19세기에 이 두 주장이 모두 상당한 지지를 획득했다. 그러나 19세기 말엽에 모든 웅변 운동이 부자연스럽고 허위적인 것을 조장한다고 비난받는다. 영국과 미국의 화법 교사는 광범위

한 독서력과 제스처 및 공식 연설 등을 교육했으며, 어느 정도 과학적인 토대 위에서 화법 연구를 시도했다. 이들의 업적은 현대 화법 교육 발전에 크게 기여했다.

화법 교육에서 전문적 관심의 진전으로 영국에서 교육의 일부로 다루던 수사학이 완전히 자취를 감췄다고 볼 수 없다. 1530년, 레오나드 콕스(Leonard Cox)가 『Arte and Crafte of Rhetoryke』를 출판했는데, 여기 그리스 및 로마 수사학의 이상이 기록되어 있다. 또 1553년, 토마스 윌슨(Thomas Wilson)은 보다 완벽한 저술을 남겼다. 그의 『Art of Rhetorique』는 아리스토텔레스, 키케로, 퀸틸리안이 다루던 것과 동일한 내용을 포함한다. 윌슨의 저서는 대중적이었고, 30년간에 8판을 발간했다. 17세기, 프란시스 베이컨(Francis Bacon)은 수사학에 대한 광범위한 연구로 아리스토텔레스의 사상을 대부분 소생시켰다. 그리고 수사학 학설에 근본적으로 기여했다. 베이컨은 청중의 중요성을 강조하고, 일상 생활에서 대화의 중요성도 인정했다. 1776년, 조지 캠벨(George Campbell)의 『The Philosophy of Rhetoric』이 출간되었다. 이것은 언어 기법의 목적을 저자의 심리학적 용어로 흥미 있게 분류해 놓은 것이다. 그는, 인간의 심리는 지식이나 감정으로 분리되고, 스피치의 목적은 연사가 청중의 지식이나 감정에 호소하려고 결심하는 데 따라 정해진다고 했다. 1783년, 에딘버러(Edinburgh) 대학의 수사학 교수 휴 블래어(Hugh Blaire)는 『수사학 강의』를 발간했는데, 이 책은 후에 영국과 미국에서 널리 읽혔다. 블래어 교수는 실례와 개념을 이소크라테스, 리시아스, 데모스테네스, 혹은 키케로 등 그리스 및 로마의 권위자로부터 직접 인용해 놓았다. 그는 저서를 통해 스피치만이 아니라 문학 비평도 서술했다. 따라서 그는 영국 문학의 비조로 일컫기도 한다. 1829년 출판된 리처드 위틀리(Richard Whately)의 저서 『수사학』은 가장 중요한 영국 교과서로, 아리스토텔레스·키케로·퀸틸리안 등이 확립한 수사학 정의에 가장 근접한 것이다. 대주교이기도 한 그는 도덕적인 증거와 신념의 법칙을 분석하려 노력했다. 개연성이라든가, 예증·추측·오류 등을 포함하는 논쟁에서 각각의 개념을 밝혀 놓았다. 효과적인 스피치란 가장 도덕적인 것으로 간주하고, 수사학의 단련을 쌓으면 누구나 다 훌륭한 연사가 될 수 있음을 강조했다. 그리고 수사학적인 단련이 쌓여 있는 사람은 거짓 함정에도 빠지지 않는다고 확신했다.

언어 기법의 교육 방법은 역사를 통해 쉽게 관측할 수 있으나, 16~20세기에 걸친 영국 수사학 교사는 경험을 통해 당대 언어 기법을 성실하게 교육한 것이다. 적어도 몇몇 화법 교사는 영국 화법 교육의 경험에 비추어 언어 기법을 복잡한 인간 활동으로 간주하는 것을 경계한다.

화법 교육은 반드시 '전인 교육'과 밀접한 관계를 가지고 있어야 하며, 언어와 주제를 찾고 이를 조직하는 기법 등도 포함해야 한다. 연설체나 연설 투 등 좁은 면의 스피치 관념에만 사로잡힌 화법 교사는 스피치란 실생활에 파고드는 기초적 방편이란 사실을 잊고, 또 스피치는 인간을 유능한 연사로 성장케 한다는 사실도 이따금 잊는 수가 있음이다.

미국의 화법 교육

이집트를 출발 기점으로 그리스, 로마 그리고 영국을 거쳐 화법 교육은 드디어 미국으로 들어간다. 1636년, 하버드 대학이 주로 정부 관료와 법률가 양성을 위해 설립되고, 당시 화법도 커리큘럼의 일부로 포함되었다. 이때 화법 교육은 웅변과 공식 연설에 중점을 두고, 대부분 교육 내용은 고어로 기술된 연설문 및 선언문을 암기하는 것이었다. 교육 계획안도 전적으로 영국에서 도입한 것이고, 교재와 참고 서적도 모두 영국 것이었다. 그러나 1680~1800년 사이에 교육적 연극에 대한 관심이 크게 대두된다. 이것은 미국 대학의 과감한 혁신이었다. 대학의 후원을 얻은 최초의 연극이 1680년 하버드 대학에서 상연되었고, 1690년에 쿠스타프 바사(Gustavus Vasa)의 공연이 있었다. 그리고 1758년 이후에 하버드 대학에서 정기적으로 연극이 공연되었다. 1760년 프린스턴(Princeton) 대학에서 〈Ode to Peace〉란 대화극을 공연했고, 1799년 트란실바니아(Transylvania) 대학생들이 〈The Busy Body, Love a la Mode〉를 공연했다. 미국 화법 교육에 연극까지 포함되었다는 사실은 미국 화법 교육사에서 화법이 학문적 인정을 받았다는 증거로 입증된다. 화법에서 웅변과 수사학에 우선 학술적인 인정이 주어진 것이다.

18세기, 윌리엄 앤 메리(William and Mary)·프린스턴(Princeton)·펜실베이니아(Pennsylvania) 대학 등에서 수사학을 커리큘럼 일부로 포함시켰다. 윌리엄 앤 메리 대학에서 1729년에 간행한 커리큘럼에 수사학 일부가 포함되어 있다. 수사학과 화법에 대한 관심은 계속 확장해 나갔으며, 그 후 50년간 웅변 발표의 기록이 전한다. 1753년 펜실베이니아 대학에서 웅변 교수를 임명하고, 동년 프린스턴 대학에서 커리큘럼에 수사학을 포함시켰다. 이 같은 기록은 모두 화법 교육에 대한 관심이 광범위하게 파급되었다는 사실을 입증한다.

18세기에 들어와 화법이 대학 커리큘럼에 포함된 것은 화법 교육의 현저한 발전을 의미한다. 1760년 프린스턴 대학에서 대학 2년생 전원에게 수사학 이수를 요구하고, 1764년 졸업반 학생은 모두 '공식 연설'이 필수 과목으로 부과되었다. 이 같은 경향은 화법 교육의 일반적 필요성이 인정된 증거다. 동년, 하버드 대학이 졸업반 학생에게 논리학, 1년생에게 수사학과 화법을 새 강좌로 개설했다. 이 같은 사실은 시대적인 요청으로 간주한다.

18세기, 미국에서 화법에 관한 교재가 처음 출판되었다. 버러(Burgh)의 『Art of Speaking』이 처음 나오고, 1791년 캘렙 빙엄(Caleb Bingham)의 『Columbian Orator』가 나왔다.

미국인은 미국 특유의 연설 문제를 인식하기 시작했고, 이에 대한 여러 시도가 다양하게 나타났다. 1780년 윌리엄 앤 메리 대학에서 '모의 재판'을 개최했는데, 이 행사를 계기로 일상의 언어 기법과 대학의 화법 교육 사이에 많은 관련성이 제기되었다.

이와 함께 19세기에 들어와 화법이 더욱 새롭게 확대 인식되었다. 1866년 브라운(Brown) 대학에서 연극부를 창설했고, 1876년 삼각 연극 클럽이 프린스턴 대학 내에 조직되었다. 그 후 언어 기법과 화법 교육에 관한 저서가 미국인 저자에 의해 많이 출간되었다. 미국 화법 교육은 어디까지나 미국인에 의해 미국인을 위해 발전되지 않으면 안 되었다. 이 사실은 1805년에 비롯한 미국의 19세기 화법 교육에 관한 저서 출판이 입증해 준다.

John Adams, 『Lectures』, 1805

Increase Cook, 『The American Orator』, 1812

Evenezer Porter, 『The Analysis of Vocal Inflection』, 1824

James Rush, 『The Philosophy of the Human Voice』, 1827

Jonathan Porter, 『The Elocutionist』, 1829

Andrew Comstock, 『Practical Elocution』, 1837

Evenezer Porter, 『The Rhetorical Reader』, 1843

James Fleming, 『The Art of Reading and Speaking』, 1896

앞의 문헌 중 제임스 러슈(James Rush)의 『음성의 원리(The Philosophy of the Human Voice)』보다 중요한 것은 없다. 이 저서는 미국 화법 교육의 과학적 교육 방법의 기초를 세운 것이다. 언어 기법의 여러 중요 부분 중 가장 뚜렷한 개인차를 다루고 있다.

개인의 언어 기법이 개인의 특수한 신체적 여건에 달려 있다는 개념은 매우 진취적인 이론이다. 화법 교사는 학생을 시험하고, 또 학생의 신체적인 소질과 환경을 관찰하고, 이 같은 모든 자료를 토대로 유능한 연사 교육을 시도해야 한다. 이 같은 관점에서 보면 음색의 종류는 사람의 성대 구조에 따라 다르며, 발음은 구강의 형상에 달렸고, 제스처는 전체적인 몸의 균형에 의해 결정, 언어와 주제는 환경과 경험에 의해 결정됨을 알 수 있다.

스피치 평가 이론

효과적인 스피치는 어떤 것인가? 스피치가 생활 방편으로 개인, 사회, 교육에 영향을 미친다면 우리는 큰 관심을 가지고 이를 연구 검토해야 한다. 당면 문제의 해답은 이 방면의 연구를 위한 이정표를 제공할 것이다. 이 문제는 교육사에서 크게 논의되고 있다. 해답은 고대에서 발상, 현재까지 존속해 온다. 해답은 당시와 같이 현재도 당면 문제로 간주되고 있다. 각 해답은 기본적인 것이고, 각기 동일하지 않다.

대통령 선거는 여야의 두 후보와 지원 연사가 많은 횟수의 연설을 하도록 한다. 기백만의 유권자가 선거 연설을 듣는다. 막대한 정력과 경비와 시간이 중요한 토론에 투입된다. 여기 참여하는 연사는 연사로서 얼마나 유능한가, 어느 유형이 보다 효과적인가, 이유는 무엇인가 등 이 같은 일련의 질문은 타당하고 유용한 것이다. 이 질문은 바로 스피치 교육상 자주 논의되는 문제다. 스피치 실연의 평가와 비평은 스피치 연구에 있어 중요 작업의 일부다.

　한 후보는 선거에서 승리하고 다른 후보는 선거에서 패배했다고 가정할 때, 이 가정이 승리자는 패배자보다 비교적 유능한 연사임을 증명한 것일까? 그렇다면 이유는? 아니라면 이유는? 분명 양 후보의 1차 목표는 당선이다. 한 후보는 성공하고 다른 후보는 실패했다. 승자는 비교적 효과적으로 말한 것이란 사실을 결론짓는 일 외에 다른 것은 없다. 이 같은 결론은 건전한 실용주의에 바탕을 둔다. 만약 패배자가 보다 유능한 연사라고 하면 스피치가 성공적이고, 동시에 효과적인 것이라 시인할 수 없을 것이다. 그러나 이 문제는 또 다른 단면을 보인다.

　선거 유세에서 패배한 후보가 취한 입장을 열렬히 지지하는 입장에서 볼 때, 결과에 상관없이 그 후보는 정당했다. 이때, 승리했다는 단순한 이유만으로 승자가 유능한 연사라고 단정하는 것이 정당한 판단이라고 수긍할 수 없다. 불건전한 주장이나 혹은 비교적 불건전한 주장을 방패로 하는 스피치가 효과적인 것이면, 스피치 실연의 평가 기준은 어떤 것이어야 하는가? 공정히 볼 때, 패자가 정당했다면 비록 선거에 패배했더라도 그는 유능한 연사라고 결론질 수밖에 없다.

　또 다른 가정을 고려한다. 결국 이 선거에서 승리한 후보의 성실성을 온전히 확신할 수 있다. 한편, 패자와 그의 동료는 믿을 수 없다. 이때,

패자가 보다 유능한 연사라고 결론지을 수 없다. 만약, 선의와 성실한 자극을 모욕하거나 외면하면 스피치 실연의 평가 기준이 되는 것은 무엇인가?

승리한 후보의 경우와 앞의 두 가정은 스피치를 감정하는 각각 다른 기준을 예증한다. 각 기준은 정당한 확신을 주려 한다. 그러나 이 판단의 어느 것도 승복한 입장을 유지할 수 없다. 각 기준의 추리는 불완전하다. 스피치 실연의 건전한 판단을 위한 이론적 설명이 필요하다.

결과설

효과적인 스피치란 어떤 것인가? 어떤 기준으로 스피치 실연을 평가하는가? 하나의 해답은 호의적인 반응을 획득하고, 결과적으로 승리한 스피치가 효과적인 스피치라 할 수 있다. 즉, 결과로써 스피치를 평가한다.

만약 스피치의 목적이 커뮤니케이션이면 청자 반응의 시험 이상으로 커뮤니케이션 능력을 평가할 수 있는 길이 있을까? 유세자는 선거에서 승리했는가? 변호사는 수임 사건을 승소시켰는가? 세일즈맨은 상품과 서비스를 판매했는가? 연예인은 관중의 웃음과 박수 갈채를 받았는가? 연사는 지지자를 획득하고, 청중에게 어떤 영향을 미칠 수 있었는가?

미국 식민지에 대한 융화 정책을 위해 에드먼드 버크(Edmund Burke)는 영국 의회에 청원을 냈다. 그러나 실패했다. 아돌프 히틀러(Adolf Hitler)는 웅변으로 수백만 독일인의 정신을 매료시켰다. 소위 속임수가 승리했다. 그러면 이 같은 사실은 버크의 화법이 비효과적이고, 히틀러의 화법이 효과적이었다는 사실을 의미하는가? 어떤 수정 없이 이 같은 결론을 추출할 수 없다.

버크는 과연 패했던가?

히틀러는 과연 승리했던가?

그런데 역사는 버크가 주장한 대부분 사실이 정당했음을 입증하고 있다. 그리고 히틀러는 궁극적인 패배를 충분히 인식할 수 있게 생존하지 못했다. 결국 결과가 판단척(判斷尺)이라는 입장을 견지하고 일시적인 결과와 궁극적인 성과와의 간극을 식별해야 한다는 입장을 견지할 것인가?

유추법은 스피치 결과로 스피치를 평가하는 본질적인 취약성을 드러낸다. 불치의 병으로 생사의 갈림길에 놓여 있는 환자가 있다. 저명한 외과 의사는 절망 상태에서 최후 수술을 위해 집도했다. 환자 생명을 구하려는 가망 없는, 한 시도로 알려진 모든 외과 기준을 망라한 수술이 온전한 의술로 시술되었다. 그러나 환자는 끝내 숨지고 말았다. 이때 의사의 수술이 불충분한 것이라 결론지을 수 없다. 그가 할 수 있는, 혹은 그 밖의 다른 의사가 할 수 있는 최선을 다했다. 여기서 의사가 감당할 수 없는 어떤 다른 요인이 스피치 실연에 나타난다. 이 요인은 수사학적 기술에 의존할 때도 있고, 혹은 그렇지 않을 때도 있다.

1932년, 허버트 후버(Herbert Hoover)가 루스벨트(Roosevelt)에게 대통령 선거전에서 패배했을 때, 루스벨트는 그의 처지에서 그나 또는 그 밖의 다른 사람이 할 수 있는 능숙한 선거 유세로 선거전에서 승리한 것이라 볼 수 없다. 루스벨트는 선거 유세의 세객으로 유능하지 못했음에도 불구하고 대통령에 당선된 것이다. 이 선거전에 스피치 실연과 다른 요인이 작용했다. 당시 미국 국민은 정당하게, 혹은 부당하게 후버와 공화당 정부를 비난했다.

모든 스피치 실연의 정황에서 결과에 작용하는 원인은 매우 복잡하다. 성공이나 또 그 반대의 보증으로 이 같은 요인이 충분히 작용할 수 있다. 이 요인이 연사 의견에 반대할 수 있고, 또 이 요인이 성공이나 실패를 비교적 용이하게 해 줄 수 있다. 어느 경우, 이 요인을 연사가 담당할 수 없을 때도 있다.

스피치 목적이 비록 청중에 있다 하더라도 소망하는 반응을 얻지 못하는 것이 반드시 스피치가 비효과적이란 신호도 아니고, 또 스피치가 효과적이란 사실의 지적도 아니다. 평가 기준은 더 탐색해야 한다. '결과설'에 대해 가장 치명적인 사실은 우직한 부류의 사람이 결과설에서 추출하는 결론의 종류다. 만약 히틀러가 속임수로 독일 국민을 설득하는 데 성공했다면 허위와 왜곡이 효과적인 설득으로 인정돼야 한다. 이 같은 결론은 외양상 타당하게 보인다. 그러나 불투명한 사실을 이기적으로 이용할 때, 그 결론은 위험하다. 그리고 누구나 심사숙고한 바를 언어로 표현한다.

스피치 교육사는 상당수 궤변가와 함께 그들에게 잘 설득당한 청중을 동시에 밝혀 준다. 따라서 스피치 교육사는 궤변에 굴복한 다수 연사를 예증해 준다. 사회는 왜곡된 사실을 교정할 책임과 의무를 져야 한다.

진실설

효과적인 스피치는 어떤 것인가? 어떤 기준으로 평가하는가? 결과설에서 쉽게 생성된 '궤변법'에 대한 강력한 반응으로 '진실설'이 대두되었다. 역사상 위대한 그리스 철인 플라톤은 당시 궤변가에 대한 강력한 불복으로 항의를 제기한 최초의 인물이다. 스피치 학계에서는 아직도 플라톤의 논쟁을 읽고 큰 영향을 받는다.

스피치를 그 결과로써 효과적으로 평가할 수 없다면, 스피치를 실연과 동시에 발생하는 진실로 측정하지 않는 이유는 무엇인가? 연사가 진실을 말할 때, 스피치는 효과적이라 할 수 없는가? 연사가 말한 것이 진실이 아닐 때, 스피치는 비효과적이라 결론질 수 없는가? 이 같은 질문이 큰 수정 없이 긍정될 수 없는 이유를 지적하기에 앞서, 이 같은 사실은 이미 이해되고 있어야 한다.

모든 인간이 진실을 탐색하는 것은 당연하다고 생각한다. 허위와 교언영색은 스피치에서 용납될 수 없다. 무지와 우둔한 스피치를 통해 범해진 진실의 왜곡은 언제 어느 때고 가능한 한 즉시 '정정'해야 한다. 그러나 이 같은 강력한 입장이 스피치와 동시에 발생하는 진실만으로 스피치를 판단해야 한다는 결론을 정당화하지 못한다.

진실은 충분조건일까?

가장 권위 있고 가장 오래된 '스피치에 대한 도전과 회의(懷疑)'는 허위의 동기를 진실로 위장할 수 있다는 사실이다. 청중이 연사에 의해 잘못 인도되고 기만당하는 경우가 확실히 있다. 그러나 한편, 연사를 용납하지 않는 청중에게 진실을 나타내 보임으로써 스피치가 청중과 연사의 관계를 밀접하게 연결시키는 데 공헌한다는 사실도 확실하다. 이것은 고차원적인 목적을 가진 다수 연사의 막중한 임무이기도 하다.

진실을 지각하도록 청중을 조력해 주는 스피치에 의해 다수의 청중은 비극적인 오류를 벗어날 수 있다. 그러나 여기서 직면하는 것은 진실만이 항상 충분조건은 아니라는 사실이다. '이슈(Issue)'를 혼란하게 하고, 진실을 왜곡하기 위한 스피치 커뮤니케이션도 인정된다. 그러나 진실을 명백히 드러내고, 보다 효과적인 스피치 내용을 위한 스피치 커뮤니케이션이 엄존한다.

비평가는 진실을 식별한다고 가정, 연사의 노력이 원천적으로 진실한 것이라 판단하는 조건이 전제된다. 허위의 동기를 위장하는 비난받는 수사학의 기초를 비평가는 인지하고, 또 한편, 비평가는 진실한 동기를 허위로 보는 미숙과 무능을 상찬(賞讚)하도록 강요받는다는 이론적 현실을 용인하게 된다. 이 결론은 불가피하다.

만약 스피치가 지지 받는 동기를 진위(眞僞)로 보아 효과적 또는 비효과적이라 판단한다면, 연사 입장이 청중에 의해 지지되지 않는 한 효과적인 스피치도 어디인가 미흡한 것으로 평가해야 한다. 그리고 다른 기준으로 다시 측정한 건전한 동기를 내포하는 미숙하고 무능한 스피치는 효과적인 스피치로 평가해야 한다. 비록 스피치가 청중을 소홀히 하면서 계속되더라도 결과는 같다.

부족한 화법도 바람직한 동기를 내포했다는 단순한 이유 때문에 부족한 화법을 상찬하도록 강요받는 비평적 기분은 수긍하기 어렵다. 아리스토텔레스가 말한 바와 같이 진실과 정당성은 본래 상대적인 허위와 부당성보다 일층 강하다. 필연적인 결과가 초래되지 않아도 그의 주장이 정당하다는 연사는 결과를 그의 탓으로 돌린다. 따라서 화법의 경시는 수정을 요한다.

엄격히 말해, 바로 이것이 문제의 핵심이다. 허위의 동기를 위장하기 위한 수사학은 이에 반대되는 수사학을 옹호할 수 없고, 반대 경우도 이와 같다. 연사의 능력 한계를 벗어나 작용하는 어떤 요인이 존재하는 한, 진실한 주제의 경우와 같이 허위의 주제를 수긍시킬 수 없기 때문이다.

스피치를 주도면밀하게 충분히 비평해야 한다면, 스피치는 원리에 의해 평가해야 한다. 원리를 적용하면 진실의 동기를 미숙하게 다루는 수사학의 결함도 지적하는 동시에 허위의 원인에서 수사학적인 책략(策略)도 지적하게 된다.

진실의 확인

앞서 말한 바와 같이 진실은 항상 비평가에 의해 알려진다는 무언의 가정이 있다. 이 같은 상황에서 진실이 스피치 판단을 위한 확실한 기준을 제공하지 못한다. 이에 덧붙여, 설상가상으로 동기의 시비에 의해 연사의 노력을 판단해야 하는 비평가로 인해 여러 경우 진실은 직접 확인할 수 없다. 스피치 실연 시 항상 스피치 정황은 다르다.

제1차 세계대전을 수행하면서 미국의 상원은 미국 역사상 가장 큰 토론을 전개했다. 즉, 문제의 현안은 '국제연맹 가입' 여부다. 당시 상원의원 히치콕(Gilbert Hitchcock), 윌리엄스(John Williams) 그리고 윌슨 대통령의 대변인 월시(Thomas Walsh)를 포함한 일단의 인사가 동 연맹 가입을 열렬히 지지하고, 러지(Henry Lodge)와 보라(William Borah)에 의해 선도되는 공화당 의원들은 연맹 가입을 적극 반대했다.

65~66차 본회의 격론을 알리는 의회 의사록은 연맹 가입을 둘러싼 지지 및 반대 연설문으로 가득 차 있다. 당시는 연맹 가입의 지지자가 토론에서 패배한 것으로 알려졌다. 미국은 국제연맹에 가입하지 않았다. 그리고 역사는 변전(變轉), 동 연맹은 완전히 자취를 감추었다. 만약 현재에 이르러 이 중차대한 토론의 시시비비를 판가름할 때 진실설을 적용하면 진실을 가려내는 것은 물론 필연적이다. 그러나 진실 여부를 어떻게 밝히겠는가? 미국은 연맹 가입 실패의 오류를 범했던가? 그러나 적어도 당시 미 국민은 그렇게 단정하지 않았다. 최소한 의회의 대다수 의원은 미국이 연맹 외부에 머물 것을 희망했다. 그리고 미국 국민의 대

다수도 의회 지도자와 동일한 의견을 가졌다.

제2차 세계대전 종전 후에 창설된 유엔 창립 이후의 향배는 어떠한가? 1919년으로 돌아가 당시 미 국민이 국제연맹 가입을 거부한 것이 잘못이라는 사실을 지금은 잘라서 단정할 수 있다. 그러나 진실은 1919년 당시 이상으로, 대대수의 투표에 의해 간신히 결정되었다. 몇 가지 결론은 실례를 통해 도출할 수 있다.

대부분은 그렇지 않아도 간혹 스피치 실연 장소의 정황에 진실이 알려지지 못할 때가 있다. 개연성이 깃든 진실이나 혹은 가장 현명한 결정을 내리기 위해 토의와 토론법이 차용된다. 이 같은 방법으로 결정된 개연성은 이따금 스피치 실연에서 진실의 주요 주장을 발견한다.

만약 스피치 내용에 진실이 포함되었다고 스피치를 효과적인 것으로 판단하고 스피치가 효과적이라고, 스피치가 진실을 포함하고 있다고 판단하면 언제든 이해할 수 없는 일종의 순환 추리를 차용하게 된다. 당시 활용할 수 있던 모든 증거를 근거로, 1919년 의회의 대다수 지도자는 정당했던 것으로 가정한다. 즉, 미국이 국제연맹에 가입하지 않은 것이 정당했다는 가정이 성립될 것이다. 그러면 스피치가 효과적인 것이었다고 결론지을 수 있을 것이다. 또 다른 가정을 시도하면, 미국이 국제연맹 가입을 거부한 것이 잘못이라는 결론에 도달하게 된다. 그리고 토론의 화법 능력에 관한 판단을 역전케 할 것이다.

명백히 말해, 이 같은 스피치 평가는 수긍이 어렵다. 부족한 동기 대신 능력 있는 스피치를, 그리고 바람직한 동기 대신 무능한 스피치를 하는 일이 빈번하다. 누구나 바람직한 스피치를 희망한다. 그러나 동기를 바람직하게 지지하는 수사학을 온유하게 시인하고, 스피치 이상(理想)을 실현하는 것 같지 않다.

윤리설

바람직한 스피치는 어떤 것인가? 어떤 기준으로 평가하는가? 스피치를 결과나 혹은 내용 진실 여부의 기준으로 측정할 수 없다면, 연사의 동기와 취지에 의한 판단은 성립이 가능한 것인가? 정직하고 정당한 연사의 화법을 상찬하고, 부정직하고 부당한 연사의 화법을 비난할 소지가 있다.

스피치상 부정직·허위 그리고 표리부동을 개탄하고, 지지 받을 수 없는 비평에 대한 이의 제기를 누구나 희망한다. 그리고 형식적인 상찬과 실질적 비난을 받는 스피치의 경우, 연사로서 무능하더라도 정직한 동기와 취지가 있으면 어느 정도 그를 상찬할 근거를 가지게 된다.

미흡한 평가 기준의 약점이 드러나지 않는다면, 몇 가지 의문을 제기하는 것으로써 연사의 동기와 취지로 화법을 판단하는 시도의 약점을 지적할 수 있다. 연사의 동기를 비평가는 어떻게 알 수 있는가? 만약 비평가가 동기를 감정할 수 있다면, 동기를 어떻게 판단하는가? 연사의 화법 능력에 연사의 동기가 어떤 구실을 하는가? 파멸의 길이 바람직한 취지로 포장될 수 있다.

윤리설은 비평가를 윤리학과 수사학의 와중으로 몰아넣는다. 문제의 여지가 있으나 윤리적 기준은 수사학을 끌어들이고, 호불호 간에 수사학적 기준을 차용한다. 바람직한 인간이 반드시 바람직한 연사는 아니고, 바람직하지 못한 인간이 반드시 바람직하지 못한 연사는 아니다. 그리고 공명할 수 있는 사실은 연사를 위해 연사의 개성과 덕성이 작용한다는 것이다. 그러나 바람직한 인간에게 부여된 스피치 능력을 찾아보는 일이 선행해야 한다. 어떻든 이 같은 입장은 바람직한 동기와 바람직한 스피치의 맹목적인 동일시를 정당화할 우려가 없지 않다.

청중이 시인하는 동기를 갖는 연사가 행한 스피치에 대한 보증은, 화법으로 숙달된 유능한 연사가 영향력 범위를 확대시키는 것과 다르다.

원리설

바람직한 스피치는 어떤 것인가? 어떤 기준으로 평가하는가? 만약 스피치를 결과로, 내용의 진실 여부로, 혹은 연사의 동기로 정당하게 평가할 수 없다면 해답은 무엇인가? 비평의 원리설은 이 같은 기본적인 의문에 대해 유일하고 적절한 해답을 제공할 것이다. 원리설은 이미 이의를 제기했던 문제에 대한 간략한 설명과 판단 기준에 의해 자명해진다.

언어 기법의 스피치

원리론은 스피치가 원리를 응용할 수 있는 기법이라는 사실을 의미한다. 효과적인 스피치는 이 같은 원리로 이룩되고, 통찰력 있는 비평가에게 이 같은 원리를 제시하며, 스피치는 원리로 평가할 수 있다.

어떤 목적을 위한 어떤 정황의 어떤 스피치도 원리에 의존하면 그만큼 효과적이나, 반대의 경우에 그만큼 비효과적이다. 아리스토텔레스는 수사학 허두에서 스피치를 아트(Art)로 간주하고, 기법의 원리 체계를 세울 수 있음을 시사했다.

결과보다 원인

원리설은 결과설과 같이 연사가 청중으로부터 어떤 반응을 획득하려고 노력한다는 사실을 인정한다. 연사는 결과에 관심이 크다. 기대되는 반응은 유능한 인간의 반응이나 행동, 혹은 연사가 희망하는 유능한 인간의 반응이나 행동일 수 있다. 그리고 기대되는 결과가 진실 아니면 허위일 수 있다. 따라서 연사는 스피치 성과의 진위를 알 수 있고, 모를 수도 있다. 취지도 바람직한 것일 수 있고, 비천한 것일 수 있다. 연사는 충분히 알지 못하는 문제에 대한 해답을 찾을 수 있고, 스스로 자문자답할 수 있다. 따라서 다음 결론은 불가피하다.

연사는 반응을 탐색한다. 그리고 반응의 성격과 반응에 대한 비평가의 평가는 기본적인 사실을 변경시키지 못한다. 또 연사가 사용하는 방법이나 이에 대한 비평가의 평가도 근본적인 사실을 변경시키지 못한다.

이 같은 결론에 대한 유일의 예외는 광인(狂人)의 토크일 것이고, 또는 이와 유사한 경우일 것이다. 이때 원리설이 결과설과 일치한다. 그러나 한 가지 결정적인 점으로 보아 원리설은 결과설과 판이한 국면을 지닌다. 즉, 원리설은 스피치 실연의 결과로 스피치를 판단하지 않는다. 바로 이 점이 결과설의 치명적인 오류로 지적된다. 스피치 아닌 다른 요소가 결과에 영향을 미친다는 매우 중요하고 쉽게 논증할 수 있는 사실을 결과설은 투시한다. 이같이 스피치를 결과로 측정 평가하고, 동시에 온당치 못한 결과로써 다수 연사·비평가·교육자를 기만하는 판단의 오류를 범하기보다 원리설에 입각하는 비평가는 스피치를 차라리 기법의 원리로 판단한다.

개념적인 스피치 원리는 결과를 관찰할 수 있는 스피치에 관한 모든 과거 기록으로부터 보편화할 수 있다. 그리고 기록에서 이 같은 결과를 가져온 스피치 아닌 다른 요소의 영향을 평가하는 데 적절한 주의가 집중된다.

이 대규모의 조사 연구는 매우 고루한 학자가 즐겨 떠맡는 어려움이 따르나, 다른 요소에 적절한 주의를 돌리는 상황에서 성패의 원인을 발견하는 유능한 다수 연사의 방법과 결과를 조사 분석하는 일은 가능하고 절실하다. 물론, 스피치 학계에서 이 같은 폭넓은 연구가 실천돼 왔고, 또 이 방면 연구가 현재도 진행 중이다. 이 분야 스피치 연구는 가장 풍요롭고, 이 중 몇몇 연구는 수사학적인 요소를 다른 요인으로부터 분리 식별하기 위해 특별히 계획된 실험적인 조사로 주의 깊게 시험되고 있다. 동시에 또 다른 연구 분야는 연사, 그의 방법 그리고 각각 양상이 다른 스피치 결과에 대한 주도면밀한 역사적 연구다. 또 하나, 연사를 위해 연사에게 작용할 수 있는 다수 요인에 친숙한 비평가에 의한 기지에 찬 경험적인 관찰이다.

어떤 결과가 스피치에 의해 획득될 수 있는 한 앞에 적은 여러 연구는, 연사가 특정 정황에서 그가 찾는 결과를 가져다줄 것이라고 확신할 수 있는 원리 제공 가정에 근거를 두는 것이 원리설이다. 특히 유념케 되는 것은 이렇게 파생된 원리가 스피치의 판단에서 가장 신빙성 있는 기본이라는 사실이다.

원리에 의한 판단

스피치의 원리가 유능한 연사의 누적되는 시험으로 확실하게 일반화되고 있다면, 이 같은 계통적인 체계는 의당 청중의 어떤 반응을 획득하려는 연사를 위한 실용적이고 효과적인 지침이 되어야 한다. 그러면 원리는 우둔하고 사악한 연사에 의해 이기적으로 이용되는 잘 알려진 수법이나, 혹은 진실 및 도덕에 무관한 철저히 실용주의적인 계통적 체계와 다른 어떤 것일까? 여기서 제기되는 문제는 허다하다. 사실, 원리가 하나의 실용주의적인 계통적 체계임을 인정한다. 이해 관계가 개인적인 것임도, 또 원리는 도덕에 무관한 것임도 인정한다. 그러나 계통적 체계가 철저한 것이고, 진실에 무관하며 부도덕하고, 그리고 이기적으로 이용된다는 결론도 체계 세워진 원리를 적용·시험할 때까지 무용한 것이다. 체계의 성급한 시험은 바람직한 스피치를 가로막는 요인 중에 포함되는 무가치한 동기와 진실에 대한 무관심을 드러낼 것이다. 명쾌하게 납득하는 연사의 정의는 "설득 그 자체요, 본질이다(The very body and substance of persuasion.).", 그리고 연사의 개성은 "모든 설득 방법 중에서 가장 영향력이 크다(Most potent of all the means to persuasion)."라고 말한 아리스토텔레스는 2천여 년 전에 이미 이 결론에 도달했다.

위험을 무릅쓰고 연사가 범하는 스피치의 실제적인 원리를 제외한 사실은 비전의 찬성을 받는 진실과 도덕에 대한 권유는 아니다. 몇몇 비평가가 그것을 설정해서가 아니고, 여러 스피치를 듣는 청중이 그 방법을 제시했기 때문에 그것을 스피치 원리로서 인정한다. 이 같은 관계를 고려함 없이 형이상학과 윤리학으로부터 스피치 기준을 안전하게 끌어낼 수 없다. 상기한 관계의 고려 없는 시도는 오도되는 것이고, 무익하며, 결국 그것은 원리의 스피치를 거부하는 결과가 된다.

이 장절의 결론으로서 스피치는 개인, 사회 그리고 교육에 있어 중요하다고 믿는다. 개인과 사회에 크게 기여하도록 연구할 수 있는 방법으로 스피치가 개인 생활 및 사회 생활을 결정해 주고, 영향을 미친다는 사실을 확인하게 된다. 스피치는 인간이 남의 생활에 어떤 영향을 주려고 시도하는 점으로 미루어 보아 기법이란 사실을 믿고, 또 이 기법의 원리는 정확히 식별되고 정의할 수 있다고 확신한다.

최상의 경우라도 인간 행태에 영향을 미치는 많은 요소에 대한 적절한 고려 없이 잘못 판단한 실례에서 이 같은 원리를 일반화시키는 것은, 효과적인 스피치를 잘못 선도하는 편파적 의견이다. 그리고 동기가 가치 있는 것이라도 스피치 목적을 지지하는 관계에 대한 고려 없이 기법으로 진실과 도덕의 철학적인 개념을 끌어들이는 것은 불건전하다고 생각한다.

스피치의 참된 원리는 인간 행태에 영향을 미치는 점으로 보아 실용주의적으로 건전할 뿐 아니라, 결국 인간 행태의 지침으로서 건전한 것이다. 그리고 이 같은 원리를 자유자재로 구사하는 연사는 풍부한 개인 생활과 바람직한 사회적 가치를 스스로 발견할 수 있다. 이것이 사실이라면 스피치 연구는 크게 가망 있고, 의미심장한 교육을 위한 최소한 하나의 교육적 가치를 내포한다.

청각 수용

듣는다는 지각 양식

말을 들어 이해하고, 음악을 들어 즐기고, 강한 소리를 듣고 놀라는 등 우리 일상 생활은 소리로 가득 차 있다. 아침에 일어나 밤에 잘 때까지 싫든 좋든 주위 환경 속에서 발생되는 소리에 휩싸인 채 우리는 생활한다. 이처럼 여러 가지 소리를 들어야 하지만 그 속에서 우리는 특정 소리만 귀를 기울일 능력을 갖추고 있다. 따라서 우리는 생활 환경 속에서 어떤 소리를 청취하고, 이 소리를 매개로 소리가 발생된 원인에 주의를 기울일 수 있다.

　실제 소리를 청취한다고 할 때, 이 말은 소리가 발생된 배후에 있는 어떤 사실에 주목한다는 의미로 쓰일 경우가 많다. 대체 어째서 우리는 이처럼 소리가 발생된 배후 사실에 주목하는 것인가? 인간 생활을 영위해 나가기 위해 자기를 둘러싼 주위 환경에 적응, 적절한 행동을 취할 필요가 있기 때문이다. 그러기 위해 각종 지각계가 활동해야 한다. 이때 감각계가 예외일 수 없다. 따라서 청취 이외에도 맛보고, 만져 보고 하는 경우와 동일하여 개체가 환경에 적응하기 위한 정보를 얻는 것이 본질이라 할 수 있다. 5관의 감각 기능은 동일한 의의를 갖는다 해도 이들은 모두 양식이 구체적으로 다르고, 각기 다른 특징을 갖는다. 여기서 다만 소리의 청취 기능에 국한, 청각의 특징을 고찰하고자 한다.

　다른 감각과 마찬가지로 청각 역시 외부 자극에 의해 지각된다. 어떻게 들리느냐는 것은 자극이 된 소리의 물리적 성질, 구조 등에 의해 크게 좌우된다. 청각은 주로 공기를 통해 오는 음파(音波)로 지각되기 때문에 소리의 근원이 되는 물체에 직접 접촉하지 않더라도 근원을 인지할 수 있다. 귀에 들리는 음파는 광파(光波)에 비해 파장이 길기 때문에 방향에 관계없이 소리를 들을 수 있다. 청각은 발생적으로 촉각에서 진화된 것이라 하나 음파가 매개되어 인지되니, 대상에 접촉해야 인지되는 촉각에 비해 편리하다. 반면에 대상과의 관계를 파악할 때, 촉각만큼 절대적 의의를 갖지 못한다. 이 점, 청각은 촉각보다 시각에 가깝고 청각이 원각(遠覺)이란 소이도 여기 있다.

　청각은 어느 정도 멀리 떨어진 곳의 상황을 파악할 때 유효하나 정확한 파악은 시각만 못하다. 그러나 시각은 원각으로서는 결점이 있다. 사물을 바라볼 때 대상을 향해 몸을 돌리고, 얼굴·눈길을 그쪽으로 돌려야 한다. 또 눈과 대상 사이에 장애가 있다면 이를 피해 몸을 움직이지 않으면 안 된다. 이 점, 시각이 촉각에 가깝다.

'듣는다'는 지각 양식이 갖는 또 하나의 특징으로 시간 분해가 뚜렷하다는 점이다. 자극이 되는 소리는 시시각각 소멸해 소리가 들리는 상태를 보존, 재생하기 어렵다. 물론 최근 녹음 기술의 발달로 어느 정도 사정이 바뀌었으나 문자 쓰기처럼 간단히 어디서든 녹음 재생이 가능하지 않고, 상태 보존 방법 역시 문자와 본질적으로 다르다. 듣는다는 것은 어디까지나 시간 계열상의 현상이므로 이것을 재생할 때 역시 시간 계열상으로 재생하지 않으면 안 된다. 정확한 시간 순서를 따르는 한 몇 차례 반복하여 재생해도 순간음은 소멸해 간다. 그러므로 문자 및 그림처럼 장시간 동일 자극 상태를 유지할 수 없다. 이와 같은 관점으로 보면 녹음 재생 장치가 아무리 훌륭해도 표출된 소리 말이 소멸한다는 이치는 불변이다.

청각 기능

청각 기능 가운데 가장 중요한 것은 잡다한 소리가 섞여 있는 속에서 특정한 소리를 들으려면 주어진 소리 현상 속에서 특정 규칙에 따라 일정 부분만 가려 듣는다고 생각할 수 있다. 무의식적으로 매우 복잡한 규칙에 따라 여러 가지 소리를 취사 선택하는 것이 현실이지만, 이것을 실행하려면 복잡한 많은 규칙을 정리하고 기억해야 한다.

따라서 역으로 생각·기억된 모든 규칙을 알 때, 그 사람이 듣는 기능을 확실하게 추정하면 할 수 있다. 예를 들면, 음악인 것과 음악이 아닌 것을 어떤 종류 규칙에 따라 들어서 분별하고, 또 남성과 여성도 특정 규칙에 따라 판별하고 있다. 물론 여기 쓰이는 규칙은 단일한 것이 아니고 많은 단계에 걸쳐 복잡할 뿐 아니라, 규칙의 중요성 역시 각기 다르다. 가장 기본적인 단계에서 이 규칙은 감각기관의 생리적 및 물리적 제한 조건에 의해 주어진 것이라 간주할 수 있고, 주어진 음파는 어떤 규칙에 따라 들리는 소리로 변환된 것이다. 일단 들리는 소리가 감각된 뒤, 청각 중추에서 여러 규칙에 의해 들어야 할 소리만 분리 추출되는 것이다. 여기서 소리가 갖는 의미와 소리 연결로 발생하는 의미가 중요 역할을 한다.

먼저 기본 규칙으로 어떤 음파가 소리 감각에 포함될 것인가, 또 주어진 음파와 소리 감각과의 관계는 어떻게 되어 있는지 좀 더 자세히 설명해 본다. 우리가 소리로 느낄 수 있는 공기 진동은 매초 약 20회에서 2만 회의 진동수다. 이보다 빠른 변화나 이보다 느린 변화는 소리로 지각되지 않는다. 진동수에 의한 감도는 각기 달라 가청 진동수 범위의 극한점에서 감도가 매우 나쁘고, 가장 감도가 좋은 진동수는 대체로 매초 약 800회에서 4천 회의 진동수다. 강도의 차이를 어느 정도까지 식별할 수 있느냐는 음의 진동수와 그 밖의 조건으로 약간 차이가 있으나, 대체로 5~10퍼센트 정도가 간신히 구별되는 한계다. 다만 이 정도 차이를 식별할 수 있는 소리 강도는 시간상 약간 차이가 있을 경우 강약 구별의 정도가 나빠진다. 가령, 어느 소리의 강도와 어제 들은 소리 강도를 어떤 부차적 방법 없이 비교하려 할 때, 소리 차이를 확실히 구별하기 어렵다.

한편, 소리 높이는 구별 차이가 한결 쉬워 진동수가 0.3퍼센트 정도 차이지만 간신히 그 차이를 알아들을 수 있다. 물론 이것도 강도의 경우와 같이 일정 상태를 유지하는 소리 진동수를 시간적으로 계속 변화시킨 경우 구별이 가능하다. 매우 정밀하게 구별되는 음의 차이는 5, 6초

걸리지만 분명 그 차이를 알 수 있는 것이면 0.2초밖에 안 걸린다. 이것은 강도 및 고도 어느 편에도 해당한다.

보통 우리는 대체적 분석을 하고, 대신 빠르게 판단한다. 이 같은 방법은 목소리를 들을 때처럼 순간 빠른 판단을 요하는 경우 매우 유효하다. 반드시 일련의 소리가 들려야 어떤 목소리를 인식한다. 일련의 소리가 기억되면 주어진 소리를 기억된 일련의 소리와 비교·대조, 유사점과 차이점을 구분한다. 이때 기억돼 있는 일련의 소리는 표준 계열 역할을 하고, 구성 인자 수가 많을수록 구분이 일층 정밀해진다.

소리 크기가 주로 물리적 강도와 관계가 있고, 고도는 음파의 진동수와 관계되면 음색의 감도는 소리의 물리적 면과 어떤 관계가 있는가? 결론부터 말하면 소리의 진동 범위, 단시간 내 진동 변화, 음파의 규칙성 및 불규칙성, 부분음의 구조와 변동, 단시간 내 강도 변화 등 많은 요인이 음색의 강도를 결정한다. 진동수가 적은 소리는 소리 고도가 낮게 느껴질 뿐 아니라 크고 시끄럽게 느껴진다. 그리고 진동수가 많을수록 가늘고 정밀하게 느껴진다. 또 부분음을 전혀 갖지 않는 순음이라도 진동수를 변화시키면 [i], [e], [ɛ], [a], [ɑ], [ɔ], [o], [u]의 어느 것에 흡사한가를 판정하는 것은 일정하다. 순음(脣音)의 모음적 성질이 바로 이것이다. 또 일정 시간 내에 진동수가 근소하게 변동하는 소리는 음색의 감도가 부드럽다. 그리고 정상 복합음의 음색은 소리 부분음 구조에 의해 분명히 결정되고, 악기 음색과 인간의 음성, 특히 모음은 대체 부분음 구조의 현저한 차이로 구별된다. 부분음 구조가 간단한 순음은 음색이 맑고, 부분음이 많은 소리는 음색이 풍부하다. 많은 악기와 인간 음성의 모음처럼 성분이 기음(基音)과 배음(倍音)으로 된 것에 비해 성분이 배음 이외의 부분음을 포함하는 잡음은 음색이 탁하게 들린다. 또 성분이 배음만으로 된 소리도 높은 차원의 배음을 포함하면 음색은 거칠고 탁하다. 악기의 경우, 정상적인 부분보다 공명이 시작될 때의 부분음 구조의 변동 상태와 소리 강도 변동에 따라 음색이 특징지워지는 일이 있다. 화음에서 자음의 경우 정상적 부분음 구조보다 시간적 변화가 음색을 결정하는 데 중요 역할을 한다.

우리가 음악과 이야기를 들을 때, 현재까지 들은바 내용에 따라 다음 순간을 듣는 것이다. 어느 소리를 예측하고, 어느 정도 예지하며 듣는다. 이때 완전히 예지되면 다음 듣는 것은 전혀 무의미해진다. 남의 이야기를 들을 때 모두 예지된다 할 수 없고, 어느 정도 불확실한 점이 남는다. 이 점을 확실히 하기 위해 듣는 것이다. 가령, 음악과 이야기에서 주어진 상황에 따라 어떤 것을 들려줄 것인가는 거의 알고 있다. 또 악기의 음색과 음악 구성 양식에 관한 대체적인 규칙은 오랜 동안 습득되는 것이고, 목소리에 대한 규칙과 이야기에 쓰이는 많은 규칙 역시 오랜 동안 체득되는 것이다. 따라서 여기 남은 불확실성은 미미한 것이고, 여유 있는 상태에서 확인하는 정도로 듣는 것이므로 결과적으로 많은 것을 들은 것으로 간주된다. 또 여유 있는 상태에서 듣기 때문에 계속 소멸하는 소리의 여러 측면까지 주의를 기울일 수 있게 된다.

청법 구성

청법의 단계

라디오와 구연(口演)의 이야기 청취, 대학 수업의 수강, 대화에서 남의 이야기 듣기, 논의와 토론에서 남의 발언 경청 등 장면과 정황에 따라 말과 이야기 듣는 청법(聽法)이 달라진다. 이것은 어디까지나 화법에 대응하는 관계상 청법이다. 이야기를 듣는다는 것은 잡음이나 음악을 듣는 것과 다르다. 듣는다 하더라도 음악을 들을 때와 음성을 들을 때를 구분해야 한다. 단순음을 들을 때는 소리 의미를 고려하지 않아도 좋다. 물론 자동차 클랙슨 소리는 '지금 자동차가 가니 주의하라'는 신호가 되고, 철로 건널목에서 울리는 경종은 '지금 열차가 통과하니 조금 기다리라'는 신호가 된다. 또 베토벤 작곡의 교향곡에서도 무엇인가 정서에 호소하는 의미가 있다. 그러나 이것은 모두 단순음이요, 기호적 의미가 있다 해도 어디까지나 인간이 발하는 음성이 아니다. 우리가 문제시하는 것은 인간이 발하는 음성에 의한 언어의 청법이다.

언어는 음성 복합이 표현하는 의미가 있다. 그러므로 청법은 음성을 듣고 음성 기호가 무엇을 표현하는 기호인가를 알아듣는 일이다. 요컨대 청법은 어떻게 주의해 듣고, 어떻게 의미를 정확히 이해하며, 어떻게 주의를 집중시키는가 하는 것이 주된 방법이다.

영어 'hear'와 'listen'은 구별이 있다. 전자는 '듣는다'요, 후자는 '귀담아 듣는다'에 해당한다. '귀담아 듣는다'는 '듣는다'보다 일층 주의해 듣는 일이지만 다시 주의를 집중해 들을 때 이 경우를 '경청'이라 한다. 'Active listening'이 바로 그것이다. 이처럼 '듣는 작용'을 청자의 듣는 의지와 주의 정도로 나누면 다음과 같다.

〈듣는 작용〉

들린다—듣고 싶지 않아도 귀에 들리는 경우

듣는다—듣겠다는 의지를 가지고 들을 때

귀담아 듣다―듣겠다는 의지를 가지고 주의해 듣는 경우

경청(傾聽)하다―듣겠다는 의지를 가지고 주의를 집중해 들을 때

신문(訊問)하다― 듣겠다는 의지가 청자에게 미치고, 대답을 구하는
적극적 청문(聽聞)

'듣는다'는 것은 어떻든 화자의 표현 및 전달 내용을 이해한다는 작용
이다. 표현된 언어는 어떤 의미를 담고 있다. 그것은 화자 체험 표현이
요, 주관이지만 청자가 알기 쉽게 표현하려면 공동 사회에 통용되는 객
관적 언어 표현이어야 한다. 결국 주관의 객관화와 일반화다. 그러면 청
자는 화자의 언어 표현을 공동 사회 관행의 의미대로 메시지를 수용하
게 된다. 이를 도식으로 보이면 다음과 같다.

화자의 주관―객관적 표현―객관적 수용―청자의 주관

남의 말과 이야기를 듣는 능력은 결국 자아의 깊이, 청자 인격에 좌우
되는 것이다. '청법 단계'를 대체로 요약하면 다음과 같다.

〈청법 단계〉

청자는 화자의 말을 허심탄회(虛心坦懷)하게 객관적으로 듣는다.

청자는 가능한 대로 화자 주관에 접근, 이해한다.

청자는 자기 주관에 비추어 화자 메시지를 수용한다.

"화법에 능하면 청법에도 능하기 마련이다." 이것은 말 잘하는 사람
은 남의 말도 잘 듣는다는 사실을 지적하는 것이고, 말하기와 듣기가 동

일 행위의 양면임을 뜻하는 것이다. 청법에 능하면 상대방이 만족스럽게 말하도록 할 수 있다. 청자가 듣고자 하는 것, 알고자 하는 것을 충분히 말하게 하는 것이다.

카운슬링 방법은 청법의 가장 중요한 수단이다. 카운슬링은 스스로 처리, 또는 해결하지 못하는 문제에 부딪혀 카운슬러의 도움을 받고자 하는 사람에게 주로 면접에 의해 상호 신뢰와 이해에서 발생하는 깊은 인격 교류 속에서 새로운 문제 해결의 방법을 모색하는 상담 치료 및 협력을 위한 전문적 활동이다. 여기서 주목할 점은 카운슬러가 직접 설명·해결책 제시, 또는 문제를 처리하는 것이 아니라는 사실이다. 카운슬러는 다만 좋은 상담자가 되어 줄 뿐이다. 문제가 처리되지 않고, 번민이 해결되지 않는다는 것은 사태가 혼란한 때문이다. 그러나 카운슬러가 알도록 사태를 설명하기 위해 내담자(來談者) 스스로 자신의 머릿속을 정리해야 한다. 그러므로 카운슬링은 단 한 번의 면접으로 해결, 치료되는 것은 아니다.

이처럼 카운슬러는 단지 상대방 이야기를 들어주면 되는 것이지만, 실은 그 청법이 어려운 것이다. 내담자 스스로 정리하도록 듣고, 상대방 자신이 스스로 해결책을 발견하도록 협력하고, 이것이 발견되면 그것을 실행하도록 상대를 돕는 것이다.

언어의 이해

이야기 내용을 이해하기 위해 먼저 말의 의미를 이해하지 않으면 안 된다. 어휘 구사를 이해해야 한다는 것인데, 이것은 화자에게 우선 1차적 책임이 주어지나, 청자는 어휘를 풍부하게 기억할 필요가 있다.

이야기를 듣고 이해하는 것은 말을 단순히 음으로 듣는 것이 아니고 일련의 음성에서 단어 의미를 파악하는 것이다. 개개 단어의 의미를 모르면 이야기의 이해가 불가능하다. 그러므로 일반 의미론(意味論)의 문제가 여기 제기된다.

화법과 청법에서 일반 의미론이 중요한 것은 말할 필요가 없다. 개개 단어는 단일 의미만 가지는 것이 아닌 여러 의미를 내포한다. 이때 청법상 다만 전체 문맥에서 뜻을 파악한다. 그리고 음성 표현에서 억양과 어조가 주는 의미 변화는 청법상 잘 고려해야 할 문제다. 그러나 국어에서 억양으로 인한 문법적 성질의 차이는 거의 찾아볼 수 없으므로 억양이 주는 의미 변화는 일부 지역어를 제외하고 그 예가 희소하다.

문맥상 의미 파악과 음성 표현상 의미 파악은 일반 법칙에 의한 방법인데, 일정 사회·일정 개인은 동일 단어와 동일 단어 배열에서 의미가 바뀌고, 의미가 통하지 않을 때가 있다. 언어는 그것을 쓰는 사회의 사회적 의미를 파악하지 않으면 안 된다. 언어는 역사적 변화를 하나의 특징으로 한다. 동일 단어를 역사적 발전 속에서 파악해야 하는 소이(所以) 역시 이 때문이다. 결국 언어를 바르게 이해하려면 다음의 내용을 참고한다.

- 개개 단어의 의미를 안다.
- 한 단어에 몇 개 의미가 있을 때 그중 가장 적합한 것을 선택한다.
- 개별적 의미는 물론 보편적이고 추상적 의미까지 파악해야 한다.
- 기호와 실상을 혼동하지 않는다.
- 전체 문맥에 따라 의미를 파악한다.
- 억양 및 어조로 의미를 파악한다.

- 사회적 차원에서 언어 의미를 이해한다.
- 역사적 차원에서 언어 의미를 이해한다.

이상은 화자의 말과 이야기 내용을 파악하기 위한 청법인데, 단지 내용을 파악할 뿐 충분한 수용 능력이 없다면 바른 청법이라 말할 수 없다. 상대방 이야기를 이해하고 지식과 교양으로 들으면 족할 이야기가 있고, 혹은 들어 이해하면 이에 찬동하고 곧 행동으로 옮기는 이야기가 있을 것이다. 그러나 충분한 수용 없이 행동하기에 앞서 들은 말과 이야기가 어떤 것인지 비판할 필요가 있다. 또한 감상하고, 어떤 즐거움을 맛볼 수 있는 청법이 있다. 이 청법은 청자가 '듣는 입장'이라 할 수 있다.

- 메시지를 파악하고 이해하기 위한 청법
- 메시지를 이해하고 행동하기 위한 청법
- 메시지를 비판하기 위한 청법
- 메시지 감상의 즐거움을 맛보기 위한 청법

상대방이 말하는 것을 잘 이해하고 들으면 이야기에 결함·모순·오류가 있을 때 곧 지적할 수 있고, 또 당연히 문제점까지 발견된다. 여기서 비판이 비롯된다. 비판적 청법에서 유의할 것은 사전의 선입관과 편견이다. 청법에서 권위의 관습적 판단은 불필요하다. 다만 참된 평가만 필요하다. 그러나 남의 이야기를 들을 때 충분한 사전 지식이 필요하다. 문헌 조사가 있어야 할 것이고, 주어진 문제를 중심으로 반대와 찬성의 의견 검토가 따라야 한다.

3장
스피치 이론

도구설,
도로시 멀그레이브(Dorothy Mulgrave)의 견해

　감정, 사상, 신체적인 인간 복리의 정확한 기준은 음성과 스피치에 있다. 스피치 능력을 향상하고자 하는 노력이 뒤따르지 않으면 사람은 개성을 발휘할 수 없고, 원만한 인간관계를 유지할 수 없다. 그러나 스피치 능력을 향상하고자 하는 욕구가 있고, 또 불완전한 발성과 불명료한 발음·부자연스러운 어조·명랑치 못한 음성을 개선하려고 하면 문제 해결은 일층 쉽다.

　사전에 의하면 스피치는 "화음(話音)을 내는 능력, 혹은 아이디어를 표현하는 일련의 어휘"라 했다. 그리고 이 정의에 덧붙이면, 스피치는 화자가 아이디어를 전달할 목적으로 신체상 많은 근육과 신경 조직을 활용한 의사 표현이요, 반대로 청자는 청각적이고 시각적인 기호 체계의 수용이라 할 수 있다. 더욱이 스피치는 신체적·심리적·신경학적·의미론적·언어학적 요소를 활용한 인간 행동의 한 행태다. 따라서 스피치는 인간의 사회 활동을 위한 가장 중요한 도구로 간주한다. 이 같은 관점에서 관찰하면, 스피치는 비단 화자의 발성이나 발언만이 아니라 더 많은 세부 사항을 포함하여 실로 그 연구 대상이 매우 복잡하다.

스피치는 화자의 필요에 따라 구성되고 전개되며, 화자가 갖는 아이디어를 전달 표현하는 한 방식이다. 그리고 말할 주제와 청중을 깊이 이해하고 있든 그렇지 않든 아이디어를 전달할 때 내용과 형식이 잘 균형 잡히고, 청중에의 적응이 잘 되고 있든 그렇지 않든, 그리고 화자가 완벽하고 열의가 있든 없든 간에 스피치는 거의 직접 청자에 직면하는 하나의 도구다.

블룸필드(Bloomfield) 이론

블룸필드는 언어의 기능에 대해 S→r→s→R의 이론을 전개하고 있다. 이 공식에서 실제적인 중요성을 띠는 S와 R을 화자의 자극 및 청자의 반응으로 본다. S와 R이 언어적인 발화 r→s의 의미를 형성한다. 그리고 이것은 멘탈리스틱 뷰(Mentalistic view)에 해당한다. 멘탈리스틱 뷰는 개념이나 인식이 발화된 언어 형식에 다소 정확히 반영되어 그 언어 형식을 관찰할 수 있는 자극과 반응에 연결된다고 본다.

'의미'라는 용어는 모든 언어학자에 의해 사용되고 있으나 의미는 매우 포괄적인 것이다. 이 속에는 철학적 또는 논리적 분석에 의해 구별되는 징후의 모든 부면, 즉 여러 수준에서의 언어 형식 상호 관계, 언어 형식과 비언어적 장면과의 관계 및 여러 수준에서의 언어 형식과 그 전달 행위에 참가하고 있는 여러 사람의 관계 등이 이에 포함되어야 하기 때문이다.

　사회 생활에 있어서 인간의 언어 행동이 어떻게 행해지는가, 또는 인간의 언어 행동이 어떻게 해서 사회를 성립시켜 나가는가 하는 점을 명백히 하기 위해 블룸필드의 이론을 언어 의미를 중심으로 살펴보았는데, 그는 또 1950년판 『Language』에서 언어 행동의 매우 단순한 구체적 예로 설명을 덧붙이고 있다.

　Jill과 Jack은 들길을 걷고 있다.

　Jill은 허기가 들기 시작한다.

　그때 사과가 큰 나무 위에 익어가는 것이 보인다.

　Jill은 입을 움직여 무엇인가 말한다.

　Jack은 나무에 접근, 사과를 따서 Jill에게 준다.

　Jill은 그것을 맛있게 먹는다.

　이 일련의 사실을 여러 각도에서 연구할 수 있으나 언어학적으로 볼 때, 언어 행동과 실제 행동의 두 행동으로 나눌 수 있다.

　언어 행동에 앞선 실제 행동 ···A

　언어 행동 ··B

　언어 행동에 이은 실제 행동 ···C

　A는 화자 Jill에 관련되는 것으로, Jill이 허기가 들어 위의 근육이 긴장해 체액이 분비된다. 이때 광파가 빨간 사과를 반사시켜 Jill의 눈에 비친다. Jill은 Jack을 바라본다. Jill과 Jack의 관계는 어떤 사이라 해도 좋다.

이것이 Jill에게 있어서의 언어 행동 이전의 것이기 때문에 이것을 '화자의 자극'이라 한다.

C는 청자 Jack에 관계된다. Jack은 사과를 따서 Jill에게 준다. 이것은 언어 행동 후에 일어난 것이므로 이것을 '청자의 반응'이라 한다. 언어 행동 후에 일어난 것은 Jill도 관계된다. Jill은 사과를 받아 맛있게 먹었기 때문이다.

화자는 청자 행동 결과에 어떤 형태로 관계한다. B는 언어 행동 그 자체로 당면 문제의 중심이다. 여기서 만약 Jill이 단독이면 어떠했을까? Jill이 나무에 오를 수 없다면 허기진 채로 지나쳤을 것이다. 홀로 있을 때 Jill은 말하지 못하는 타 동물과 다를 것이 없다.

공복의 동물은 먹이를 보든, 먹이 냄새를 맡든 그 대상을 향해 행동할 것이다. 공복 상태에서 먹이로부터 받은 것은 '자극'이고, 약자 'S'로 표시한다. 먹이를 향해 행하는 운동은 '반응'이므로 약자 'R'로 표시한다. 홀로 있을 때의 Jill이나 말을 못 하는 동물은 다만 단일의 행동, 즉 'S→R'로 표시한다. 이 행동이 일어나면 먹이를 획득한다. 그러나 여러 가지 이유로 행동이 이 선에서 구실을 못 할 때 그들은 공복으로 끝난다. Jill이 여기서 끝나면 동물과 같이 기회가 있어도 힘이 미치지 못하면 무위로 그친다. 사과를 따 먹을 수 있는가 여부는 그렇게 중대사는 아니다. 그러나 더 중대한 '기회'를 똑같은 이유로 잃게 되면 큰일이다.

인간은 동물에 없는 또 하나의 다른 능력이 있다. Jill은 나무에 오르는 대신 매우 작은 노력, 즉 혀를 움직이고 성대를 진동하여 화음을 낸다. 그러면 즉각 Jack은 행동을 개시해 Jill 대신 사과를 따 온다. 이같이 인간은 자극에 대해 실제 행동으로 반응할 뿐 아니라, 언어 행동으로 반응할 수 있다. 이때 상대편은 언어 자극에 대해 실제 행동으로 반응할 수 있다. Jill의 자극은 언어 행동을 통해 Jack의 실제 행동으로 반응한다. 이것이 언어의 전달 기능이다. 다음에 상세하게 언어 행동 B를 살핀다.

- B¹—Jill은 사과에서 받은 자극에 대해 실제 행동이 아닌 발화 운동을 했다. 이것은 언어 행동 반응 또는 언어 행동이라 하여 대리 반응에 의한 반응과 구별하고, 이것을 'r'로 표시한다. 그러면 인간은 두 가지 반응을 보일 수 있다.

$$S \rightarrow R \text{ 실제 행동에 의한 반응}$$
$$S \rightarrow r \text{ 언어 행동에 의한 반응}$$

- B²—Jill의 구강 내에서 발생한 음파가 주위 공기를 진동, 동일 음파를 만든다.
- B³—이 음파는 Jack의 고막을 진동하여 Jack의 신경을 자극하고, Jack은 사과를 따 온다는 행동을 일으킨다. 이것은 Jill의 공복 자극이 Jack의 행동을 촉진한 것으로 본다. 그러나 실제는 공복의 자극을 직접 Jack이 받은 것은 아니고, 언어에 의한 대리 자극을 받은 것이다. 인간은 두 자극에서 실제 행동에 의한 반응을 일으킨다.

$$S \rightarrow R \text{ 실제 자극에 의한 경우}$$
$$s \rightarrow R \text{ 대리 자극에 의한 경우}$$

화자 Jill과 청자 Jack의 사이는 음파에 의해 연결된다. 이것을 점선으로 표시하면 두 사람 사이에 일어난 일련의 사실 A, B, C는 다음과 같이 상징화할 수 있다.

$$S \rightarrow r \cdots s \rightarrow R$$
$$\parallel \quad \parallel \quad \parallel$$
$$A \quad B \quad C$$

S와 R, 즉 언어 행동 이전의 사실 A와 그 후에 일어난 사실 C와는 실제적인 사실이다. 일반적으로 이에만 관심을 갖고 r·····s에 대해서는 별로 주의하지 않는 것이 보통이다.

S→r은 화자 체내에서 일어나고, s→R은 청자 체내에서 일어난다. 모름지기 서로 다른 두 신경 조직이 협동해서 하나의 자극에 대해 유효한 반응을 보이는 것은 온전히 r·····s, 즉 언어 행동인 B의 결과에 따른 것이다.

언어 행동 그 자체는 가치가 없는 듯하나 의미를 내포하므로 중요하다. B는 A와 C를 의미하기 때문에 중요한 것이다. 앞에 나온 기호 S는 자극 'Stimulus'의 머리글자요, R은 반응 'Response'의 머리글자다.

벌로(Berlo) 이론

의사소통 과정의 일반적 도형은 데이비드 벌로(David Berlo)의 S–M–C–R이다. 이것은 전체 의사소통 과정에 관련한 가변성 증명과 그 범주를 한계 짓는 것이 주된 목적이다.

S–M–C–R은 각각 Source, Message, Channel, Receiver의 약자다. Source와 Receiver의 의사소통 과정에 관련되는 가변성 고려는 소통 기

교(Communication skill), 심상(Attitude), 지식(Knowledge), 사회 제도(Social system), 문화 배경(Culture)인 데 반해 내용의 요인(Factors of content), 원리(Element), 구조(Structure), 신호법(Code), 처리(Treatment) 등을 본질적인 메시지(Message)의 가변성으로 간주한다.

한편, 채널(Channels)은 소통 수단이기보다 오히려 감각적 판단 양식으로 이해한다. 여기에 시각, 청각, 촉각, 후각, 미각의 5관이 속한다. 피드백의 중요성을 입증하는 언급이 없지 않으나 이 개념이 벌로의 S-M-C-R 자체에 포함되지 않고 있다.

인코딩(Encoding), 디코딩(Decoding)

의사소통 과정의 방식을 설명하는 가장 기본적인 것으로, 이 방식의 중요한 요소는 화자·청자·피드백(Feedback)이다. 이 방식은 화자의 잠재적인 가변성, 즉 화자의 심상과 심상의 인코딩, 청자의 잠재적인 가변성, 즉 청자의 상대방 심상 및 기호의 디코딩 스킬, 그리고 피드백의 가변성, 즉 양성화와 음성화로 요약된다.

피드백은 화자의 계속되는 전달 행동을 유형화하고 수정하는 데 구실하는 청자의 공공연한 반응이다. 여기서 보상으로 파악되는 반응, 즉 박수 갈채·동의 점두(點頭)·메시지에 대한 외면상의 세심한 주의 등은 양성적인 피드백이다. 징벌로 파악되는 반응, 즉 조소와 조롱·부주의·하품·불쾌한 표정 등은 음성적인 피드백이다.

인코딩은 화자의 심리적 활동인 그의 내적 반응·사상·아이디어·인식 등을 관찰할 수 있는 언어적이고 음성적이며 신체적인 자극, 즉 메시지로 전이하는 작용이다. 디코딩은 화자의 심리적 활동인 청자가 관찰할 수 있는 언어적이고 음성적이며 신체적인 자극을 청자가 그의 내적인 반응으로 전이하는 작용이다.

브라이언트(Bryant) · 월리스(Wallace) 이론

일반적인 커뮤니케이션과 같이 스피치에서도 화자와 청자의 관계는 양극적인 현상이다. 청중은 특정 연제에 대한 특정 연사의 스피치를 듣기 위해 모인 집단이다. 연제에 대한 관심은 연사도 본질적으로 집단의 한 구성원이기 때문에 거의 동일하다. 고로 화자와 청중은 동일 집단에 속한다. 이 집단은 최소한 화자와 청중의 명백한 양극, 또는 두 개의 초점을 갖는다. 그리고 화자와 청중은 그 집단의 특성을 어느 정도 인식한다.

집단 내 양극 현상은 모두 커뮤니케이션 국면은 물론, 일상적인 대화에서도 명백히 나타난다. 그러나 사적인 담화에서 공적인 경우보다 양극 현상이 비교적 덜 인식되는 것으로 보인다. 일상적 대화와 공식 연설에 어떤 차이가 있다면, 화자와 청중이 정상적으로 갖는 공적 및 사적 정황에 대한 인식의 차이가 있을 뿐이다. 공식 연설의 양극 상태를 강조하는 현상이 없지 않다. 단순히 기립하여 청중과 상면하고, 혹은 연단에 선다는 등 화자는 청중보다 항상 우위를 차지한다. 그러나 대부분 대화에서 화자는 청중과의 이 같은 간극을 갖지 않는다.

연설에서는 연사가 일방적인 커뮤니케이션을 하는데, 일상 대화는 청자 및 화자의 처지가 수시로 바뀐다. 연사는 청중보다 유력한 정보를 갖는다. 연사는 임무를 중시하고 정황과 장면에 잘 적응하는 사전 준비를 충실히 하기 때문이다. 그러나 우연한 대화를 위해 특별히 사전 준비를 하는 경우는 거의 없다. 요컨대, 공식 연설의 정황은 사적인 대화보다 일층 형식적인 국면을 띤다. 결국 화자와 청중을 강조하는 여러 조건은 부수적이다.

기본적으로 화자와 청중은 단일 집단에 속한다. 따라서 지식 확장이나, 혹은 논쟁 중인 문제에 대한 입장 표명을 가능케 하는 태도의 강화 및 완화에 화자와 청중이 일반 목적을 두고 있느냐의 여부로 커뮤니케이션 효과는 크게 달라진다. 한 집단 두 극의 감각을 일치시킬 때, 공식 연설은 커뮤니케이션 효과를 획득한 셈이다.

커뮤니케이션 이론

커뮤니케이션의 의미

커뮤니케이션은 두 개의 유기체 사이 상호 작용에서 필요한 조건이다. 어느 유기체 행동이 다른 유기체에 자극이 되는 경우에 발생한다.

인간의 경우, 어느 사람(Source)이 발한 자극(Message)은 여러 가지 매체를 통해 다른 사람(Receiver)에게 전달된다. 물론 이 자극을 적절히 수용하는 체제가 리시버에게 확립되어 있지 않으면 메시지는 이해되지 않고, 정보 교환이나 의미 공유도 성립되지 않는다. 커뮤니케이션에는 소스, 메시지, 리시버가 포함되나 소스와 리시버가 동시에 동일 장소에 꼭 있어야만 하는 것은 아니다. 가령, 어느 사람이 고향의 연인에게 편지를 보내는 경우에도 커뮤니케이션은 성립된다.

사람과 사람 상호 작용 대부분은 언어에 의존하나 반드시 그렇기만 한 것도 아니다. 눈길(Eye contact)에 의해, 동의 점두(同意點頭)나 미소에 의해, 즉 비언어적 행동에 의해서도 커뮤니케이션은 이루어진다. 그러나 사회적 상호 작용에서 실제 사용되는 메시지 전달 수단은 언어일 경우가 많다. 사회적 지각은 사람이 사물을 동일하게 지각하고, 환경이나 세계에 대한 사고방식을 공유한다는 데서 성립된다.

동시에 지각이나 사고를 표출하기 위해 공동 도구인 언어를 학습해 오는 것이 사회적 약속임을 어느 의미로 수긍하고 있다. 소스가 리시버에게 어떤 효과를 기대할 때 커뮤니케이션을 '의도적'이라 한다. 그러나 이때 사용되는 기호가 소스와 리시버에게 각기 다른 의미를 갖게 하면 커뮤니케이션은 실패로 끝난다.

커뮤니케이션에 의해 남에게 영향을 주는 기능은 학습으로 점차 확대된다. 유아 커뮤니케이션과 성인 커뮤니케이션을 비교하면 쉽게 이해된다. 특히 성인 중에도 커뮤니케이션 기능의 열세가 보인다. 그것은 남의 역할을 자극하는 능력이나 입수한 정보를 분류 판단하는 능력에 관계된다.

커뮤니케이션의 회로

모든 구성원 간에 상호 전달이 가능케 한 소집단이 있는가 하면, 구성원 간 상호 작용을 제한하고 있는 집단도 있다. 주어진 집단 내에서 어느 구성원이 다른 구성원에게 커뮤니케이션을 하는 경우에 양자 사이에 커뮤니케이션의 회로가 있다고 본다. 이에 대한 장애로 물리적 및 심리적 현상을 지적할 수 있다. 가령, 뉴스 아나운서는 개별 청취자와 직접 커뮤니케이션이 불가능하다(특수한 정황이 있기는 해도). 또 학생이 저명한 원로와 대화 나누기를 두려워하면 커뮤니케이션은 회피되고 만다.

소집단에서 커뮤니케이션 회로를 '커뮤니케이션 망(網)'이라 한다. 대학 강의에 3종의 커뮤니케이션 망이 있다. 첫째가 강의 형식, 둘째가 교수 중심의 질의응답 형식, 셋째가 집단 토론 형식이다. 여러 가지 커뮤니케이션 망의 효과에 대해 회로의 개방성, 폐쇄성을 실험적으로 제어하는 방법이 연구되고 있다.

상호 작용의 자유도를 '커뮤니케이션 망의 전도율(傳導率)'이라 한다. 그것은 가능한 회로 수에 대한 실제 회로 수의 비율로 측정한다. 레빗(Leavitt)의 연구에 의하면, 커뮤니케이션의 전도율이 높으면 구성원이 과제를 좋아하는 정도가 증가하고, 따라서 만족감도 커진다. 또 사람이 중심적 지위, 즉 직접 혹은 매개를 통해 보다 다수의 사람과 커뮤니케이션하는 지위에 있으면 그만큼 과제를 좋아하게 되고, 이 같은 결과에 일층 만족하는 경향이 있다.

커뮤니케이션의 관찰과 분석

주어진 집단 내에서 상호 작용을 기술하려면 교환되는 메시지를 유형화하는 일이 필요하게 된다. 베일스(Bales)는 대면적 집단에서 행하는 커뮤니케이션을 12개 카테고리로 분류, 관찰, 분석하는 상호 작용 과정 분석법을 고안했다.

이 분석법을 쓰면 소집단 내 커뮤니케이션 순서를 도표로 그릴 수 있다. 가령, 집단 내 어느 사람 의견이 일반적 의견과 대립 또는 불일치할 때, 그를 향하는 커뮤니케이션이 증대한다. 그러나 그럼에도 불구하고 그가 자신의 의견을 고집하면 그는 항상 무시되는 것처럼 된다는 결과가 보고되고 있다. 또 카테고리 분석법에 의해 집단 내 상호 작용 유형을 총괄적으로 명시할 수 있다. 가령, 동의를 많이 포함하는 커뮤니케이션이 지배적인 집단은 부동의가 많은 집단보다 구성원의 만족도가 높은 경향을 띤다는 사실을 입증할 수 있다.

커뮤니케이션의 구조

집단이 어느 정도 지속성을 갖는다면 일정한 커뮤니케이션 구조를 갖게 된다. 그것은 집단 내의 사람이 받고 보내는 커뮤니케이션 양이나 그 내용에 일관성을 보이는 사실에 의해 시사된다. 커뮤니케이션 빈도는 그 사람이 집단 내에서 차지하는 지위와 관련된다. 지위가 높으면 그만큼 커뮤니케이션을 보내고 받는 경우가 많아진다. 그러나 최고 빈도를 보이는 사람이 가장 훌륭하다고 할 수 없다.

집단이 클수록 고빈도의 사람과 저빈도의 사람 사이에 분리 현상이 생기기 쉽다. 커뮤니케이션의 양적 다과에서 보이는 개인차는 대체로 첫째가 퍼스낼리티이고, 둘째가 집단 기준과의 동조 정도에 관계가 있다고 생각한다. 가령, 내향적인 사람은 같은 사회적 조건하에서 외향적인 사람보다 메시지를 보내는 일이 적을 것이다. 또 집단 기준에서 현저하게 떨어져 나가는 사람에 대해 동조시키려 그에게 많은 커뮤니케이션이 향하게 된다. 그러나 그는 완고한 사람으로 인정되고, 그가 받는 커뮤니케이션 양은 최소의 것이 된다. 동료나 친우는 이방인 상호보다 커뮤니케이션 횟수가 많아진다. 결국 남에 대한 적극적인 감정이나 관심은 커뮤니케이션의 고빈도에 연결되기 쉽다. 젊은이는 부모에 대한 것보다 일층 많이 그의 연인에게 속마음을, 즉 메시지를 전달하기 쉽다. 또 비공식 우애 집단에서 영향력 구조가 커뮤니케이션 구조와 거의 같다.

커뮤니케이션과 지위와의 관련에 대해 세 가지 타입이 있다. 높은 지위로 향하는 상향형, 동등의 사람에게 향하는 수평형, 낮은 지위로 향하는 하향형 등이다. 그러나 양방 지위의 동등성에 의문이 있을 때 상호 전달을 회피하기 쉽다. 이 같은 구조는 커뮤니케이션의 과정 및 지위 구조나 영향력 구조, 혹은 세력 구조에 관계를 갖는다.

언어와 커뮤니케이션

인간 관계의 행동 양상은 커뮤니케이션에 의해 좌우된다. 여러 사람이 메시지를 교환하는 것에 의해 성립되나 공통의 인식, 희망이나 태도를 갖는다면 일층 충분해진다. 인간의 커뮤니케이션은 주로 언어로 진행된다.

언어에는 대상의 기호, 대상의 속성, 대상 그 자체의 작용이 있다. 그리고 외연적 의미와 내포적 의미가 있다. 외연적 의미는 그 어가 지시하는 것인바, 그것을 외적으로 나타내는 것으로 수학 및 과학의 용어가 해당된다. 이에 대해 사회적 일반어의 대부분은 내포적 의미를 갖는다. 내포적 의미는 그 어에 집합하는 표상, 감정, 행위에 대한 보다 폭넓은 음영(陰影)을 말한다. 두 개 어가 같은 외연적 의미를 갖는 경우도 그 내포적 의미는 전혀 다를 수 있다. 가령, '콜걸'과 '매춘부'는 같은 대상을 가리키는 뜻으로 쓰이지만, 두 개의 어가 환기하는 뉘앙스는 다를 수 있다.

커뮤니케이션에서 나타나는 어의 의미는 그 어에 따른 화자의 선행 경험과 청자의 그에 대한 전체적인 문맥, 객관적 또는 주관적 그리고 비언어적 문맥으로 규정된다. 컬럼비아 대학 미얼루(Meerloo) 교수는 "I love you."라는 간단한 문(文)을 예로 들어 그 의미를 여러 각도로 말했다. 일상 생활에서 이 말의 의미는 여러 가지다. '나는 당신이 필요하다.', '나는 당신과 섹스하기를 원한다.'를 의미할 때도 있고, '당신이 나를 사랑해 주기를 바란다.', '당신을 사랑할 수 있다면 하고 생각한다.'는 의미일 때도 있다. "I love you."라는 문은 희망·욕망·복종·정복 등의 의미를 갖지만, 그것이 어떤 문맥으로 쓰이는가를 명확히 파악하지 못하는 한 그 문의 진실한 의미를 알 수 없다는 결론이다.

정확한 커뮤니케이션이란 이에 관계하는 여러 사람이 사용하는 문의 의미를 상호 간에 정확히 이해하는 것으로 보증된다. 두 사람이 문에 대한 경험이 전혀 다르다든가, 커뮤니케이션 문맥을 전혀 다르게 지각한다면 양방이 수용한 문의 의미는 서로 다른 것이 된다. 결국 피차 정확한 의미 교환에 실패한 결과가 된다. 이 현상을 '의사 커뮤니케이션'이라 한다. 그것은 불안과도 깊은 관계가 있다. 커뮤니케이션 장면이 이유 여하에 관계없이 불안을 일으킬 경우 커뮤니케이션의 첫째 목표는 아이디어의 정확한 전달보다 오히려 불안 해소에 있다. 여기에 자신을 지키려는 방어 기제가 작용해 정확한 커뮤니케이션은 매우 어렵게 된다.

4장
스피치 실연(實演)

1988년 1월, 정부가 '한글맞춤법'과 함께 '표준어 규정'을 고시하자, 1989년 3월부터 이 규정이 우리 국어 생활에 새롭게 적용되기 시작했다. 표준어 규정에 "표준어는 교양 있는 사람들이 두루 쓰는 현대 서울 말로 정함을 원칙으로 한다."고 하였다. 한편, 표준 발음법에 "표준 발음법은 표준어의 실제 발음을 따르되, 국어의 전통성과 합리성을 고려하여 정함을 원칙으로 한다."고 하였다. 방송은 표준어 및 구두 표현어(口頭表現語)를 구사해야 하므로 방송인은 의당 표준어를 표준 발음법으로 실현하되, 동시에 음성 표현법에 유의해야 한다. 그리고 방송 언어의 이상은 국어의 표준과 모범을 시현(示現)하는 데 있다.

그러나 최근 방송 언어의 발음에 혼란이 야기되는 현상은 그대로 간과할 수 없다. 이를테면 '불법(不法)'이 [불법]과 [불뻡]으로, '공권력(公權力)'이 [공꿘녁]과 [공궐력]으로, '버스'가 [뻐스]와 [버스]로, '가스'가 [까스]와 [가스]로, '선릉(宣陵)'이 [선능]과 [설릉]으로, '불이익(不利益)'이 [부리익]과 [불니익]으로, '악영향(惡影響)'이 [아경향]과 [앙녕향]으로 모두 다 열거하기 어려울 만큼 발음 혼란 현상이 일어나고 있다. 이것만이 아니다. '고저'와 '장단음' 현상이 발음 교육을 받지 못한 세대들에게 거의 망각되는 추세마저 보이고 있음은 실로 안타까운 일이 아닐 수 없다.

방송 언어의 발음 문제는 한마디로 심각한 혼란의 양상을 띠고 있음이 어제 오늘의 현실이다. 필자가 문제의 원인을 몇 갈래로 분석해 보면 첫째는 원칙과 허용 발음의 인정, 둘째는 외국어 및 외래어 발음에서 원지음(原地音)과 현실음의 대응, 셋째는 한자음에서 복수음의 현상 등을 원인으로 분리 추출할 수 있다. 그리고 한글이 '표음 문자'이므로 표기대로 발음하지 않으면 안 된다는 일반적 인식이 확산되어 발음 문제의 혼란을 더욱 가중시키고 있음을 알게 된다. 필자는 이에 대한 해법으로 '방송 언어'의 발음 실현을 제시한다.

방송 언어의 발음 실현

음의 산출에 관하여 음성 기관 움직임을 모두 일컬어 '조음(Articulation)'이라 한다. 이와 구별하여 일반적인 단어음을 말할 때 현상을 '발음(Pronunciation)'이라 한다고 전제, 방송 언어의 발음 실현을 논의한다.

graduate[grædʒueit]−[ɛ], [ei]

graft[graːft]−[aː]

Graham[greiəm]−[ei], [ə]

영어의 /a/ 모음이 발음 현실에서 앞에 보인 보기처럼 각각 다른 [ɛ], [ei], [aː], [ə] 등으로 나타나고 있다. 로마자가 아무리 표음 문자라 하나 이것을 쓰는 영어의 경우 반드시 자모가 정확하게 음에 상응하지 않음을 알 수 있다. 역으로 음성 기호와 자모의 관계 역시 동일하다.

[kət] cut-u

[kəm] come-o

[dʌz, dəz] does-oe

　음성 기호는 마땅히 문자와 1:1의 정연한 관계를 형성해야 한다. 그러나 실상은 그렇지 않다. 이때 우리는 '1음 1자'의 원리나 '1자 1음'의 원리를 내세우는 표음 문자에서 모순을 발견하게 된다. 요컨대 주의할 점은 정서법(正書法)과 발음법에 대한 잘못된 인식이다. 표음 문자는 언어음을 전사(轉寫)하는 데 쓰이나, 언어 음은 시대 흐름과 더불어 변하는 것이기 때문에 시대가 바뀌면 문자 표기대로의 발음도 아니지만, 또 반드시 발음대로 표기되는 것도 아니다. 이와 같이 실제 발음과 다른 문자의 사용이라 하더라도 관습상 그것이 전통 규정이라 공인되는 표기법이 존재한다. 이것이 바로 정서법이다.

　정서법은 언어 단체의 언어 습관에 좇아 문자 표기를 바르게 체계화한 것으로, 언어 사회에서 관용되고 있는 공통적 음운 조직 또는 음운 체계에 따라 전통적 문자로 정확히 표기할 것을 요구한다. 이에 비하여 음성 기호에 의한 발음법은 언어 현실의 '음성(Phone)' 자체를 되도록 정밀하게, 또 과학적으로 '1음 1자 주의' 원칙에 따라 전사한 발음 체계다. 정서법과 발음법은 이론적으로 동일한 듯하나 실상은 다르다. 실제 발음에 가까운 표기법을 만들기 위한 맞춤법 개정이 일정 기간마다 요구되는 까닭도 실은 이 같은 이유 때문이다. 이 발음을 표시하는 객관적 표기법에 국제음성학회가 제정한 국제 음성 기호가 있다.

표준어 규정과 표준 발음법을 토대로 필자는 한국 방송계에서 구전되는 발음 전통을 참작하여 방송 언어 발음 실현에 대한 기초를 항목별로 제시한다.

음의 장단(長短) 발음

모음과 자음에 장단음 현상이 있으니, 국어는 모음에서 이 현상이 현저하다. 이는 모음의 음량을 가리킨다. 모음 장단으로 의미 차이가 나타나므로 음의 장단은 국어 발음에서 중요한 비중을 차지한다.

장단의 차이는 우선 상대적이고 비교적인 기준에 따라 이해해야 한다. 장음(長音)은 [:]으로 표시한다. 음의 장단은 고유어와 한자어에서 볼 수 있는 현상이다. 음절 축약으로 인한 준말에서 장음 현상이 발견된다. 그리고 일정 모음의 장음에서 음질의 변화를 볼 수 있다. 특히 한자음의 경우 동일 한자가 장단 양쪽으로 발음되는 경우가 있고, 어두에서 장음인 것이 제2 음절 이하에서 단음화되는 경우가 있다. 또 이 같은 경우는 고유어에도 나타난다. 그리고 특정 지역어는 표준 발음과 정반대의 장단음 현상을 보인다.

〈발음 실현〉

감(가다)[gam]　　　감(먹다)[gaːm]

말(타다)[mal]　　　말(하다)[maːl]

밤(자다)[bam]　　　밤(먹다)[baːm]

벌(서다)[bəl]　　　벌(쏘이다)[bɜːl]

별(별나다)[bjəl]   별(하늘)[bjʒ:l]

섬(곡식)[səm]   섬(바다)[sʒ:m]

음량과 동시에 음질에도 변화가 있다.

〈발음 실현〉

- 그림[gi:rim]   도끼[do:gʹi]   박쥐[ba:kʤʹwi]   비단[bi:dan]
  사람[sa:ram]   시내(개울)[si:nɛ]   안개[a:ngɛ]   임금[i:mgim]
  제비[ʤe:bi]

- 갈(가을)[ga:l]   개(멍멍이)[gʒ:]   김(잡풀)[gi:m]   둘(수사)[du:l]
  들(들판)[di:l]   말(마을)[ma:l]   맘(마음)[ma:m]   뱀(동물)[bɛ:m]
  새(사이)[sɛ:]   솜(목화)[so:m]

- 계시다(있다)[gje:sida]   놀다(놀이)[no:lda]   많다(많음)[ma:nta]
  살다(삶)[sa:lda]   울다(울기)[u:lda]   웃다(웃기)[u:ddʹa]
  잇다(잇기)[i:ddʹa]   좋다(좋음)[ʤo:ta]   짓다(짓기)[ʤi:ddʹa]

- 단음－강성(强性)   강자(强者)   대구(大邱)   대전(大田)   시험(試驗)
  장음－강제(强制)[ga:-]   강조(强調)[ga:-]   대양(大洋)[dɛ:-]   대왕(大王)[dɛ:-]
  　　　시도(試圖)[si:-]

  단음－고안(考案)   고찰(考察)   화요일(火曜日)

  장음－고고학(考古學)[go:-]   고사(考査)[go:-]   화상(火傷)[hwa:-]
  　　　화재(火災)[hwa:-]

- 골(골나다)－골(고을)[go:-]   눈(얼굴)－눈(겨울)[nu:-]
  담(담장)－담(가래)[da:-]   돌(햇수)－돌(모난 돌)[do:-]
  발(다리)－발(가리개)[ba:-]   배(과일)－배(갑절)[bɛ:-]

새(새것)-새(날짐승)[sɛ:-]   손(손바닥)-손(손해)[so:-]

솔(소나무)-솔(브러시)[so:-]   종(종소리)-종(노비)[dʑo:-]

줄(선)-줄(연장)[dʑu:-]

음의 고저(高低) 발음

이희승의 『국어학 개설』에 어떤 모음을 연장하여 그 발음을 계속하면
사실상 그 음절이 다소 변하는 것은 생기기 쉬운 일이다. 국어 모음 가
운데 이러한 현상이 가장 현저한 것은 /어/의 경우다. 즉, /어/ 모음이 단
음(短音)일 경우 [ə]로 표기할 성질의 것이나 장음(長音)인 경우 벌써 [ə]
가 아닌 [ɜ:]와 유사한 음으로 변하고 만다.

〈단음일 경우〉

얼음(얼다)[ərim]   어른어른(어른거리다)[ərinərin]   업다(등에)[əpd´a]

어부(漁夫)[əbu]

〈장음일 경우〉

어름(경계)[ɜ:rim] 어른(성인)[ɜ:rin] 없다(없음)[ɜ:pd´a] 어사(御使)[ɜ:sa]

두 가지 경우를 대조해 보면 음의 장단, 즉 음량(音量)뿐만 아니라 음
질 역시 어떤 변화가 생긴 점을 쉽게 알 수 있다.

최현배의 『우리말본』에 /ㅓ/와 /ㅡ/를 가르지 못하는 곳이 있다. /헌
법(憲法)/을 [흔법], /성경(聖經)/을 [승경], /전기(電氣)/를 [즌기], /얼마/를
[을마]로 발음하는 곳은 기호지방, 영남지방, 충청지방이라고 지적했다.

심의린의 『개편 국어 문법』에 같은 음을 가지고 실제 말에 있어 길

고 짧게 하며, 같은 글자를 가지고 두 가지로 발음할 때가 있으니, 이 것을 틀림없이 해야 다른 말에 혼용이 아니 되며, 어감이 든 표준어 라 할 것이다. 그런데 같은 /어/, /여/의 음을 가지고 말에 따라 /으어/, /이여/의 합음(合音)과 같이 발음할 때가 있으니 이는 혀를 보통 /어/, /여/ 보다 올리는 까닭으로 '고어음(高一音)'이라 부른다고 말하고, 보통 /어/ 와 고어음 /어/로 된 말의 보기를 들었다.

보통음	고어음
거룻배	거룩하다(위대하다)[gʒː-]
벌(罰)	벌(곤충)[bʒː-]
범인(凡人)	범인(犯人)[bʒː-]
섬(곡식)	섬(섬마을)[sʒː-]
성인(成人)	성인(聖人)[sʒː-]
업다(업기)	없다(없음)[ʒː-]
전기(前期)	전기(電氣)[ʤʒː-]
전신(全身)	전신(電信)[ʤʒː-]
정기(精氣)	정기(定期)[ʤʒː-]
정당(政黨)	정당(正當)[ʤʒː-]
정씨(丁氏)	정씨(鄭氏)[ʤʒː-]
경계(境界)	경계(警戒)[gjʒː-]
경기(景氣)	경기(競技)[gjʒː-]
경비(經費)	경비(警備)[gjʒː-]
병(瓶)	병(病)[bjʒː-]
병력(兵力)	병력(病歷)[bjʒː-]
영감(靈感)	영감(令監)[jʒː-]
영구(靈柩)	영구(永久)[jʒː-]
연기(煙氣)	연기(演技)[jʒː-]
현부인(賢夫人)	현부인(現夫人)[hjʒː-]

허웅의 『국어 음운론』에 /어/ 음의 개인차도 심하다. 그는 서울 또는 서울 근처 태생인 사람 6~7인에 대해서 이 음을 들어 보았는데, 어떤 사람은 장음의 /어/를 /으/와 같게 발음하고 있다. 본문의 논술은 전자, 즉 [ɜ]와 [ɨ]의 차이가 분명한 사람 발음의 음운 분석이다.

여러 학자에 의해 여러 각도로 설명하고 있는데, 이 '음의 고저'는 '음의 장단'과 동시에 관계되는 것이며, 그것도 /어/와 /여/ 또는 /워/ 모음에 국한된다.

/어/ ~ [ə] 또는 [ɜː]

/여/ ~ [jə] 또는 [jɜː]

/워/ ~ [wə] 또는 [wɜː]

그러나 방송계와 연극계에서 이 현상을 '자고저(字高低)'라 부르며 구전하고 있다. 그리고 이 '자고저'를 모든 국어 발음의 상징처럼 오해하고 있을 만큼 중시하고 있다. 특기할 사실은 경상도 방언의 /으/, /어/ 발음이 경우에 따라 표준 발음과 반대 현상을 보인다.

표준음	방언음
[흐르다]	[허르다]
[서울]	[스울]
[걸어가다]	[글어가다]

또 하나, 방송인과 연극인 가운데 일부가 '고어음'이 아닌 /어/, /여/, /워/ 등을 '고어음'처럼 발음하는 기현상(奇現象)이 벌어지는 과민성마저 빚고 있다. 그것은 '음의 고저'에 지나치게 신경을 쓰는 나머지 발생되는 이상 현상으로 풀이한다.

/의/ 발음

단어의 제1 음절에서 /의/는 /으/와 /이/의 합음 [ii]로 발음한다.

〈발음 실현〉

의견(意見)[으이:견]   의논(議論[으이논])   의당(宜當)[으이당]

의례(儀禮)[으이례]   의무(義務)[으이:무]   의사(醫師)[으이사]

의성어(擬聲語)[으이성어]   의심(疑心)[으이심]

의연금(義捐金)[으이:연금]   의정부(議政府)[으이정부]

의령(宜寧)[으이령]

관형격 조사 위치의 /의/는 발음 기호 [e]에 가깝게 발음한다.

〈발음 실현〉

고향의 봄[고향에봄]   국민의 의무[궁민에으이:무]

나의 살던 고향[나에살:던고향]   대통령의 담화[대:통녕에담:화]

마음의 고향[마음에고향]   민중의 공복[민중에공복]

사랑의 풍토[사랑에풍토]   즐거운 나의 집[즐거운나에집]

천만의 말씀[천마네말:씀]   망향의 동산[망향에동산]

고속도로의 휴게소[고속또:로에휴게소]

단어의 제2 음절에서 /의/는 발음 기호 [ii]로 발음한다.

〈발음 실현〉

금의환향(錦衣還鄉)[금:이환향]   전의전동(全義全東)[저니전동]

백의민족(白衣民族)[배기민족]   문의사항(問議事項)[무:니사:항]

대의명분(大義名分)[대:이명분]   도의도덕(道義道德)[도:이도:덕]

모의재판(模擬裁判)[모이재판]　민의파악(民意把握)[미니파악]

자음 동반 /의/는 음절 위치에 상관없이 [i]로 발음한다.

〈발음 실현〉

희극, 희다, 희랍, 희로애락, 희망, 희미하다, 희박하다, 희방사(喜方寺), 희비극, 희사금, 희소가치, 흰머리, 흰무리, 긔, 닐리리, 띄어쓰기, 틔다, 유희, 영희, 숙희, 환희, 순희, 명희, 연희, 은희

관습 자음(慣習子音)의 발음

관습 자음에 소리를 더해 내는 것, 줄여 내는 것, 바꾸어 내는 것, 이 소리 저 소리를 두루 쓰는 것이 있다.

〈발음 실현〉
- 밤이슬[밤니슬]　밭이랑[반니랑]　백열전[뱅녈쩐]　암여우[암녀우]
  앞이[암니]　앞일[암닐]　잣엿[잔:녇]　저녁연기[저녕년기]
  첫여름[천녀름]
- 놓았다[노얻따]　심히[시:미]　조용히[조용이]　좋아한다[조:아한다]
  천하[처나]
- 겨우살이[겨우사리]　바느질[바느질]　버드나무[버드나무]
  보조개[보조개]　소나무[소나무]
- 시방(十方)　시월(十月)　오뉴월(五六月)[o:-]　오륙도(五六島)[o:-]
  유월(六月)　육십육(六十六)[육씸뉵]

의식과 무의식 발음

조음(調音)과 발음 연습이 부족한 사람은 본음을 정확히 내지 못하는 대신 유사음, 또는 편음(便音)을 내어 임의로 발음함으로써 표준 발음에서 벗어나는 경우가 종종 있다. 자음과 모음 두 갈래로 나누어 생각할 수 있다. 무의식 발음(Careless)을 피하고 의식 발음(Careful)을 취한다.

〈발음 실현〉

- [강기]∼[감ː기]　　[능꼽]∼[눈꼽]　　[당군]∼[단군]　　[앙경]∼[안ː경]
  [영구]∼[연ː구]　　[창고]∼[참고]　　[항강]∼[한ː강]　　[항글]∼[한글]

- [금본]∼[근본]　　[꼽받]∼[꼳빧]　　[날마다]∼[날마다]　　[눔뻥]∼[눈뻥]
  [담풍]∼[단풍]　　[덤문]∼[던문]　　[삼파]∼[산ː파]　　[신타]∼[실타]
  [점무]∼[전무]　　[점문]∼[전문]　　[짐보]∼[진ː보]　　[침목]∼[친목]

- [대리]∼[다리]　　[데게]∼[대ː개]　　[비눌]∼[비늘]　　[손툽]∼[손톱]
  [오눌]∼[오늘]　　[재전거]∼[자전거]　　[주타]∼[조ː타]　　[지사]∼[제ː사]
  [하눌]∼[하늘]　　[핵꾜]∼[학꾜]　　[혜방]∼[해ː방]

받침의 발음

받침이 들어가는 말 가운데 발음상 문제에 직면하는 경우가 있다. 특히 '겹받침'이 들어가면 발음이 일층 더 곤란해진다. 국어 음운의 특수한 현상의 하나로, 이는 받침이 제 본래의 음가를 충분히 발휘하지 못하고 바뀌는 이유 때문이다.

〈발음 실현〉

- 같이[가치]　굳이[구지]　끝이[끄치]

　만이[마지]　밭이[바치]　해돋이[해도지]

- 넋이[넉씨]　넋을[넉쓸]　삯이[삭씨]　삯을[삭쓸]

　곬이[골씨]　곬을[골쓸]

　값이[갑씨]　값을[갑쓸]　값어치[가버치]　값없다[가법따]

- 꽃 아래[꼬다래]　꽃아카시아[꼬다카시아]　꽃양배추[꼰냥배추]

　꽃으로[꼬츠로]　꽃의[꼬체]　꽃이[꼬치]

　밭 아래[바다래]　밭으로[바트로]　밭의[바테]　밭이다[바치다]

　밭이랑[반니랑]　밭일[반닐]

　부엌 안[부어간]　부엌으로[부어크로]　부엌의[부어케]

　부엌이[부어키]　부엌 일[부엉닐]

　옷 안[오단]　옷으로[오스로]　옷의[오세]　옷의변[오디변]

　젖양[전냥]　젖어머니[저더머니]　젖을[저즐]　젖의[저제]　젖이[저지]

　첫아들[처다들]　첫얼음[처더름]　첫이레[천니레]　첫인상[처딘상]

　팥알[파달]　팥으로[파트로]　팥의[파테]　팥이[파치]

　홑옷[호돋]　홑이불[혼니불]

- 늙게[늘께]　늙고[늘꼬]　늙기[늘끼]　늙지[늑찌]

　닭병[닥뼝]　닭싸움[닥싸움]　닭유변[다규변]　닭의장[달게장, 달기장]

　흙덩이[흑떵이]　흙일[홍닐]

두음 법칙의 발음

이 법칙은 이미 정서법에서 인정한 것이므로 발음에서 한층 더 유의하게 된다. 두음 법칙은 ① 단어의 제1 음절에 오는 /냐, 녀, 뇨, 뉴, 니/가 각각 /야, 여, 요, 유, 이/로 변하는 것이고, ② 단어의 제1 음절에 오는 /랴, 려, 례, 료, 류, 리/가 각각 /야, 여, 예, 요, 유, 이/로 변하는 것이며, ③ /라, 래, 로, 뢰, 루, 르/가 단어의 제1 음절에 올 때 각각 /나, 내, 노, 뇌, 누, 느/로 변하는 것이다.

⟨발음 실현⟩

① 여자(女子) 영변(寧邊) 요소(尿素) 이승(尼僧)

② 양심(良心) 예의(禮儀)[예:이] 이발(理髮)[이:발] 이화(梨花)[이화]

③ 낙원(樂園) 노인(老人)[노:인] 뇌성(雷聲) 누각(樓閣)

한자음의 발음

한자음에서 논의되는 문제는 ① 본음과 속음에 관한 것, ② 2개 이상의 음훈(音訓)을 갖는 한자음에 관한 것, ③ 음역(音譯)에 관한 것 등이 있다.

'한글 맞춤법 해설'(1988)에 의하면, 제52항에 "한자어(漢字語)에서 본음으로도 나고 속음으로도 나는 것은 각각 그 소리에 따라 적는다."로 규정해 놓고, 본음과 속음을 구분하였다.

본음	속음
만난(萬難)[만:난]	곤란(困難)[골:란], 논란(論難)[놀란]
목재(木材)[목째]	모과(木瓜)[모과]
분노(憤怒)[분:노]	대로(大怒)[대:노], 희로애락(喜怒哀樂)[히노애락]
승낙(承諾)[승낙]	수락(受諾)[수락], 쾌락(快樂)[쾌락], 허락(許諾)[허락]
십일(十日)[시빌]	시방정토(十方淨土)[시방정토], 시왕(十王)[시왕], 시월(十月)[시월]

본음	속음
오륙십(五六十)[오:륙십]	오뉴월(五六月)[오:뉴월], 유월(六月)[유월]
토론(討論)[토:론]	의논(議論)[으이논]
팔일(八日)[파릴]	초파일(初八日)[초파일]

속음은 세속에서 널리 사용되는 관습음(慣習音)이므로 속음의 발음을 표준음으로 삼은 것이다. 이 밖에도 다음과 같은 것이 있다.

본음	속음
공포(公布)[공포]	보시(布施)[보시]
단심(丹心)[단심]	모란(牡丹)[모란]
당분(糖分)[당분]	사탕(砂糖)[사탕], 설탕(雪糖)[설탕]
도장(道場)[도:장]	도량(道場)[도:량]
동굴(洞窟)[동:굴]	통찰(洞察)[통:찰]
자택(自宅)[자택]	본댁(本宅)[본댁], 시댁(媤宅)[시댁]
제공(提供)[제공]	고양미(供養米)[고양미]

〈발음 실현〉

① 계단(契丹)[거란]

    금곡(金谷)[금곡]   금구(金溝)[금구]   금릉(金陵)[금능]

    금당(金堂)[금당]   금마(金馬)[금마]   금정(金井)[금정]   금천(金川)[금천]

    금촌(金村)[금촌]   김성(金城)[김성]   김제(金堤)[김제]   김천(金泉)[김천]

    김포(金浦)[김포]   김해(金海)[김해]   김화(金化)[김화]

    무령(武寧)[무:령] 보령(保寧)[보:령] 의령(宜寧)[으이:령] 회령(會寧)[회:령]

    합천(陜川)[합천]

② 갱생(更生)[갱생]   경질(更迭)[경질]   경장(更張)[경장]   경정(更正)[경정]

구포(龜浦)[구포]　귀감(龜鑑)[귀감]　균열(龜裂)[규녈]

궁색(窮塞)[궁색]　요새(要塞)[요새]

다례(茶禮)[다례](이충무공)　차례(茶禮)[차례](일반)

독서(讀書)[독서]　이두(吏讀)[이:두]

반성(反省)[반:성]　생략(省略)[생냑]

부동(不動)[부동]　불찰(不察)[불찰]

복구(復舊)[복꾸]　부흥(復興)[부흥]

불식(不識)[불씩]　부지(不知)[부지]

살상(殺傷)[살쌍]　쇄도(殺到)[쇄:도]

상식(常識)[상식]　표지(標識)[표지]

설명(說明)[설명]　유세(遊說)[유세]

악한(惡漢)[아칸]　오한(惡寒)[오한]

오열(嗚咽)[오:열]　인후(咽喉)[인후]

일절(一切)[일쩰]　일체(一切)[일체]

태도(態度)[태:도]　탁지(度支)[탁찌]

포악(暴惡)[포악]　폭풍(暴風)[폭풍]

③ 개괄(槪括)[개:괄]　개전(改悛)[개:전]　갱도(坑道)[갱도]　관대(寬大)[관대]

교환(交驩)[교환]　노후(老朽)[노:후]　도전(挑戰)[도전]　방조(幇助)[방조]

법칙(法則)[법칙]　병탄(倂呑)[병탄]　보전(補塡)[보:전]　불온(不穩)[부론]

비등(沸騰)[비:등]　사주(使嗾)[사:주]　살수(撒水)[살쑤]　세척(洗滌)[세:척]

신문(訊問)[신:문]　알력(軋轢)[알력]　액사(縊死)[액싸]　영어(囹圄)[영어]

인멸(湮滅)[인멸]　주차(駐箚)[주:차]　준설(浚渫)[준:설]　준수(遵守)[준:수]

진지(眞摯)[진지]　진척(進陟)[진:척]　질곡(桎梏)[질곡]　집요(執拗)[지뵤]

취약(脆弱)[취:약]　통수(統帥)[통:수]　포착(捕捉)[포:착]　현란(絢爛)[혈:란]

효시(嚆矢)[효시]　후각(嗅覺)[후:각]

한자음에서 또 주의할 것은 음역이다. 음역의 의미는 외국어의 음을 중국 한자의 음을 차용해 나타내는 일이다. 예를 들면, 인명인 동시에 지명이기도 한 미국의 /Washington/을 /화성돈(華盛頓)/으로 표기하는 경우다. 그러나 현재 음역의 의미는 이에 덧붙여 외국어의 음을 한글로 나타내는 경우가 포함된다. 오히려 이것이 현대적 의미를 갖는다.

　예를 들면 /Washington/을 /워싱턴/으로 표기하는 경우다. 그런데 문제는 중국 한자음 표기에 있다. /화성돈(華盛頓)/의 중국음은 [huashengdun]이므로 영어음[wəʃiŋtən]에 가깝다. 그러나 이것을 한국 한자음으로 내면 [화성돈]이 된다. 말하자면, 이중 음역이 되어 원음과 약간 동떨어진 결과를 가져온다. 물론 지금에 와서 [화성돈]이라 소리 내는 사람은 거의 없다. 좀 더 극단적인 예는 /나파륜(拿破崙)/의 경우로, /Napoleon/의 중국식 음역을 지적할 수 있다. 중국음은 [Napolun]이므로 원음에 가깝다. 그러나 이것을 우리 한자음으로 내면 [나파륜]으로 사뭇 다른 소리가 된다. 이중 음역의 결과다. 그러나 이중 음역이라도 예외가 있다. 가령 /불타(佛陀)/의 경우 범어(梵語)는 [buddha]요, 중국음은 [fotuo], 우리 한자음은 [불타]이니 중국음보다 우리 한자음이 오히려 원음에 가깝다. 최근 한글 표기는 붓다[분다]로 거의 원음과 같아졌다.

　한자 문화권인 동북아시아 지역에서도 중국에 대해서만 인명과 지명을 우리 한자음으로 발음하는 습관이 남아 있다. 가령 [모택동(毛澤東)], [장개석(蔣介石)] 등과 같은 경우다. 한편, 우리 앞 세대에서 일본 지명과 인명을 우리 한자음으로 발음하는 습관이 있어 가령 [풍신수길(豊臣秀

吉)], [소서행장(小西行長)], [동경(東京)], [대판(大阪)] 등으로 발음해 왔으
나 현 세대들은 오늘날 거의 원음대로 발음하는 추세다. 중국의 인명 및
지명도 원음에 충실한 발음이 나타날 것으로 예상된다.

우리 방송에서 중국인 /葉劍英/의 우리말 발음이 쟁점을 보인 적이
있다. 초점은 [섭거명]이냐 [엽거명]이냐, 어느 것이 맞느냐 하는 것이다.
/葉/의 우리 음은 [엽]과 [섭]인데, 특히 이 글자가 성씨를 가리킬 때 [섭]
으로 쓴다고 이미 나온 모든 한한(漢韓) 사전에 명기돼 있으니 당연 [섭
거명]이 옳다는 주장이요, 또 하나는 /葉/ 자의 중국음은 [ye]와 [xie]인데
그의 이름에 대한 영자 표기가 'Ye jian-ying'이라 하니 의당 [엽거명]이
옳다는 주장이다. 결국 시비가 분명히 가려지지 않은 채 우리 언론은 종
전에 /섭/으로 써 오던 것을 /엽/으로 바꾸어 쓰고 있다. 그러나 우리 관
행대로 /섭/으로 쓰는 것이 옳다고 본다. 물론 중국 신해혁명(1911) 이후
의 사람은 원칙으로 중국음의 표기가 인정되지만, 우리 관행을 외면할
수 없을 것이다.

경음화 현상의 발음

구강 내부의 기압 및 조음 기관의 긴장도가 높아 강하게 파열되는 음
을 '경음(硬音)'이라 한다. '농음(濃音)' 혹은 '된소리'라 하기도 한다. /ㄲ,
ㄸ, ㅃ, ㅆ, ㅉ/가 이에 속한다. 음성 기호는 각각 [kʼ], [tʼ], [pʼ], [sʼ], [ʤʼ]로
표기한다. 복합어(합성어, 파생어)에서 뒤에 오는 음절의 첫소리가 되게
나는 보기가 이에 속한다. 고유어만 아니라 한자어에서도 경음화 현상
을 찾을 수 있다.

〈발음 실현〉

① 고유어

길가[길까]　공돈[공똔]　국그릇[국끄른]　꽃다발[꼳따발]

끝사람[끋싸람]　낮잠[낟짬]　논바닥[논빠닥]　돈지갑[돈ː찌갑]

들것[들껃]　들바람[들ː빠람]　들보[들뽀]　등불[등뿔]　떡국[떡꾹]

맏사위[맏싸위]　맞돈[맏똔]　발등[발뜽]　밭고랑[받꼬랑]

봄바람[봄빠람]　부엌간[부억깐]　산골[산꼴]　삼단[삼딴]

상밥집[상빱찝]　손등[손뜽]　숯섬[숟썸]　앞개울[압깨울]

앞바다[압빠다]　앞집[압찝]　옷감[옫깜]　옷솜[옫쏨]　옷장[옫짱]

움집[움ː찝]　일감[일ː깜]　장국[장ː꾹]　집뒤[집뛰]　집주인[집쭈인]

짚신[집씬]　팥밥[팓빱]　검다[검ː따]　남다[남ː따]　맛보다[맏뽀다]

신다[신따]　심다[심ː따]　안다(포옹)[안ː따]

② 한자어

감사장(感謝狀)[감ː사짱]　고위급(高位級)[고위끕]　대가(代價)[대ː까]

문제점(問題點)[문ː제쩜]　본격적(本格的)[본격쩍]　사건(事件)[사ː껀]

선거법(選擧法)[선ː거뻡]　시가(時價)[시까]　여권(旅券)[여꿘]

인격(人格)[인격]　인권(人權)[인꿘]　조건(條件)[조껀]

주도권(主導權)[주도꿘]　주인격(主人格)[주인껵]　참가증(參加證)[참가쯩]

헌법(憲法)[헌ː뻡]　화법(話法)[화뻡]　효과(效果)[효ː꽈]

모음 조화의 발음

한 단어 안의 모음들 사이에서 나타나는 일종의 동화 규칙이다. 모음에 양성·음성·중성 모음이 있어 동성끼리 조화하는데, 중성 모음은 양성과 음성 모음에 다 조화된다. 15세기 자료에서 자세히 관찰할 수 있으며, 현대 국어에 잔영이 조금 남아 있을 뿐이다. 특히 의성어·의태어에서 찾아볼 수 있고, 어미에서는 겨우 '-아/-어'의 교체가 남아 있다.

〈발음 실현〉
① 어미
보아라, 보아서, 보아야
주어라, 주어서, 주어야
찾아라, 찾아서, 찾아야

② 의성어
달랑달랑, 덜렁덜렁
졸졸, 쫠쫠
짤랑짤랑, 쩔렁쩔렁
탕탕, 퉁퉁
팡팡, 퐁퐁

③ 의태어
깜박깜박, 껌벅껌벅
모락모락, 무럭무럭
발랑발랑, 벌렁벌렁
아장아장, 어정어정

자음 동화의 발음

한 단어 또는 복합어(합성어, 파생어)에서 두 자음이 충돌할 때 일어나는 동화 현상이다.

① /ㄱ,ㅋ,ㄲ/이 /ㄴ,ㄹ,ㅁ/ 위에서 [ㅇ] 소리로 바뀐다.
국물[궁물]　먹는다[멍는다]　백리[뱅니]　박물관[방물관]

② /ㅂ,ㅍ/이 /ㄴ,ㅁ/ 위에서 [ㅁ] 소리로 바뀐다.
밥맛[밤맏]　앞마을[암마을]　입맛[임맏]　잡념[잠념]

③ /ㄷ, ㅅ, ㅆ, ㅈ, ㅊ, ㅌ/이 /ㄴ,ㄹ,ㅁ/ 위에서 [ㄴ] 소리로 바뀐다.
맏며느리[만며느리]　맛나다[만나다]　몇리[면니]　빛나다[빈나다]

④ /ㄴ/이 /ㄹ/ 위나 아래에서 [ㄹ] 소리로 바뀐다.
신라(新羅)[실라]　천리(千里)[철리]　칼날[칼랄]　편리(便利)[펼리]

⑤ /ㄹ/이 /ㄱ,ㅁ,ㅂ,ㅇ,ㅊ/ 아래에서 [ㄴ] 소리로 바뀐다.
갈현리(葛峴里)[갈현니]　공군력(空軍力)[공군녁]　공권력(公權力)[공꿘녁]
구근류(球根類)[구근뉴]　당인리(唐人里)[당인니]　동원령(動員令)[동:원녕]
상견례(相見禮)[상견녜]　생산량(生産量)[생산냥]　선릉(宣陵)[선능]
신문로(新門路)[신문노]　신탄리(新灘里)[신탄니]　융건릉(隆健陵)[융건능]
의견란(意見欄)[으이:견난]　이원론(二元論)[이:원논]　임진란(壬辰亂)[임:진난]
입원료(入院料)[이붠뇨]　전량(全量)[전냥]　횡단로(橫斷路)[횡단노]

국립(國立)[궁닙] 금리(金利)[금니] 섭리(攝理)[섭니] 종로(鍾路)[종노]

구개음화의 발음

설면(舌面)과 구개(口蓋)와의 사이에서 조음되는 음이 구개음이다. 이 때 전설면(前舌面)과 구개와의 사이에서 조음되는 음이 '경구개음', 후설면과 연구개와의 사이에서 조음되는 음이 '연구개음'인데, 경구개음을 흔히 구개음이라 한다.

구개음화는 어떤 음을 조음할 때, 동시 조음으로 전설면과 경구개 사이가 좁혀지는 경우를 말한다. 국어 /갸 냐 댜 려 며 벼/ 등의 초성 /ㄱ, ㄴ, ㄷ, ㄹ, ㅁ, ㅂ/ 등이 이에 속한다. 흔히 경구개음이 아닌 /ㄷ, ㅌ, ㄱ, ㅎ/ 등이 [i]나 [j] 앞에서 구개 파찰음 [ㅈ, ㅊ], 혹은 마찰음 [ㅅ]으로 발음되는 것을 가리킨다.

〈발음 실현〉
• 같이[가치] 굳이[구지] 밭이[바치] 해돋이[해도지]
• 걷히다[거치다] 닫히다[다치다] 묻히다[무치다] 핥이다[할치다]

비음화의 발음

비음 앞에 폐쇄음(閉鎖音)이 오면 그 폐쇄음은 비음의 영향을 받아 비음으로 바뀐다. 이처럼 폐쇄음이 후행(後行)하는 비음에 동화되어 비음으로 바뀌는 동화가 비음화다.

〈발음 실현〉

- 먹는다[멍는다]   믿는다[민는다]   업는대[엄는다]
- 겉문[건문]   부엌문[부엉문]   앞문[암문]
- 독립(獨立)[동닙]   십리(十里)[심니]

설측음화의 발음

[ㄹ]과 [ㄴ]이 만날 때 [ㄹ]의 영향으로 [ㄴ]이 [ㄹ]로 바뀌는 현상이다. 절대 동화요, 인접 동화다. 역행 동화가 주종이나 순행 동화도 이루어진다.

〈발음 실현〉

- 논리[놀리]   진리[질리]   천리[철리]   편리[펼리]
- 불능[불릉]   실낟[실:란]   찰나[찰라]   칼날[칼랄]

절음 현상(Close juncture)의 발음

주로 합성어에서 일어나는 현상이다. 이것은 합성된 두 말의 의미를 다같이 전달하고자 하는 의도에서 발생한다. 그러므로 중간이 절음(絶音)되고 중간 소리가 들어가거나 아니면 다음 소리가 경음화되는 등으로 변화한다.

〈발음 실현〉

- 냇가[낻:까]   담뱃대[담:밷때]   동짓달[동진딸]   못자리[몯짜리]
  벼룻집[벼룯찝]

- 글방[글빵]　물약[물략]　발등[발뜽]　상밥[상빱]　속잎[송:닙]
  손등[손뜽]　솔잎[솔립]　앞일[암닐]　좀약[좀냑]　풀잎[풀립]
  학여울[항녀울]

연음 현상(Open juncture)의 발음

　영어는 정서법에 구애됨 없이 발언(Utterance)을 중심으로 하여 때
로는 단어, 때로는 어구를 대상으로 연접(連接, Juncture)의 연구가 시작
되었으나 아직 깊은 경지에 이르지 못하고 있다. 연음(連音, Compound
sound)에서 가장 중요한 것은 바로 언어 표현상의 언어음 단속(斷續)이
다. 프랑스어의 'liaison' 현상과 영어의 'linking' 현상도 이에 포함된다.
국어의 /바둑아[바두가]/는 발음이 연음 현상으로 설명되나, 또 하나 '어
휘적 상황(Lexical situation)'에 대하여 '통사적 상황(Syntactic situation)'으
로 설명할 수 있다.

　연음 현상은 두 음절이 서로 연접할 때 첫 음절 종성이 다음 이어지
는 음절로 옮겨져 발음함을 이른다. 이 경우는 둘이 있는데, 하나는 모
음과 연접할 때 첫 음절 종성이 이어지는 음절 초성으로 되는 것이고,
또 하나는 같은 자음과 연접할 때 첫 음절 종성이 이어지는 음절 초성을
경음화하는 현상이다.

〈발음 실현〉
- 높아서[노파서]　먹어라[머거라]　받으니[바드니]　밥이[바비]
- 있으니[이쓰니]　핥으니[할트니]　듣더니[듣떠니]　맞절[맏쩔]

먹고[먹꼬]   톱밥[톱빱]

외래어 및 외국어 발음

혼히 국어가 빌려 쓰고 있는 다른 언어의 단어를 말한다. '차용어(借用語)'라고도 한다. 외래어는 사회적인 허용을 전제로 하는데, 그 허용의 정도에 여러 단계적 차이가 있어 이중 국적의 성질을 띤 것도 있다.

외래어와 외국어의 차이는 이론상으로 소속된 언어 체계에서의 사회적 허용 여부로 결정되나, 실제 사용자의 국어 의식에 따라 주관적으로 결정된다. 보통 서구어인 외래어는 외국어 의식이 농후하나 한자어는 외래어라는 느낌이 없기 때문에 외래어와 외국어의 경계선을 명확히 긋기 어렵다. 대체로 자기 나라말에서 관용적으로 쓰이는 정도에 따라 세 갈래로 구분한다.

〈발음 실현〉

① 완전히 고유어에 동화된 귀화어(歸化語)

고무(gom, 네덜란드어), 붓(筆, 중국어), 구두(クツ, 일본어)

② 외국어 의식이 조금 남아 있는 차용어

쓰봉(jupon, 프랑스어), 타이어(tire, 영어)

③ 국적이 생소한 외래어

커피(koffi, 네덜란드어), 카스텔라(castela, 포르투갈어), 킬로그램(kilogramme, 프랑스어), 아르바이트(arbeit, 독일어), 템포(tempo, 이탈리아어), 스시(スシ, 일본어), 아이스크림(ice cream, 영어)

외래어는 일단 차용되면 국어의 고유한 음운·문법·어휘 체계가 반영되어 변형하는 것이 보통이다. 외래어는 본래 외국어이던 것이 우리에게 전해져 점차 사용되는 중에 국어로 굳어진 것을 말한다. 대체로 명사에 외래어가 많다. 우리 순수한 말로 대치할 말이 없을 때 그 외래어는 자리를 굳힌다. 다음은 우리가 흔히 쓰는 외래어다.

가십, 난센스, 노이로제, 뉘앙스, 디자인, 라디오, 라이벌, 랑데부, 러시아워, 레크리에이션, 로맨스, 리뷰, 마이크로폰, 매너, 매스컴, 메뉴, 바캉스, 비즈니스, 살롱, 세미나, 스케줄, 스튜디오, 스트레스, 시나리오, 아르바이트, 아마추어, 아이디어, 앙케트, 앙코르, 에티켓, 와이셔츠, 위트, 유머, 인터뷰, 잉크, 제스처, 카니발, 칵테일, 클라이맥스, 타이틀, 테마, 텔레비전, 템포, 트로피, 프로듀서, 피아노, 하이라이트, 히트 등

국어 생활 중 포함되는 외국어 발음이나 외래어 발음은 너무 지나치게 원음을 고집할 때 상대에게 주제넘다는 인상을 주기 쉽다. 그러므로 국어 생활에 알맞은 발음이 좋다. 또, 외래어 및 외국어는 자칫 남용하기 쉽다. 대체로 자기가 쓰는 말 가운데 이들 말을 많이 섞어 쓰면 식자(識者) 인상을 준다고 해서 자기를 과시하는 수단으로 삼는 사람이 더러 있다.

국명·지명·인명 등의 고유 명사도 그 발음을 원칙적으로 그 나라말 발음에 따라야 하지만, 실제로 엄밀히 따르는 것이 어려우므로 대체로 그 나라말 발음에 따르게 된다. 이 가운데 국어식 발음도 없지 않다. 역시 이 경우 관행을 따르면 좋다.

방송 언어 가운데도 외래어 및 외국어 영향이 해마다 증가 추세에 있다. 세계화된 정보화 사회라는 시각에서 볼 때, 방송 언어 가운데 외래

어 및 외국어가 사용되는 것이 오히려 당연하다 할지 모른다. 그러나 다른 한편, 방송 매체가 한국 내에서 정보 전달을 정확히 하는 것이 사명이라 생각하면 외래어 및 외국어 사용 방법에 일정한 제한을 둘 필요가 있다. 국어 사용으로 가능한 것을 일부러 외국어로 표현할 필요가 없다는 의견도 있다. 어떻든 방송의 폭넓은 시청자를 고려할 경우, 외래어 및 외국어 사용에 신중을 기할 필요가 있다.

외래어 및 외국어를 구별하는 자체가 그다지 필요한 일이 아니라 할 수 있으나 한국어에 융합된 방식을 살펴보면 구별이 가능해지기도 한다. 외래어는 주로 유럽 언어 가운데서 전부터 한국어에 융합되어 발음이 한국화하여 외국어에서 차용한 것이라는 의식이 희박한 것이다. 반면에 외국어는 아직 한국어로 정착하지 못한 말로, 사람에 따라 외래어로 느낄지 모르나 전체적으로 외국어로 느끼는 사람이 더 많은 것이라 할 수 있다. 여기서 외래어 및 외국어 발음 원칙을 설정해 보면 다음과 같다.

① 기본적으로 원지음(原地音)에 가깝게 발음한다.
② 원지음과 어느 정도 차이가 나나 관용의 발음으로 익은 말은 그 관용을 고려한다.
③ 단어 억양은 한국어 가운데서 자연스러운 범위 안에서 원지음 억양을 살린다.
④ 중국어 및 일본어 발음은 별도로 고려한다.

〈발음 실현〉
가스[까스]   가운[까운]   검[껌]   댐[땜]   버스[뻐스]   서비스[써비스]
세미나[쎄미나]   달러[딸러]   댄스[땐스]   사이렌[싸이렌]

사이즈[싸이즈]   사인[싸인]   센터[쎈터]

수 관형사의 발음

사물의 수나 양을 나타내어 체언을 꾸미는 것이 수 관형사인데 /한 개/, /두 사람/에서 /한/, /두/ 따위다.

수 관형사 /석/은 /세/가 /냥, 달, 대, 동, 섬, 장, 줄, 집/ 등의 의존 명사 앞에 쓰일 때의 변이 형태다. 그러므로 /석 냥/, /석 달/, /석 대/, /석 동/, /석 삼/, /석 장/, /석 줄/, /석 집/ 따위로 말한다.

수 관형사 /넉/은 /네/가 /냥, 달, 대, 섬, 자/와 같이 단위를 나타내는 의존 명사 앞에 쓰일 때의 변이 형태다. 그러므로 /넉 냥/, /넉 달/, /넉 대/, /넉 섬/, /넉 자/ 따위로 말한다.

100 이상의 숫자를 말할 때 첫 숫자 /백, 천, 만/ 단위가 1로 될 때, 1은 발음하지 않고 /백/, /천/, /만/으로 시작한다.

구어 현상의 발음

'구두 표현어'는 '구현어(口現語)'로, 다시 '구어(口語)'로 줄어든 것이다. 이것은 '문장 표현어'와 대조된다. 문어(文語)는 정서법 테두리를 벗어나는 일이 없으나 구어, 즉 입말은 이와 달리 정서법 테두리를 벗어나는 일이 있다. 표기는 하나의 사회적 규약이므로 좀처럼 개정하기 어려우나 현실 발음은 비교적 변화가 빠르므로 쉽다. 적어도 변화에서 발음은 표기에 선행한다.

사회 생활의 여러 현상이 복잡할수록 언어의 발음 현상이 단하고 축하고 격하고 경하게 일어남이 뚜렷하고, 먼저 이 경향이 구어에서 나타난다. 신문 문장은 문어 문장이고, 방송 문장은 구어 문장인데, 주목할 사실은 신문 기사 역시 근래에 와서 점차 구어로 바뀌는 현상이 나타나고 있다. 문어 '상오', '하오'는 구어에서는 거의 쓰이지 않고 '오전', '오후'로 쓰이고 있다. 극본 대사는 물론, 소설 대화체도 모두 구어로 쓰인다.

구어는 문어와 다른 일반적 특성이 있다. 간결하며, 주어·목적어·보어·조사를 생략할 수 있다. 또, 어휘 구사에서 문어와 다른 어순을 보일 경우가 있다. 발음 실현에서 문어와 다른 군말 쓰기의 특성을 갖는다.

〈발음 실현〉
- 고이다[괴:다] 되었다[됐:다] 사이(間)[새:] 신사(紳士)이다[신사다]
  이야기[얘:기] 하였다[했:다]
- 그리고[그리구] 너도[너두] 서울로[서울루] 자고[자구]
  자기로[자기루] 자도[자두] 하고[하구, 허구]
  하기로[하기루, 허기루]

표음 문자는 언어음을 정확히 전사한다고 하나 반드시 발음대로 표기되지 않을 때가 있고, 언어음 또한 시대에 따라 변하므로 표기대로 발음되지 않을 때가 있다. 그러므로 비록 표음 문자라 해도 '표기법'과 '발음법'이 꼭 일정하게 상응하지 않음을 알 수 있다.

/선릉(宣陵)/은 자음 동화에 따라 /ㄴ/은 /ㄹ/ 앞에서 [ㄹ]로 발음한다는 표준 발음법 제20항에 따라 [설릉]으로 발음할 것 같으나, 동 항목 단서에 보이는 것같이 /ㄴ/ 다음 /ㄹ/을 [ㄴ]으로 발음할 때가 있으므로 [선능]으로 실현해야 한다. /융건릉(隆健陵)/의 경우도 동일하여 [융건능]으

로 발음한다. /공권력(公權力)/을 [공궐력]으로 발음하지 않고, [공꿘녁]으로 발음하는 이유도 단서에서 그 근거를 찾을 수 있다.

자음 동화 현상이라면 모든 경우를 이 한 가지 기준에 맞춰 적용하려는 관점이 얼마나 부적절한가. 실제로 현장 국어를 사실대로 기술하여 일정 현상을 발견하고, 이 기준에 따라 표준 발음법을 설정하더라도 단서를 붙여 예외 규정을 두는 현재 기준이 매우 신축성 있어 보인다. 그러므로 단순 사고와 단순 시각으로 발음 문제 해법을 찾으려는 시도는 옳지 못하다.

'표준 발음법'에 원칙 발음과 허용 발음이 있음도 같은 맥락에서 배경을 찾게 된다. 발음에 이상과 현실이 있다고 할 때, 현실음을 인정한 것이 바로 허용 발음이다.

/불이익(不利益)/을 [부리익] 또는 [불니익], /불이행(不履行)/을 [부리행] 또는 [불리행]으로 발음하는 경향이 현실에 보이지만, 연접에서 원인을 찾게 된다. 정확한 발음은 [부리익], [부리행]이다. /악영향(惡影響)/도 동일하게 [아경향]으로 발음한다. /불법(不法)/은 아직 [불법]으로 발음한다. /탈법(脫法)/이 [탈뻡]으로 될 것 같아 [불뻡]의 가능성이 있지만 [불법]이다. /탈법/ 역시 [탈법]이다. 소리로 /법/의 뜻이 살아야 한다.

/가스/, /가운/, /버스/, /서비스/ 등의 외래어는 이미 [까스], [까운], [뻐스], [써비스] 등으로 굳어졌다고 본다. 다만 신세대들이 영어에 익숙해 있어 영어로 발음하는 의도적 노력이 있지만, 소수에 불과하다. 그들에게 발음상 주의를 환기하고자 하는 부분은 우리말 '장단'과 '고저'의 발음이다. 그들이 일상 영어 발음에 기울이는 성의만큼 우리말 발음에도 기울였으면 하는 바람이다.

언어 현실에 충실하면 어법(語法)이 혼란해지고, 어법에 충실하면 언어 현실과 괴리 현상이 일어난다. 어떻든 언어는 변한다. 따라서 세대 간에 발음 차이가 나타난다. 한편, 사람의 교양 정도에 따라 발음 차이를 볼 수 있고, 표준어 사용 여부에 따라 발음 차이를 볼 수 있다.

말에 소리가 있고 뜻이 있으므로 뜻이 효과적으로 소통할 수 있게 누구나 올바른 발음을 익히고 써야 할 것이다. 요컨대 우리말 '표준 발음법'에 준거하여 방송 언어의 발음 문제를 해결해 나가야 할 줄로 안다.

'표준 한국어 발음 사전'의 태동

1954년, 필자가 KBS 중앙 방송국 아나운서를 시작하며 방송 실무 수행 중 직면하는 문제가 많았지만, 그 가운데 가장 빈번히 논란의 대상이 되던 문제가 바로 '국어 발음' 문제다. 방송 스튜디오에 들어가기 앞서 반드시 먼저 체크할 사항이 발음 문제인 것이다.

아나운서 신인 시절, 필자가 사무실에서 뉴스 원고를 검토할 때 우리말 관형격 조사 /의/를 [으이]로 소리 내자, 대뜸 윤길구 당시 실장이 "왜 [으이]라 하느냐? [에]로 소리 내라."고 할 때, 솔직히 약간 당황했다. 사실 그 근거가 무엇이냐고 질문하고 싶었다. 하지만 당시 그 질문은 신인으로서 적절하지 않았다. 문제가 생기면 해법을 찾아야 하지 않는가. 그것은 '필요가 발명의 어머니'라는 말과 뜻이 통한다. 더구나 필자는 대학에서 '국어 교육'을 전공하지 않았는가! 얼마 지나 실장이 대학 국어 교육과에 국어 발음 과목은 없느냐고 질문할 때, 솔직히 당황할 수밖에 없었다. '국어 음운론'은 있으나 딱히 '국어 발음'은 없다고 하자, 영문과는 발음부터 학습하는데 왜 국문과는 발음을 가르치지 않느냐고 해 할 말을 잃었다. 이때 필자는 뜻을 확고히 세웠다. '표준 한국어 발음 사전'을 꼭 내 손으로 만들어 보자는 목표를 설정했다. 이미 국어학자들이 문법론 범주 안에서 단편적으로 다룬 '음성론'은 있어도 본격적인 '발음 사전'은 아직 나온 것이 없을 때다. 한편, '스피치'를 연구할 때 발음 문제는 핵심 과제이기도 했다.

미국 뉴욕 대학 도로시 멀그레이브(Dorothy Mulgrave) 교수가 지은 대학 총서 『스피치』만 보아도 발음 문제가 거의 3분의 2를 차지한다. 당시 우리 학교는 국어 시간이면 문장 중심 교육이지 발음이나 화법 과목은 생소하기만 했다. 그러나 지금은 양상이 크게 달라지고 있다. 고등학교와 일부 대학은 이미 발음과 화법 교육을 실시 중이다. 글말 못지않게 소리말 교육이 바야흐로 심각하게 논의되기 시작했다. 사실 한국전쟁 전만 해도 중학교 영어 시간에 독본, 문법, 해석, 작문은 몰라도 회화는 어떤 이유인지 거의 교과 과정에서 등한시한 것이 사실이다. 영어도 소리글자요, 국어도 소리글자인데 영한 사전은 표제어 바로 옆에 '국제 음성 기호'로 발음 기호를 표시하고 있지만, 아직도 여전히 국어사전은 발음 기호가 병기되어 있지 않다. 그리고 일부 지식층까지 글자 적힌 대로 읽으려는 경향을 보인다.

영어 단어 /doubt/의 발음은 [daut]이고, /bomber/는 [ba:mər]이며, /sword/는 [sɔərd]이다. 우리는 여기서 표기와 발음이 정확하게 대응하지 않음을 알게 된다. 아무리 소리글자라도 글자대로 발음하지 않는 사례가 있음을 가볍게 지나칠 수 없다. 따라서 영어도, 국어도 사전마다 표제어 옆에 꼭 발음 기호를 병기해 놓아야 한다.

1988년부터 새 발음법이 적용되고 있으므로 누구나 이를 익히고 실천함이 마땅하나, 아직도 이 사실을 모르는 사람이 허다하다. 더구나 매일 마이크 앞에서 방송하는 아나운서야 더 일러 무엇 하겠는가. 관형격 조사는 [으이]가 아니고 [에]로 발음하라는 윤길구 실장 지시와 같은 새 규정이 나왔지만, 그것도 원칙은 아닌 예외 규정으로 인정된 것이다. 원칙은 아직도 [으이]다. 그러나 현실 발음은 [에]임을 부정하지 못할 것이다. 이렇듯 KBS 아나운서실에 종전부터 국어 발음 전통이 지켜져 내려오고 있음을 알게 된다.

1960년 초, 아나운서 선배인 경희대학 당시 장운표(張雲杓) 교수가 모 외국 문화재단이 연구비를 지원해 줄 것이니 '국어 발음 사전'을 본격적으로 편찬해 보라고 권유했다. 필자도 뜻이 통해 응낙했으나 일이 뜻대로 이루어지지 않아 머뭇거리고 있을 때, 마침 공보부 방송 관리국 서규석(徐圭錫) 당시 사무관이 1962 회계 연도 방송 교재 '국어 발음 사전'을 출간할 수 있다고 알려 왔다. 다행히 그동안 준비해 온 자료를 정리해 방송 관리과로 넘겨 저자의 첫 번째 발음 사전이 발간된 것이다. 1962년 4월, 이보다 먼저 출간된 번역본 『화술의 지식』 권말 부록에 '국어 발음 소고'라 이름 붙인 작은 칼럼이 세상에 선을 보였다. 아마 여기서 자극이 되어 우리 학계도 '국어 발음'을 주제로 논의가 시작된 것으로 보면 저자의 아전인수일 것인가.

이보다 앞서 KBS 방송문화연구실이 뉴스 및 연구 주간지 《주간 방송》을 낼 때, 저자가 이 주간지를 통해 '아나운서 수업', '발음 노트', '뉴스 기교' 등을 여러 차례 연재한 바 있다. 기회가 오면 NHK처럼 '아나운서 교본'을 제작하려는 뜻을 가지고 있던 터였다. 1959~1962년, 3년 간의 일이다. 하여, 착상과 기획은 오래되었지만 우리 학계조차 손놓고 있을 즈음, 해외 정보를 통해 아이디어를 획득하여 '한국어 발음 사전' 편찬을 시도하기에 이른다. 비록 등사본으로 내어 놓은 사전이지만, 발음상 문제 되는 표제어 5천 항목을 가려 뽑고, IPA(국제 음성 기호)를 병기, 편찬 완성하였다. 공보부 방송 관리국에 제출하여 1962 회계 연도 방송 교재로『국어 발음 사전』을 펴 내니 그 감회를 무엇이라 말할 수 있을까? 서규석 님의 도움 아니면『국어 발음 사전』이 빛을 볼 수 있었을까? 때늦은 감은 있지만 우리나라 초유의 '발음 사전'이 빛을 볼 수 있었음에 고마운 뜻을 표한다. 그리고 20년 후, 1980년대 접어들며 비로소 국어학계에 '국어 발음'의 새 바람이 일기 시작했다.

영어, 불어, 독어 등 유럽어 사전은 표제어 옆에 꼭 국제 음성 기호로 발음을 병기하는데, 왜 우리 국어사전은 아직도 여전히 구태를 못 벗고 있는지 묻지 않을 수 없다. 국어사전 발음 표기는 여전히 구태의연하다. 그러나 별도 발음 사전은 여러 사람에 의해 이미 편찬 제작되어 온다.

발음 사전의 편찬에 대하여

1957년 한글학회의『우리말 큰사전』이후 1999년 국립국어원의『표준 국어 대사전』이 나오기까지 앞서거니 뒤서거니 하며 그동안 많은 국어사전이 우리 국어 생활에 훌륭한 길잡이 구실을 해 왔다.

1936년 조선어학회가 '표준어'를 제정하여 문자 생활의 구심점이 되게 하고, 또 이것이 광복 후 민족 교육 재건에 큰 힘이 되었음은 물론, 우리나라에서 표준어에 의한 교육이 정착되는 밑거름이 되었음은 말할 것도 없다.

문자 언어의 표준화에 그칠 것이 아니라 이제는 음성 언어의 표준화가 그 어느 때보다도 절실히 요구되는 정황이다. 지방색을 돋보이게 하는 사투리 발음으로 인해 지역 간 위화감이 생겨 국민 화합에 큰 걸림돌이 되고 있음은 주지의 사실이다.

철자가 발음을 정밀하게 반영하지 못하는 경우가 많아 일반 국어사전은 마땅히 표준어에 발음을 IPA(국제 음성 기호), 또는 한글로 명확히 병기해야 한다. 그러나 일부 사전은 정확성과 일관성에서 꼼꼼치 않은 점이 없지 않다.

국어 발음 사전이 이 부분을 보완하여 등장한 지 이미 40년을 헤아린다. 1962년 저자의 발음 사전을 비롯하여, 1984년 남광우 외의 사전, 1992년 이은정의 사전, 1993년 KBS 사전 등이 차례로 출간되었다.

발음 사전의 태동

말은 사람의 특징이요, 겨레의 보람이요, 문화의 표상이다. (중략) 그 낱낱의 말은 다 우리의 무수한 조상들이 잇고 이어 보태고 다듬어서 우리에게 물려준 거룩한 보배다. 그러므로 우리말은 곧 우리가 가진 정신적 및 물질적 재산의 총목록이라 할 수 있으니 우리는 우리말을 떠나서 하루 한때도 살 수 없는 것이다. —『우리말 큰사전』머리말에서

그뿐 아니라, 우리는 이 문화적 유산을 잘 갈고 닦아 다시 우리 후손에게 물려줄 책임과 의무를 가지고 있는 것이다. 20~21세기의 국제 사회에서 영어가 이미 국제 공용어로 자리를 굳힌 지 오래되었고, 세계 각국이 경쟁적으로 자국민 영어 학습에 총력을 기울이는 것이 작금의 추세임을 아무도 부정하지 못한다. 그만큼 영어는 중요한 우리의 생존 수단이다. 그러나 이에 못하지 않게 중요한 생활 수단이 바로 한국어다.

알퐁스 도데(Alphonse Daudet, 1840~1897)의 단편소설 〈마지막 수업〉이 머리에 떠오른다. 보불(普佛) 전쟁으로 프랑스가 패하자, 알자스 지방에서 프랑스어 수업이 금지되었다. 프랑스어 교사인 아멜은 학생들에게 "오늘이 프랑스어 마지막 수업이다. 프랑스어는 세계에서 가장 아름답고, 가장 명료하고, 가장 힘찬 말이다. 절대로 잊어서 안 된다."고 말한 뒤, 칠판에 "프랑스 만세!"라고 크게 써 놓는다.

프랑스 국민 못지않게 한국인도 모국어 사랑에 남다른 노력을 경주해 왔다고 자부한다. 비록 일제 강점기에서도 1933년 '한글 맞춤법 통일안'이, 1936년 '조선어 표준말 모음'이, 1940년 '외래어 표기법 통일안'이 연이어 조선어학회에 의해 각각 제정 공표된 바 있다.

국어 연구에 대한 우리 노력은 연면히 이어져 1957년 『우리말 큰사전』을 발간하여 우리 국어 생활에 준거가 되게 했고, 1988년에 마침내 우리 숙원인 '한글 맞춤법', '표준어 규정'(표준어 사정 원칙, 표준 발음법)이 동시에 국어 연구소에 의해 제정, 이를 문교부가 고시하여 1989년부터 우리 국어 생활에 이 규정이 새롭게 적용되기 시작했다.

국어의 말하기와 듣기 생활에서 핵심이 되는 매개가 바로 국어 발음임에도 불구하고 이 부분이 종전 국어 교육에서 소홀히 다루어 온 것이 사실이다. 이미 발간된 국어사전은 수종에 이르지만 본격적인 발음 표시는 없고, 사전마다 모음의 장단은 밝혔지만 자음 연접상 경음(硬音)은 인정한 경우와 인정하지 않은 경우로 갈린다. 그리고 장단 역시 사전에 따라 상이한 부분이 적지 않다. 그러나 모음의 장음을 누인 작대기만으로 표시한 형태가 국어사전에서 지금은 자취를 감춰 그나마 다행이다.

1962년, 『국어 발음 사전』이 처음 출간되었다. 이 땅에 방송이 첫 전파를 발사한 1927년 이래, 꾸준히 이어져 오는 방송 전통 속에 구전(口傳)에 의한 국어 발음의 확실한 규범이 있어 전해져 오고 있다. 물론 과학적 연구의 뒷받침이 아쉬우나 '교양 있는 사람이 두루 쓰는 현대 서울말'의 전통이 방송을 통하여 명맥을 유지해 오는 터다. 이 같은 발음 전통을 토대로 발음상 문제 되는 단어를 망라하여 저자가 편찬한 발음 사전이 당시 정부(공보부)에 의해 발간된 것이다.

그리고 1차로 이를 수정 보완하여 이름을 바꾼 『KBS 표준 한국어 발음 사전』을 1984년에 동 방송사업단이 펴냈다. 그러나 1989년, 새 어문 규정이 국어 생활에 새로 적용되기 시작함으로써 사전에 대한 2차 수정이 불가피했다.

이때, '표준어 사정 원칙'에서 발음 변화에 따른 표준어 규정을 전제로 단수와 복수 표준어를 뽑아 보완하고, '표준 발음법'에서 소리의 길이, 받침의 발음, 소리의 동화, 된소리되기, 소리의 첨가 등에 예시된 실례를 가능한 대로 모두 보충했음은 물론이다.

본래 초판에 모음의 장단, 모음의 고저, /의/ 발음, 한자음(漢字音), 관습음, 모음 조화, 두음 법칙, 말음 법칙, 연음 법칙, 절음 법칙 등을 토대로 수록 대상 표제어를 선정하여 사전 내용을 편찬했다. 표제어 총수는 1만을 웃돈다. 2차 보완 시, 저자는 특히 발음상 문제 되는 경우는 물론, 그 밖의 어휘와 단어도 대조를 보이기 위해 다수를 대상에 포함했다. 기존 국어사전에 실리지 않은 일부 단어까지 망라했을 뿐 아니라, 일부 어절과 어구까지 관심을 두었다. 또 국어 생활의 현실과 어법의 양면을 고려하여 두 경우의 발음을 복수로 인정한 사례도 있다. 이처럼 2차로 증보한 것을 다시 명칭을 바꾸어 『표준 한국어 발음 사전』으로 1992년에 출간하고, 재판은 약간의 수정을 거쳐 1997년에 출간했다.

『한국어 표준 발음 사전』, 남광우 외

1984년에 남광우, 이철수, 유만근 등이 지은 본격 발음 사전 『한국어 표준 발음 사전』이 한국정신문화연구원에서 출간되어 국어 발음 연구에 새 지평을 열었다. 이 사전은 기존 국어사전에 반영된 발음 문제에 대하여 예리한 비판과 함께 명쾌한 해법을 제시하였다.

기존 사전 가운데 현실음을 인정하지 않은 사례가 있는가 하면, 첨단적으로 앞서가는 사례가 있음을 동 사전이 비판한 점으로 미루어 우리는 여기서 발음의 현실 감각을 염두에 두되, 결코 단어의 발음 결정에 성급한 단(斷)을 내리지 않은 편찬자의 신중성을 엿볼 수 있다. 때로 편찬자의 출신 지역 발음이 어느 정도 사전 제작에 영향을 미칠 수 있다고 추정한 편찬자의 관점을 높이 평가한다.

1966년, 남광우의 '동국 정운식 한자음 연구'는 세종 29년에 편찬된 『동국 정운』 전 6권 가운데 현재 남아 있는 1권 및 6권을 토대로 결본 2~5권의 재구성적 정리 연구로 구성한 것이다. 연구자는 여기서 동국 정운식 한자음 체계의 어느 한 부분을 밝혀 주고, 한 걸음 나아가 동국 정운의 체계와 현실음의 상관 관계, 『홍무정운』과의 관계, 그 이후 '운서(韻書)'와의 관계 등 많은 문제점을 지적한 바 있다.

1984년, 『한국어의 발음 연구 1』은 한국어의 발음을 통시적 및 공시적으로 연구한 것인데, 표준 발음의 체계 정립을 위한 연구자의 업적이라 평가한다. 내용은 '현대 국어의 발음 양상과 표준 국어 발음', '통시적 발음 연구' 등으로 편성되어 있다.

1984년, 『한국어의 발음 연구 2』는 연구자가 기초 한자 1천800자에 900자를 더한 모두 2천700자의 한자와 그 한자로 된 어휘, 즉 한자어의 성조(聲調)가 역사적으로 어떻게 변해왔는가 여러 문헌을 통해 고찰, 서울말, 즉 현대 표준어와 비교한 것이므로 종전의 많은 의문을 확실하게 해명한 내용이라 하겠다.

　이 같은 연구 업적을 쌓은 토대 위에서 남광우가 중심이 되고 이철수와 유만근이 힘을 보태『한국어 표준 발음 사전』편찬에 착수한 것이다. 이철수는『한국어 음운학』저서와 함께「형태 음소 분석」·「표준말의 발음 표시」·「형태 음소론」등의 논문을 가지고 있으며, 유만근은 음성학 전공으로「J.R.Firth의 언어 이론 연구」·「외래어 수용 방식에 대한 고찰」「한글–로마자 표기」·「서울말 발음 독본」등의 논저를 가지고 있다. 편찬 진용이 우선 전문가적 성격을 확실히 드러낸다. 이들은 기존 국어 사전의 발음 기술 부분에 대하여 철자 발음에 치우친 경향이 있고, 어떻게 보면 발음 기술 체계를 세우는 데 관념적으로 규격화한 경향이 있음을 사전에서 조심스럽게 비판하고 있다. 이 사전에서 몇 가지 특징을 찾아 보기로 한다.

① 한자 및 한자어의 발음 표시에서 의미와 관용에 따라 같은 한자가 각기 다르게 발음되는 현상을 실례를 들어 지적하고 있다.
- 의미 – 강(强, 굳세다)　　강건(强健)[gaŋ-]　증강(增强)[-gaŋ]
　　　　　강(强, 억지로 함)　강요(强要)[gaːŋ-]　강탈(强奪)[gaːŋ-]
　　　　　강(降, 내리다)　　강등(降等)[gaːŋ-]　강우(降雨)[gaːŋ-]
　　　　　　　　　　　　　승강(昇降)[-gaŋ]　활강(滑降)[-gaŋ]
- 관용 – 간(間, 사이)　간격(間隔)[gan-]　간수(間數)[kan-]
　　　　　　　　　　　간식(間食)[gaːn-]　간접(間接)[gaːn-]
　　　　　　　　　　　시간(時間)[-gan]　순간(瞬間)[-gan]
　　　　　　　　　　　문간(門間)[-gʼan]　차간(車間)[-gʼan]

② IPA 발음 표시 부호 [   ]를 사용하고 있다.

③ 파열음 [ㅂ, ㄷ, ㄱ]을 [b, d, g]로 옮기는 것을 기본으로 삼았다.

④ 외래어에 외국어 원음 표기와 현실음의 대조표를 붙임으로써 외래어 발음에 대한 연구 과제를 제시했다.

⑤ 발음 표기에 장음과 동시에 반(半) 장음을 표시하고 있다.

　　예 없다[업ː따]　어림없다[어리덥ˉ따]

⑥ 한글 발음에 '고설화(高舌化)' 표시를 하고 있다.

　　예 어른[어ː른]　각(各) 면(面)[강면]

⑦ IPA로 발음 표시를 함으로써 외국인의 한국어 발음 학습에 도움을 주고 있다.

『우리말 발음 사전』과 『표준 한국어 발음 대사전』

1992년 이은정의 『우리말 발음 사전』이 출간되었다. '표준 발음법'이 공표된 직후에 나온 사전인 만큼 매우 시의 적절할 뿐 아니라, 편찬자가 마침 국어연구소 전 연구실장으로 '한글 맞춤법'과 '표준어 규정'을 직접 담당한 실무 책임자로서, 특히 '표준 발음법'의 심의 결정 과정 및 그 내용에 대하여 상세히 파악하고 있는 입장이므로 저간의 사정과 상황을 어느 정도 정확히 우리에게 알려 줄 수 있을 것이라 기대를 걸게 했다. 그에 따르면, 표준 발음법이 비록 30개 항으로 이루어진 짧은 규정이지만 이에 대한 해석에 전문 심의위원도 의견 차이가 적지 않아 규정 고시 후 발간된 국어사전조차 상당한 발음 차를 발견하게 된다.

그가 머리말에 제시한 '몇 가지 문제점'은 동 규정의 해석을 중심으로 한 이견과 이론의 단일화를 위해 편찬 관련 당사자들이 난상(爛商) 토의를 벌일 필요가 있음을 시사한다. 저자는 이 사전의 특징을 좀 더 상세히 지적해 본다.

① 고어·외래어 및 고유 명사를 제외한 점과 조사·접사 등을 표제어에 포함하지 않은 점
② 특별히 광역시와 시군 이름 그리고 수도권 전철역 이름을 일부 부록으로 붙인 점
③ 발음 표시에 국제 음성 기호를 생략한 점
④ 표제어의 표기와 발음에 차가 있을 경우에만 발음을 표시한 점
⑤ 모음에 장음과 반(半)장음을 표시한 점
⑥ 모음의 고설화(高舌化) 표시를 안 한 점
⑦ 같은 한자가 뜻에 따라 장음과 단음으로 구별됨을 밝힌 점
⑧ 연접 어구에서 경계를 표시한 점

1993년, 표제어 수 6만 6천 개를 수록한 KBS 편저 김석득·이현복·유재원 감수의 『표준 한국어 발음 대사전』이 출간되었다. 실로 방대한 규모요, 분량이다.

아나운서실이 주축이 되어 'KBS 한국어연구회'가 발족된 것은 1983년이요, 방송 개시 후 55년 만의 일이다. 국어 음성 언어 순화를 위하여 오랜 동안 노력해 오다가 보다 정확하고 품위 있는 방송 언어를 정립해 보고자 이 연구회를 창립한 것이다(저자가 초대 회장을 지냄.). 방송 언어에 대한 연구와 실천 운동이 축적된 자료를 토대로 사전을 편찬한 만큼, 내실에도 손색없다. 더욱이 감수진의 김석득은 국어학 분야 원로 학자로, 『국어 구조론』·『우리말 연구사』·『우리말 형태론』 등 무게 있는 저서를 낸 바 있고, 이현복은 학회장으로 '대한음성학회'를 이끄는 한편 서울

대 언어학과 교수로『음성학』·『언어학 개설』·『음성학 개설』등의 저서를 낸 사계의 중진이다. 유재원은『우리말 역순 사전』과 함께「한국어 음소 결합에 대한 계량 언어학적 연구」등의 논저로 학계 주목 대상인 언어학 교수다.

이 사전의 특징은 우선 수록 표제어 수에서 단연 으뜸이고, 발음에서 맞춤법을 역으로 찾아낼 수 있는 방법을 창안한 점이다. 그것이 사전 분량의 3분의 1을 차지하는 '발음-올림말 사전'이다. 부록 '한국어의 음소 및 음절에 대한 통계 조사'는 특히 국어학 전공 학자의 관심을 끌기에 충분하다. 사전의 특징을 좀 더 세밀하게 찾아본다.

① 표준어 실제 발음을 이론과 현실에 맞게 기술하려 한 점
② 교양 있는 사람들이 실제 쓰는 서울말 발음을 충실하게 기술한 점
③ 표제어 선정에서 시사성 있는 단어를 조사하여 수록한 점
④ 표제어 발음 결정에서 전통을 이어 온 '방송 표준 발음'과 2대 이상 서울 거주 시민들의 발음을 조사했을 뿐 아니라, 음성학 전공 학자들의 전문 지식을 바탕으로 사전 편찬에 일관성을 유지한 점
⑤ 정확한 발음 표시가 목적이므로 표제어 의미를 기재하지 않은 점

발음상 오용 사례와 사전 편찬

일상 소통 사례에서 들리는 국어 발음의 오용 사례를 일부만 소개한다.

① 절음과 연음
   끊기다[끈키다]~[끈기다]   수입하다[수이파다]~[수이바다]

곳곳에서[곧고세서]~[곧고데서]   이웃에서[이우세서]~[이우데서]

꽃이[꼬치]~[꼬시]   빛이[비지]~[비시]

깨끗이[깨끄시]~[깨끄치]   부엌이[부어키]~[부어기]

무릎이[무르피]~[무르비]

② 자음 첨삭

분열[부녈]~[분녈]   등용문[등용문]~[등뇽문]

색연필[생년필]~[새견필]   영업용[영엄뇽]~[영어뇽]

③ 상관 대립

참고서[참고서]~[참꼬서]   감대[감:때]~[깜:때]

거꾸로[거꾸로]~[꺼꾸로]   닭다[닥따]~[딱따]

다른[다른]~[따른]   새것[새걷]~[쌔걷]

생계란[생계란]~[쌩계란]   세련되다[세:련되다]~[쎄:련되다]

속이다[소기다]~[쏘기다]   조금[조금]~[쪼금]

폭발[폭빨]~[폭팔]   착잡[착짭]~[착찹]

병풍[병풍]~[평풍]   나침반[나침반]~[나침판]

④ 외래어 발음

가스~[까스]   가운~[까운]   갱~[깽]   배지~[뺀지]   백~[빽]

버스~[뻐스]   카페~[까페]   콩트~[꽁트]   리사이틀~[리싸이틀]

서비스~[써비스]   로봇~[로보트]   로켓~[로케트]   호르몬~[홀몬]

액세서리~[악쎄사리]   새시~[샨시]   터부~[타부]

메시지~[메씨지]   초콜릿~[초콜렌]   캐비닛~[캐비넨]

깁스~[기부스]　레인지~[렌지]　뷔페~[부페]　데뷔~[데뷰]
알코올~[알콜]

　위 보기는 오용이라기보다 현실음이라 보는 경우가 없지 않아 논의의 여지는 남아 있다. '표준 발음 사정 원칙'을 보면 현실성, 합리성, 전통성 등 기준이 있기 때문이다. 어떻든 발음 사전 편찬에서 야기되는 발음 관련 문제가 여러 모로 제기된다.

① 표기와 발음이 일정하게 대응하지 않는 경우
② 일부 발음 사전이 표제어 의미를 명기하지 않아 표제어 의미 파악
　이 곤란하다.
③ 일부 발음 사전은 정밀 표기법을 사용, 일반이 쉽게 접근하기 어
　렵다.
④ 방송인의 발음에 오용이 나타난다.
⑤ 발음상 연접 현상으로 실제 발음에 복수 현상이 나타난다.
⑥ 같은 한자가 관행에 따라 장·단음 차이를 보인다.
⑦ 표기를 발음으로 혼동한다.
⑧ 외래어를 외국어 발음과 혼동한다.
⑨ 표준 발음과 비표준 발음을 혼동한다.
⑩ 로마자와 발음 표기를 혼동한다.
⑪ 된소리되기가 국어사전마다 약간 차이가 있다.

음소 표기와 음성 표기

음소 알파벳은 '1음소 1자모' 표기법을 뜻한다. 실질적으로 종전의 음

성 기호도 음소 알파벳이라 할 수 있다. 음소 알파벳은 표기법의 이상이라 생각하기 쉽지만 이것이 가장 바람직하다고 잘라 말할 수 없다. 음소 표기법과 언어 현실 세계에서 가장 효율적인 표기법과의 사이에 형태소 표기에 관한 조건을 비롯해 역사적·문화적·정치적 여러 조건이 개재하는 이유 때문이다.

음성 기호를 써서 눈에 보이게 시각 형식으로 표시하든가 기록한 것이 음성 표기다. 음성 표기에 사용되는 음성 기호 중에 가장 대표적인 것이 국제 음성 기호 IPA이다. [ ] 안에 넣어 사용한다. 한편, 음소를 사용하여 언어음을 표시하는 음소 표기와 차이를 보인다. 음소 표기는 통례적으로 / / 안에 넣어 사용한다.

음성 표기에는 간략 표기(Broad transcription)와 정밀 표기(Narrow transcription)가 있다. 양자 구별이 항상 명확하다고 단언할 수 없지만 간략 표기는 음소 표기에 가까운 것이고, 정밀 표기는 이음(異音, Allophone)이라고 할 수 있다. 음성 표기, 특히 정밀 표기는 '있는 그대로'의 음성을 표기하는 것으로 알려져 왔으나, 최근 변형 생성 문법 이론의 음성학은 비록 정밀한 음성 표기라 하더라도 음성 표기는 '있는 그대로'의 음, 즉 음의 물리적 음향학적 특질을 기술하는 것이 아니라 심리적·지각적으로 실재한다고 생각되는 것을 기술하는 것으로 간주한다. 통어(사)론적 정보를 끌어내든가 읽어 새기는 것을 음성학자의 몫으로 돌리고, 음성 전사(轉寫) 과정에 추상적 문법 구조의 영향이 있다고 보는 입장이 바로 변형 생성 문법적 관점이다.

마틴(S.Martin)이 『신 한영 사전』에 삽입한 로마자 표기 대비표를 보면 일견 매우 단순한 것으로 보인다. 로마자 표기의 대비표 자체가 필요한 정보를 모두 제공하지 않는다 해도 그가 망라한 체계는 한국어 로마자

음역에 필요한 방법임을 곧 이해하게 된다. 그 내용이 한국어 음소에 대하여 언급한 것이 아니라, 바로 한글 자모에 대하여 언급한 것이기 때문이다.

1959년의, MOE(문교부 체계)는 /ㄹ/을 /l, r/로 전사한 것을 빼면 모두 음역 수단에 해당한다. 이론상으로 보면 문자 문제에 아무런 하자가 없어 보인다. 그러나 /ㅂ, ㄷ, ㄱ/을 /b, d, g/로 쓴다면 분명 IPA 규정을 무시한 결과가 된다.

우리 나라에서 가장 잘 알려진 성씨의 하나인 /박(朴)/은 서양인에게 /Bag/보다 오히려 /Pak/으로 인지되고 있다. 바꾸어 말하면 학술 목적일 때 /Bag/이 수긍되나, 학술 목적이 아닐 때 /Pak/이 효과적이다. 전문 학자들은 서양 관행에 반대되는 이때의 /b/를 무성 파열음으로 이해하는 시간적 여유를 가지게 되지만, 한국을 방문하는 일반 외국 여행자들은 이 같은 변칙을 이해할 시간적 여유를 갖지 못할 것이다. 요컨대 서양 관행은 [b, d, g] 등이 유성음이요, [p, t, k] 등은 무성음이라는 로마자 사용에 엄격한 양분법이 존재한다. 맥큔-라이샤워(McCune-Reichauer) 체계가 /ㅂ/이란 한 음소에 대하여 /p/와 /b/ 양쪽을 모두 채택하는 이유도 바로 여기 있는 것이다.

입술에서 파열되어 나오는 같은 소리도 음의 강도에 의해 [ㅂ, ㅍ, ㅃ] 등 세 가지 음이 한국어에 있음을 우리는 잘 알고 있다. 즉, 한국어에서 다른 나라말에 흔히 있는 유성음과 무성음의 의미 차이는 찾기 힘들어도 음의 강도에 따른 의미 차이는 쉽게 찾을 수 있다.

1999년 11월 17일 발표된 국립국어원의 '국어 로마자 표기법' 개정안의 기본 취지는 '외국인 위주에서 내국인 위주'로 바뀐 것이고, 설령 외국인을 위한다 해도 한국인 표준 발음 및 언어 정서에 맞아야 한다는 원칙이다. 지난 1984년 공포된 현행 표기법은 외국인을 우선 염두에 두고 자음을 유성음과 무성음으로 구분하여 /부산/~[Pusan], /광주/~[Kwangju] 등으로 표기되어 외국인에게는 가까워도 우리에게는 이질감을 갖게 한 것이 사실이다.

이미 국제적으로 잘 알려진 /Kimpo/를 /Gimpo/로 바꾸면 다시 혼란이 오지 않겠나 하는 의문에 대하여, 그러면 또 김해공항은 어떻게 하느냐며 예외 허용이 어렵다 하였다. 하지만 표기가 바뀌었다. 40개 우리 자모음을 20개 정도 영어 알파벳으로 표기하면 한계를 갖지만, 그래도 현실음에 일치시켜야 한다. 기존 표기법은 영어를 모국어로 하는 서양인 인식에 따라 만든 맥큔-라이샤워 표기법에 바탕을 둔 데 비해, 이 개정은 이를 일부 수정하고 동시에 6개 항의 기본 원칙을 기준으로 삼았다.

① 국어 로마자 표기는 국어 표준 발음에 따른다.
② 로마자 이외 부호는 사용하지 않는다.
③ 1음소 1기호 표기를 원칙으로 한다.
④ 장모음 표기는 따로 하지 않는다.
⑤ /ㄱ, ㄷ, ㅂ/은 모음 앞에서 /g, d, b/로 적고, 자음 앞이나 어말에서 /k, t, p/로 적는다.
⑥ /ㄹ/은 모음 앞에서 /r/로, 자음 앞이나 어말에서 /l/로, /ㄹㄹ/은 /ll/로 적는다.

남광우 외 『한국어 표준 발음사전』은 '표준 발음법' 규정이 공포되기 이전에 나온 것인 만큼 새롭게 수정·보완할 부분이 있을 것이고, KBS

『표준 한국어 발음 대사전』은 '한국어 로마자 표기법' 개정안이 나오기 전에 출간된 것이라 이른바 IPA 표기에 수정 부분이 있을 것이며, 이은 정『우리말 발음 사전』도 일단 IPA 표기를 채택·병기하는 편이 발음 사전 성격상 부합되는 조건이 될 것이다.

따라서 앞으로 나올 새 발음 사전은 기존의 발음 사전이 갖는 결함을 제거, 수정하는 바탕 위에서 신중히 편찬하되, 어디까지나 '표준어 규정'과 '표준 발음법 규정'에 준거하여 한국 표준어 발음 사전의 특성을 갖춘 체재가 되도록 해야 할 것이다.

전영우의 발음 사전

『표준 한국어 발음 사전』, 민지사

오직 한 가지 일에만 전념한 것은 아니지만, 발음 사전 편찬에 착수한 지 40년 만에 이제 6만 5천의 표제어를 수록한 신판을 새로 상재(上梓)하게 되니, 저자로서 매우 감회가 크다.

언어의 발음은 시대 흐름에 따라 끊임없이 변화하는 것이므로 발음 사전 편찬이 결코 쉬운 일은 아니다. 비록 표음 문자라 하더라도 철자가 실제 발음을 정확히 반영하지 못하는 경우가 있으므로 국어사전은 마땅히 표제어에 IPA로 발음 기호를 병기해야 하나, 국어사전이 발음 표기보다 의미 및 용례 기술에 일층 더 비중을 두는 실정이다. 이 점을 보완하여 저자가 발음 사전을 편찬한 지 40년을 헤아린다.

1962년 전영우 사전을 비롯하여 1984년 남광우 외, 1992년 이은정,

1993년 한국방송공사(KBS), 1998년 이주행 외 등 발음 사전이 차례로 간행되었다.

21세기에 접어들었으나 아직도, 여전히 모국어 정도는 누구나 쉽게 할 수 있다는 일부 안이한 자세에 주의를 환기하고, 동시에 국어의 음성 언어 순화에 박차를 가하기 위해 저자는 '신판'을 선보인다.

지구상에서 영어가 이미 국제 공용어로 자리매김한 지 오래고, 영어 사용국을 뺀 세계 각국이 자국민의 영어 학습에 경쟁적으로 힘을 기울이고 있는 추세다. 그만큼 영어가 국제적으로 우리에게 주요 생존 수단이 되고 있으나 이에 못지않게 언제나 관심을 기울여야 할 언어 수단이 바로 한국어다.

1933년 '한글 맞춤 법 통일 안', 1936년 '사정한 조선어 표준말 모음'을 당시 '조선어학회'가 결정 발표한 바 있고, 광복 후 1957년 '한글학회'가 '우리말 큰사전'을 완간하여 우리말 생활의 새로운 준거가 되게 하였으며 1988년 마침내 국립국어연구원이 그동안 우리 숙원이던 '한글 맞춤 법', '표준어 규정'(표준어 사정 원칙, 표준 발음법)을 공표하자 정부 고시로 1989년 3월부터 우리말 생활이 새 규정을 적용 받기에 이르렀다. 아울러 2000년 7월, 정부에서 발표한 '새 로마자 표기법'으로 인하여 우리말 발음 표기에도 새 기준이 서게 되었다.

말하기와 듣기 생활에서 핵심 되는 부분이 바로 '발음법'임에도 불구하고 이 점 종전의 국어 교육에서 소홀히 다루어 일상의 우리말 발음이 난맥상을 드러내 보이니, 신세대 언어에 모음의 고저(高低)는 거의 자취를 감추고, 장단마저 잘 지켜지지 않는 현상이 나타나고 있다. 일상의 우리말 생활에서 빚어지는 일반의 발음 오용 실태와 기존의 발음 사전이 가지고 있는 문제점을 상세히 검토해 보면, 저자는 몇 가지 새로운 사실에 직면하게 된다. 다음은 일부 시민이 알고 있는 우리말 발음에 관한 내용이다.

① 맞춤법 표기를 실제 발음으로 알고 있다.

② 외국어 발음과 외래어 발음을 구분하지 않는다.

③ 비표준어 발음과 표준어 발음을 구분하지 않는다.

④ 로마자 표기와 발음 표기를 혼동한다.

⑤ '표준 발음법' 규정을 모르는 경우가 있다.

⑥ 정서법(正書法)과 발음법이 정확히 대응하지 않는 경우가 있다.

⑦ '발음 사전'이 표제어 의미를 제대로 밝히지 않아 독자의 표제어 의미 파악에 걸림돌이 된다.

⑧ '발음 사전'이 음성 표기에 정밀 기호를 사용하는 경우가 있어 이를 일반이 쉽게 이해할 수 없다.

⑨ 연접 현상으로 인하여 합성어의 실제 발음에 복수 현상이 나타난다.

⑩ 같은 한자라도 환경에 따라 장단음에 차이가 생긴다.

⑪ 같은 한자라도 관행에 따라 발음에 차이가 생긴다.

⑫ 된소리되기를 인정하느냐 여부로 사전마다 약간씩 차이를 보인다.

이 같은 문제를 심사숙고한 끝에 저자는 신판 발음 사전 편찬의 기준을 세웠다.

① 한자음 표기에 세심하게 주의한다. 한자 및 한자어의 발음 표기에서 의미와 관용에 따라 같은 한자가 다르게 발음되는 현상에 주목하고, 정확한 고증을 거쳐 이를 반영한다.

② 파열음 /ㄱ, ㄷ, ㅂ/을 /g, d, b,/로 표기하는 것을 기본으로 하되, 자음 앞이나 어말(語末)에서는 /k, t, p,/로 표기한다.

③ 전통성을 고려하여 발음 표기에 고설화(高舌化) 표시를 한다.

④ 온전한 장음만 표시하고 반 장음은 표시하지 않는다.

⑤ '표준 발음법' 규정을 기준으로 하되, 명문 규정이 없는 사항은 언어 현실에 따른다.

⑥ 표제어 의미가 분명해야 독자에게 발음 표기가 정확히 인식되므로 표제어 의미 표현에 특히 유의한다.

⑦ 연접 현상(Juncture)으로 인하여 부득이 발생하는 합성어의 복수 발음은 허용하는 범위 안에서 하나만 선택한다.

음성 언어가 시민 사이에 널리 인식되는 시기가 바로 방송 발전과 무관하지 않다고 생각한다. 바야흐로 방송에도 디지털 시대가 열리면서 눈부신 발전을 거듭하고 있다. 컴퓨터 역시 기술 발전이 괄목하여 컴퓨터에 의한 언어의 대량 통계 처리가 일층 용이하다.

새 천년의 시작과 더불어 언어 연구 성과에 시민 관심이 집중되고, 동시에 음성 언어 변화 추이에도 비상한 관심이 모아지고 있다. 언어는 항상 변화한다. 따라서 언어 변화에 생성과 소멸이 따르는 것은 당연한 일이다. 하지만 한 시대의 표준을 정해야 한다. 그것이 바로 '표준 발음법'이다. 앞으로 남은 문제는 언어에 대한 시민의 인식이다. 온 국민이 언어에 대하여 깊은 통찰을 가질 때 언어 순화에 속도가 붙을 것이다.

일상으로 쓰이는 언어 가운데 사용 빈도가 잦은 말, 생명력이 강한 말, 순화되고 세련된 말, 등에 새 규정을 적용하여 발음 현상을 IPA로 표기한 것이 바로 이 사전이다. 음성 언어의 본래 모습, 음성 언어의 현상

추구를 시도할 뿐 단순히 언어의 이상적 기술에 급급하지 않았다. 발음 표기에 있어 표준 발음법 기준인 '현실성', '전통성', '합리성'에 충실하고자 노력했다. 언어에 대한 시민 인식이 좀 더 깊어지고, 마침내 그것이 언어에 대한 이상과 현실의 조화로 접근이 가능해지면 저자의 발음 사전 편찬 의도가 한층 더 분명해질 것이다.

네 번째로 새 판을 짠 『표준 한국어 발음 사전』의 편찬 경과를 간략히 덧붙인다.

1판, 1962년, 정부(공보부), 수록 표제어 수 5천
2판, 1984년, KBS 방송사업, 수록 표제어 수 8천500
3판, 1992년, 집문당, 수록 표제어 수 1만
4판, 2001년, 민지사(대폭적인 개정 증보), 수록 표제어 수 6만 5천

『표준 한국어 발음 사전』 최신 증보판

방송을 시청한 뒤 방송인의 어문 문제 한두 가지는 누구나 쉽게 지적하지만, 이에 대하여 전체적으로 완벽하게 해명할 수 있는 전문가는 의외로 드물다. 언어는 항상 변하는 속성을 지니기 때문이다.

2001년 『표준 한국어 발음 사전』 출간(민지사) 이후, 외래어 표기와 그 실제 발음에 괴리 현상이 보여 이를 현실에 맞게 바로잡아 추가하는 한편, 일부 방송인이 표기와 발음의 차이를 인식하지 못하고 표기대로 발음하는 매우 부자연스러운 현상이 발견되어 이를 여기에 정확히 반영하였다. 한편, 사용 빈도가 떨어지는 일부 표제어를 빼고, 신어 1천여 개 항목을 보충, 최신 증보판을 짰다.

한글은 로마자와 함께 소리글자이나 소리 나는 것을 소리 나는 대로 옮겨 적기는 그렇게 용이한 일이 아니다. 소리는 구체적이고 다양하나, 글자는 본래 개념적이고 추상적이기 때문이다. 국제 음성 기호가 창안된 배경도 실은 여기 있다. 그러나 음성 기호라 하여 말소리를 그대로 정확히 옮겨 적기는 매우 어렵다. 이처럼 실제 음성을 문자 내지 기호로 표기하는 데 한계가 있음을 인식해야 한다. 한글은 말소리를 비교적 그대로 옮겨 적지만, 모든 말소리를 그대로 옮겨 적지 못한다. 그러므로 만약 표기대로 읽는다면 아무래도 무리가 따른다. 따라서 발음 문제를 논의할 때, 원칙적으로 발음이 표기와 궤도를 달리한다는 점에 주목할 필요가 있다. 표준 발음법이 제정 공표된 이유이기도 하다.

일반 국어사전이 의미와 용례를 소상히 밝힌 반면, 발음 표시는 필요한 경우로 한정하고 있어 별도로 '국어 발음 사전'을 편찬하여 독자 요구에 부응하게 되는 것이다. 이 사전은 발음상 문제 있는 핵심 표제어만 뽑아 발음 실현을 정확히 표시하는 데 정성을 기울였다. 발음사전 편찬에 착수한 지 45년 만에 개정 증보 5판을 펴냈다.

『표준 한국어 발음 소사전』 머리말

기록 언어와 음성 언어는 특성에 있어 동일하지 않다. '발음 사전' 편찬의 동기도 여기 있다.

1992년 낸 『표준 한국어 발음 사전』에 한자음 표기상 약간의 오류가 있어 이를 새롭게 바로잡고, 외래어 표기와 발음에 괴리 현상이 있어 이를 현실에 맞게 바로잡았다. 그리고 일부 방송인이 표기와 발음 차이를 인식하지 못한 채 표기대로 발음하는 부자연스러운 현상이 있어 이 사전에 반영했다.

1988년 공표된 표준어 및 표준 발음 규정을 염두에 두고 발음 사정(查定) 기본 원칙인 현실성, 합리성, 전통성 등에 입각하여 발음 표기에 신중을 기했다. 한글은 알파벳과 함께 소리글자이나 소리 나는 말을 그대로 옮겨 적기는 용이한 일이 아니다. 말소리는 구체적이고 다양하나, 글자는 본래 추상적이고 개략적이기 때문이다. '국제 음성 기호'가 창안된 배경도 실은 여기 있다. 그러나 음성 기호라 하여 말소리를 정확히 옮겨 적지 못한다. 실제 말소리를 글자 내지 기호로 표기하는 데 한계가 있음을 드러내는 것이다. 따라서 발음 현상을 논의할 때, 발음이 표기와 궤도를 달리한다는 데 주목할 필요가 있다. 그러므로 표기는 한글 맞춤법이, 발음은 표준 발음법이 언어생활을 규제하게 된다.

한편, 언어는 시간의 흐름에 따라 부단히 변화하는 속성이 있음을 간과할 수 없다. 이때 발음이 먼저 바뀌고, 표기가 곧 뒤를 이어 바뀌게 된다.

일반 국어사전이 표제어 의미와 용례 기술에 중점을 두는 이유로, 발음에 비중을 갖는 별도 국어 발음 사전을 편찬, 독자 요구에 부응한다. 이 사전은 발음상 문제 있는 핵심 표제어만 뽑아 발음 실현을 정확히 표시한 것이므로 발음 문제에 일상적으로 고심하는 방송 종사자와 국어과 교사, 종교 및 정계 지도자들에게 필수 사전이 되었다.

5장
화법의 포스(Pause)

웅변법 강론

　도산 안창호의 수많은 연설 중에 그의 나이 20세에 행한 평양 쾌재정 연설(1898)과 명륜당 연설, 서울 만민공동회 연설, 30대 시절 미국에서 귀국하는 도중 일본 동경과 귀국 후 평양·서울에서 행한 연설, 40대 중국 상해에 도착하여 행한 북경로 예배당 연설(1919) 등이 유명하다. 그 내용은 연설 요지로, 단편 형식만 전해 올 뿐이다.

　도산 연설은 인격과 스피치 실연의 기교로 평할 때, 유루(遺漏)한 점을 거의 찾기 힘들다. 한편, 그는 청년 시절(1898~1908) 이미『웅변법 강론』이란 저서를 남겼다. 이 같은 스피치 이론의 토대 없이 도산이 어찌 훌륭한 담화, 토론, 연설을 행할 수 있었을까? 스피치에 대한 도산의 탁견(卓見)과 주장을 면밀하게 살펴보기로 한다. 이 소론을 통하여 도산의 스피치 관계 저서『웅변법 강론』에서 '정어법(停語法)'을 몬로(Alan H. Monroe)의 포스(Pause)와 비교해 보임으로써 스피치론에 대한 도산의

해박한 지식과 능변가로서 그의 탁월한 면모를 밝혀 보고자 한다.

정어법과 포스(Pause)

정어법(停語法)

도산의 『웅변법 강론』가운데 '성음의 표정' 전문(全文)을 인용한다.

　언어는 '성음'으로써 사상을 발표함이요, 연설은 이 언어의 연쇄로
되는 것이니 일언이폐지(一言以蔽之)하고, 성음으로써 자기의 사상을
남에게 전하고, 자기 아는 바와 같이 알게 하고, 자기 감동한 바와 같
이 감동케 아니하면 안 되는 것인즉, 성음과 사상의 관계는 연설가가
자세히 연구해 둘 일이올시다.

　같은 말을 해도 성음의 억양으로 감명을 깊게 하는 일도 있고, 명료
한 사상이라도 음의 구조가 원격(遠隔)되므로 인하여 해득치 못하는
일이 있다고 할 수 있어요. 대저 언어라는 것은 태반이 한 국민이나
혹은 한 민족에 한한 것이니까.

　다른 국민과 다른 민족에게는 넉넉히 이해할 수 없는 것이라. 성음
은 어느 사람에게나 들리게 할 수 있으니 그 말하는 바의 사상은 해득
하지 못할지라도 성음의 변화로써 홀연히 비애(悲哀)해지든지 용장
(勇壯)해지든지 하는 일이 있는 고로, 사찰에 가서 염불하는 소리를 들
으면 심사(心事)가 침정(沈靜)하고, 군대 등속의 진군가(進軍歌)를 들
으면 심사가 용약(勇躍)함을 금치 못함도 이 음성의 감화요, 저 음악이

사람으로 하여금 자연히 수무족용(手舞足踊)하게 함도 성음의 힘이요, 연설이 음악은 아니지만 능히 성음으로써 사람을 감동케 할 수가 있어요.

어느 국가나 어느 민족이든 소통하는 감동어(感動語)나 모성어(模聲語)는 국어가 같지 않은 사람에게도 그 사상을 방불케 할 수 있어요. 국어가 같은 사람에게는 감명을 일층 깊게 하는 힘이 있는 것이요.

이 감동어라 하는 것은 어느 국민이든지 다 같은 것이요. 그다지 다를 것이 없는 것이요. 즉, '아아' 하든지 '오오' 하든지 하여 희로애락(喜怒哀樂)의 감정을 그냥 발표하는 것이요.

모성어(模聲語)라 하는 것은 잠깐 말씀하였지만 천연(天然) 사물(事物)을 모방함이니, '無邊落水蕭蕭下 不盡長江 滾滾來'라 하여 소소라 하던지 곤곤이라 함이, 즉 모성(模聲)이라. 이것이 사람으로 하여금 감명을 깊게 한다는 말은 '웅변법의 기초'라는 제하에도 말씀하였습니다.

대저 이 감동어와 모성어는 다 언어의 원시라 할 만하고, 남을 감동케 하는 데 효력이 있는 것이요. 기타의 언어는 널리 외국 민족에 통행할 것이 못 되나, 저 무심한 관현사죽(管絃絲竹)도 사람을 감동케 함과 같이 언어의 음조로 인하여 비애적(悲哀的)이라, 골계적(滑稽的)이라 생각하는 힘은 성음(聲音)에 있는 줄로 생각하오.

그것은 마치 언어를 불성(不成)하는 악기의 소리를 듣고 감동함과 같아서, 무슨 의미인지 알지 못하고도 듣는 자 마음에 그 감정을 주입(注入)할 수 있는 것이요. 그러나 이것은 음악론(音樂論)이니 재삼 설명할 필요가 없고, 우리가 항상 하는 성음에 대하여 말씀합시다.

대저 우리의 음은 24자로 구성하여 이것을 모음과 자음으로 구별하였으니, 모음이라 하는 것은 단순한 홀소리라, 아무리 길게 내도 그

성음이 변하지 않는 것을 이름이니, ㅏ ㅓ ㅗ ㅜ ㅡ ㅣ 등이요, 자음은 ㄱ ㄴ ㄷ ㄹ ㅁ ㅂ ㅅ ㅇ ㅈ ㅊ ㅋ ㅌ ㅍ ㅎ 등이요, ㄱ에 ㅏ를 합하여 '가'라는 자모 합음이 있고, 가에 ㄱ을 가하여 '각'이라 하는 복음이 있고, ㅊㅋㅌㅍ 등과 및 가에 곁ㄱ을 가하여 '까'라 하는 경음 등이 있으니, 이것은 우리 국문의 구성법이라.

성음의 표정에 대하여 일일이 설명하려면 무궁무진하지만 이 외에 촉음(促音)·장호음(長呼音)·비음(鼻音)이라 하는 것이 있으니, 촉음은 위의 모음과 아래의 자음 혹은 위의 모음과 아래의 모음이 연합하여 일 음이 되든지, 또는 모음과 모음, 자음과 자음이 연합하여 일 어가 되든지 하는 것인즉, 가령 별안간·홀연·인연·혼인·국가·독약·독봉이라 하는 유이니, 이것은 다 어세(語勢)를 강하게 하는 힘이 있고, 장호음이라 하는 것은 어세를 연장함이니 '가련한 일이다' 하는 것을 '가련한 일이로군' 하고, '눈이 펄펄 온다' 하는 말을 '삼춘에 나비 날듯 백설이 펄펄펄펄'이라 하여 심히 유장한 말로써 감흥을 깊게 하는 것이요.

첩음이라 하는 것은 '별빛이 반짝반짝한다'든지, '나뭇잎이 와삭와삭한다'든지 하여 동음을 중첩함이니 이것은 인심의 자연 속으로 유출한 음악적 음성이라, 시가와 속요류에 가장 많습니다.

그러나 이것을 연설 예로 말하면, "봄비가 부슬부슬하여 눈에는 그 빛이 보이지 아니하나 행인의 의복을 적시고, 가을 바람이 쓸쓸하여 귀에는 그 소리가 들리지 아니하나 앞뜰에 낙엽이 쌓이는 것과 같이, 사회에 보급하는 악습관은 점차 사람 마음을 전염하는 것이올시다." 하는 류요.

이상은 언어 자체의 성음이 그 진경으로 특수한 흥미를 끌고 특수한 감념(感念)을 표현함이나 다시 흥미와 감념에 밀접한 자는, 즉 구조

(口調)의 좋고 좋지 못한 것이라. 가령, "보름달도 이즈러지고 봄 꽃도 떨어진다."고 하는 것보다, "삼오야 밝은 달도 그믐이면 무광이요, 명사십리 해당화도 3월이면 모춘(暮春)이라." 하여 7자음 시가격(詩歌格)으로 하는 편이 취미가 있고 감념이 깊어지는 것은 이 구조의 효력이요, 구조를 잘 하려면 7자음이나 8자음 되는 것이 국어의 특색이니, 정격감심(情激感心)한 때에는 누구든지 이 구조가 자연 되는 것이올시다.

이 외에 또 나의 경험상으로 연설에 필요할 줄로 생각하는 바를 말씀할 터이니, 그것은 다름 아니라 고저중(高低中) 3음인데, 고음도는 실로 그 사용하는 경우가 가장 희소하여 감정이 심히 격동한 때, 가령 무한히 환희하고 비상히 분노함을 표시하는 경우에 사용하고, 저음도는 존경 및 엄숙한 감념을 표백하는 때에 사용하는 것인즉, 칙어(勅語)를 봉독하고 축사(祝辭)를 낭독하는 시는 가장 적당하다고 하오.

고음도(高音度)에는 존경의 뜻이 부족하고 엄숙한 감이 돈무(頓無)하니, 가령 "우악(優渥)하신 천은(天恩)을 생각하오면 황감무지(惶感無地)에 막지소위(莫知所爲)로소이다." 함을 고음도로 말하고, "나는 이 같은 수치를 당하고 분개함을 이기지 못하나이다." 함을 저음도로 말하면 청자의 감념에 영향이 불급할지니 전자는 저음도로 용하고, 후자는 고음도를 용하여야 그 정을 십분 발표할 것이다.

이것이 실로 음도 연습의 필요한 소이니, 침통한 언론에는 어떠한 음도이며, 격렬한 언론에는 어떠한 음도를 사용할 것인가 하고 사상과 성음의 조화를 도모해야 하지, 망각하면 연설로 하여금 그 효력에 반분을 분실케 할 염려가 없지 않을 것이요. 중음도는 평생 사용하는 담화 등의 음도이니 혹 높고, 혹 낮을 것이라.

대개 이 중음도를 수련하여 크게 높이지 아니하며, 크게 낮추지 아니한 억양이 있고, 파란이 있어 청자로 하여금 불염불권(不厭不倦)함에 이르면 웅변술에 가장 통달한 사람이라 말할 것이다.

대웅변가에 변설(辨說)의 여유가 있음은 이 중음도를 사용하기에 숙련된 이유이니, 초학자가 도연히 대성을 발하고 억양 완급(緩急)이 무상함은 성음 수련에 이르지 못한 까닭이다. 앞에서 논술했지만 연설은 독백이요, 담화는 복백(複白)인즉, 그 사이 매우 간극이 있음과 같으나 기실 독복(獨複)의 구별이 있을 뿐이요, 연설이라 하여 특별히 성음을 농락할 필요는 없음이다.

이 점에 십분 숙달하면 청자의 유감이 다시없을 것이다. 이어 음의 장단, 즉 완급에 대한 주의를 논술함이니 이를 상세히 논하고자 하면 여러 양상이 있지만 대개 마음에 여유가 있을 때는 느리고 길며, 감정이 격렬할 때는 급하고 단(短)하오.

"버들은 푸르고 꽃은 만발한 온화한 봄날에 두세 동지와 여기저기 산보합니다."라 하면 느린 것이요, "저 자는 우리를 학대하고 우리를 고민케 하고 우리 처자를 이산케 하오. 우리 골육을 학살하니 실로 분하고 원통함을 견디지 못하겠오."라 함은 급함이라. 그런즉, 이 완급을 절충하여 불완 불급케 할지니, 변사 되는 자가 음조의 완급 장단 역시 십분 수련함을 요할지라.

이 밖에 또 대성, 소성이라 하는 것이 있으니 굉장히 크고 망막함을 표시할 때는 대성을 요하고, 왜소하고 미세함을 표시할 때는 소성을 요하오.

이 음도·음폭·음장에도 항상 유의할 것은 중음이니, 이것을 일반 수평으로 혹은 경란(驚瀾) 노도(怒濤)와 같이 고조가 되는 일도 있고, 혹은 세련(細漣) 소파(小波)와 같이 저조가 되는 일도 있어 성음의 미를 발휘할 수 있으나 항상 고조만이면 질타의 성이라 연설이 될 수 없고, 항상 저조만이면 세어(細語)라 사람을 감동케 할 수 없고, 항상 급조뿐이면 청자로 하여금 그 말을 해득케 할 여지가 없고, 항상 완조뿐이면 청자의 주의를 야기케 할 수 없지요.

능히 이 중음에서 통일하여 조화하며 억양과 곡절의 미묘함을 발휘하니 중음으로부터 저음에 내려가고, 저음으로부터 고음에 진하면 고는 아주 고하고, 저는 아주 저하였다가 다시 또 중음으로 말을 접속하는 것이 억양하는 법이요.

이것을 재삼 반복하는 중에 곡절의 법도가 있으나 너무 억양과 곡절에만 주의하면 긴요한 사상의 전달을 애매하게 하는 일이 있은즉, 성음을 위하여 사상을 손상케 하지 말고 성음으로 사상을 보조케 함으로 근본을 삼지 아니하면 안 되오.

그렇지 않으면 긴요한 연설도 잡가 투나 제문 투와 같이 되어 그 존엄을 오손함에 이르는 것이요. 이 억양의 점진법으로 행하는 것을 성음 점층(漸層)이라 하고, 이에는 체승(遞昇)·체강(遞降)의 2법이 있으니 1은 소로부터 대에, 저로부터 고에, 단으로부터 장에 승함이요. 처음에 최저음으로 기하여 저음이 되고, 중음이 되고, 고음이 되고, 최고음이 되어 "작은(최저음) 미분자가 무기물이 되고, (저음) 그것이 점차 진화하여 유기물을 생하고, 유기물은 점차 발달하여 필경 포유류가 되고, (중음) 포유류는 필경 인류를 생하여, (고음) 이것이 천지 우주에 미만함에 이르렀습니다. (최고음)"라 하는 모양으로 가는 것이나 실로 이러한 과학적인 말은 너무 성음의 억양을 사용치 아니하는 편이 좋고, "여러분은 그 일신의 위대함을 노심초사(勞心焦思)치 않습니까. 이 문제는 여러분의 일신뿐만 아니요. (중음) 여러분의 주거하는 바 나라를 위태케 하는 것이요. 아니 여러분의 주거하는 바 나라뿐 아니요. (고음) 실로 세계 인류를 위태케 하는 것이올시다. (최고음)"라 하는 감정적인 말을 하는 데 적당하오.

체강법(遞降法)은 이와 반대이니 고로부터 저에, 대로부터 소에 강(降)함이라. "국가가 이미 위태하오. (최고음) 여러분은 그 집을 어찌하오. (고음) 또한 그 몸을 어찌하오. (중음)"라 하는 모양으로 가는 것이요. 이런 것은 실제 경험으로 인하여 회득(會得)하는 수밖에 없은즉, 여기는 다만 이런 것도 주의하지 않으면 안 된다고 말씀할 뿐이올시다.

이제 또 한 가지 성음의 표정에 대하여 주목할 것은 '정어법(停語法)'이요. 이것은 서양의 웅변학 등에도 철저히 말하였는지라, 잠깐 들으면 아주 용이한 듯하나 그것은 표정상에 지대한 관계를 가졌고, 문법상 정어와 표정상 정어 2가지가 있지요.

문법상 정어는 문장의 구두법(句讀法) 같은 것이니, 1구마다 분명히 어미를 절단하는 것이요. "이것이 실로 국민의 권리인 줄로 확신하옵니다."라 하든지, "이러한 일을 입헌 국민의 하는 행위라 할 수 없지요."라 하는 유요. 표정상 정어는 전혀 문법상에 관계가 없고 1구의 반쯤 되는 데서 어맥(語脈)을 정지하든지, 그 다음에 구두만 말고 어세를 정지하든지 함이니, "나는 비분강개한(정어) 마음을 금할 수 없지요."라 하든지, "오늘 우리 사회에 도덕이 부패하였지요. 이렇게 되고서야 우리 조국이(정어) 장차 어떻게 되겠나요."라 하는 유이니, 감정이 격동한 때는 자연히 정어가 되는 것인즉, 이런 일도 초학자가 넉넉히 학습하여 자연 선출(選出)하게 아니하면 안 되오.

여러 가지 성음 표정상 할 말씀도 있으나 이 표정을 위하여 재삼 반복하다가 도리어 사상을 손상케 말고, 자연 숙련되기를 기다리는 것이 가장 필요하니, 이에 초학자에게 필요한 것을 말씀하겠습니다.

　그것은 다름 아니라 현재 사용하는 연설가의 구조를 들어본즉, 보통 신문과 잡지의 논설과 같은 것이나 감정이 격동하면 한문 구조가 되고, 골계(滑稽) 쇄락해지면 속담 구조가 되오. 만일 비분강개한 말을 하고자 하면 불가불 한문조를 빌어야 할지니, 다만 "개탄할 일이올시다."라고 하기보다 "비분강개함을 능히 금치 못할 것이올시다."라 하는 편이 적당치 않습니까.

　만일 그 골계 쇄락한 말을 하려면 속담조가 가장 적당하니 "아아 슬프다. 나는 장차 죽고자 하노라." 하면 조금도 골계의 말이 아니나, "이때까지는 남의 일로 알았더니 내가 죽는다면 이것 될 수 있나."라 하면 참 우습지요. 이것이 속담조의 특색입니다. 말하고자 하는 사건과 사상에 대하여 교묘하게 응용하면 성음에도 넉넉히 표정할 수 있다고 합니다.

앞에 적은 것이 『웅변법 강론』에서 도산이 말한 '성음의 표정'이다. 국어에 대한 그의 식견을 엿볼 수 있고, 주도면밀한 연구 태도를 짐작케 하는 중에 특히 '정어법'에 관한 부분은 매우 새로운 것이다. 그래서 다음, 이른바 '정어법'에 해당하는 '포스(Pause)'를 필자의 '화법 원리'에서 인용함으로써 정어법과 포스의 두 이론을 비교, 도산의 연설 이론 연구의 깊이를 명백히 밝히고자 한다.

포스(Pause)

몬로에 의하면, 미국에서 연사는 1분에 평균 120~150 단어를 말한다. 그러나 음성 표현의 속도는 말할 때 정황이나 감정에 따라 다르다. 따라서 말하기 속도는 확고한 기준을 세울 수 없다. 다만 적당한 속도가 필요하다.

이 속도는 화자 쪽이나 청자 쪽에서 고려된다. 생리적으로 입이 빠르고, 머리 회전이 빠르며, 성격이 당돌한 사람은 말하기 속도가 물론 빠르다. 그러나 효과적인 것은 상대방 이해와 공감을 먼저 염두에 두고 말할 내용을 고려한다는 점이다.

상대방을 고려하면 전체적인 속도가 정해진다. 상대가 어린이나 노년일 때 비교적 느린 속도로 말하게 되지만, 상대가 매사 이해 빠른 성인이면 비교적 빨라진다. 방송의 예를 보면, 어린이 뉴스는 1분에 250자 정도지만, 일반 뉴스는 300자 정도가 된다. 또 방송 대상 지역이 농촌일 때 도시보다 속도가 느려야 할 것이란 점도 상대를 고려한 것이다. 또 말할 내용의 난이도에 따라 속도의 지속이 결정된다. 이것은 이야기 전체 속도지만 이야기가 진전되어 나가는 중도에 말하기 완급이 생긴다. 이것은 '부분 속도'라 하겠다. 이때 속도는 부분적 내용 및 의미에 좌우된다. 청자가 이해하기 힘들고, 문장 수식이 복잡한 부분과 어떤 부분이 상대방 청자에게 중요한 의미를 가질 때 속도가 느리고, 반대의 경우 빨라진다.

말의 표정이 고려되면서 병행하는 음성 표현의 완급은 효과적 커뮤니케이션을 위한 불가결의 기교다. 고유 명사와 숫자 및 통계를 말할 때 보다 느리고, 형식적 수식 어구는 빠르다. 스피치 부분 완급과 전체적 속도가 잘 조절되면서 청중에게 연사의 스피치 내용이 가장 잘 전달될 수 있다면 음성 표현상 적어도 속도는 최상으로 평가되나, 이것이 그렇게 쉽고 간단하지 않다. 부분이든 전체든 중요 사실이나 복잡한 사실은 청중이 메시지를 소화할 여유를 갖도록 배려하기 때문이다.

한편, 사건 속보나 청중이 이해하기 쉬운 견해를 말할 때는 보다 빨라진다. 스포츠 캐스터의 말과 목사의 '주기도문' 속도는 대조가 될 것이다. 열렬하거나 흥분한 사람은 빠른 속도로 말하지만, 침착하거나 나태한 사람은 일층 느리게 말한다. 열렬하지만 때로 침착한 사람은 속도의 다양성을 활용, 이 점 청자에게 그대로 나타낸다. 그러므로 오디언스는 다양한 말의 속도로 화자의 흥분이나 냉담, 혹 자제가 주는 의미를 민감히 판단하게 된다.

속도의 다양성은 단지 말의 완급만을 뜻하는 것이 아니고 구체적으로 말하기 속도에 두 가지 요소가 작용한다는 사실을 새롭게 인식시켜 준다. 하나는 '장단(Quantity)'인데 이것은 1어나 1어구의 실제 발언에 쓰인 시간장(時間長)이요, 다른 하나는 '공백'인데 이것이 바로 포스(Pause)다. 포스는 어나 어구의 휴지(休止)에 쓰인 시간장이다. 그러므로 발언이나 공백이 길면 전체 이야기 속도가 느리고, 반대 경우는 빠르다.

이처럼 이야기 전체 속도에 영향을 주는 기능 외에 발언과 공백의 시간장은 의미 전달에 큰 작용을 한다. 장단은 어떤 심상(心狀)이나 감정에 미치는 기본적 다양성을 갖는다. 아름다움, 엄숙함, 위엄, 평온함, 부드러움 등은 음성 표현상 긴 장단을 필요로 한다. 한편 흥분, 기지, 쾌활, 놀라움 등은 음성 표현상 짧은 장단을 필요로 한다.

공백에는 여러 원인이 있다. 첫째, 보통 호기(呼氣)에 의하여 숨을 들이쉬면 발음 운동은 멈춰진다. 둘째, 청자에게 화자가 말하는 내용을 쉽게 이해시키기 위해 적절히 음성 휴지(休止)를 둔다. 셋째, 말을 더듬거나 말을 잘못했을 때 포스가 발생한다. 음성 휴지는 호흡 단위마다 따라온다. 호흡 단위는 단음이나 음절에서 성립되기도 하고, 이보다 길 때도 있다. 이 길이를 규정하는 법칙은 없고, 성립 요인이 복잡 미묘하여 과학적 규명은 아직 불가한 형편이다. 다만 여기서 문, 구, 절의 호흡 단위를 주로 한 협의의 포스를 설명할 수 있을 뿐이다.

맥버니(James McBurney)는 스피치의 음성 변형을 설명할 때 포스를 듀레이션(Duration)과 함께 다루었다. 그러나 몬로는 레이트(Rate)에서 퀀터티(Quantity)와 함께 포스를 취급하고, 듀레이션은 음절에 관한 것만 취급, 별도로 설명하고 있다. 맥버니는 어나 구절을 발언하는 데 쓰인 시간이 듀레이션이라 하였다. 따라서 몬로의 퀀터티와 거의 같다. 또 맥버니는 포스를 어와 어, 어절과 어절의 음성 휴지, 즉 '공백'이라 말하였다. 앞뒤의 어보다 듀레이션이 긴 어는 문맥상 강한 프러미넌스(Prominence)를 동반한다. 그리고 포스는 스피치에서 문장의 구두법 같은 구실을 한다.

맥버니는 문장에 표시된 구두점과 문장을 낭독할 때의 포스는 반드시 일치하는 것이 아니라 했고, 포스 취하는 목적을 밝혔다.

①아이디어를 분리하고, 분리된 아이디어를 사고 단위(思考單位)로 떼어 놓기 위해
②주요 아이디어를 분명히 드러내 놓기 위해
③사고 구성을 위한 시간적 여유를 화자가 얻기 위해

구두점과의 관계는 몬로도 맥버니와 견해를 같이한다. 몬로는 휴식부·정류부·종지부는 문어를 사고 단위로 표현한 것이고, 각각 길이가 다른 포스는 스피치 구어를 의미 단위로 표현하는 것이라 하였다. 그러므로 독자를 위해 바른 구두법이 쓰여야 하는 것처럼, 청자를 위해 바른

포스가 스피치에 포함되어야 할 것이다.

포스는 사고 단위의 구분으로 쓰이는 것이지 사고 단위 속에 두는 것이 아니다. 더욱이 문장을 낭독할 때, 문어의 구두점과 구두 표현상의 독점(讀點)을 동일시하면 안 된다. 모든 휴식부가 다 포스를 필요로 하지 않고, 또 구두점이 없다고 어떤 포스도 필요치 않은 것은 아니다.

몬로는 "Pause may also be for emphasis."라 하여, 포스는 강조되는 중요 대목 앞뒤에 둔다고 하였다. 프러미넌스는 중요 대목이 해당 부분이고, 포스는 중요 대목의 전후가 된다. 이야기 절정 앞에 두는 포스는 서스펜스(Suspense)를 증가시킨다. 더욱 극적인 포스는 어휘 구사보다 일층 강하게 화자의 정감을 표출한다. 그럼에도 불구하고 대부분 화자는 청자 주의가 휴지에 집중되는 것이 두려운 나머지 휴지 없이 말하는 경우가 많다. 그러므로 대부분 화자는 쉼 없이 이야기를 이어 가든지, 또는 말하는 사이마다 군말을 섞어 이야기를 전개한다.

포스는 화자가 느끼는 것처럼 청자 역시 길게 느낄 때가 있다. 그리고 화자가 어세를 보다 강하게 하고, 사고를 명백히 표출하기 위해 포스를 적절히 취하면 평정과 자제의 표현이 된다. 그러나 포스를 필요 이상 취할 까닭은 없고, 다만 화자가 강조하고자 하는 사상과 감정을 기준으로 어와 어, 어절과 어절 사이에 포스를 둘 일이다. 바꿔 말하면, 사고적 포스는 동적인 것이지만, 공허한 포스는 무의미하다.

퀀터티와 포스의 효과적 활용으로 레이트의 뜻있는 다양성이 음성 변형에 가치를 부여한다. 여기서 포스만 요약하면 다음과 같다.

① 문어의 구두점은 참고하나 스피치에서 똑같이 쓰이지 않는다. 문
　장의 구두점과 음성 표현상 포스는 다르다. 구두점은 문의 종결에

꼭 치는 기준이 있으나 독점(Pause)은 그렇지 않고, 또 낭독자 주관에 따라 차이를 보일 수 있다. 교과서는 비교적 논리적으로 구두점을 쳐 놓았으나 그대로 읽으면 기계적 포스가 발생, 생동감이 결여되기 쉽다. 음성 표현상 포스는 구두점보다 미묘하여 화자의 섬세한 감각을 필요로 한다.

② 위치와 길이를 적절히 설정하는 포스의 효과적 활용이 요구된다. 심리적 포스에서 호흡 단위의 포스까지 포함하면 포스는 매우 다양하다. 말하는 장면이나 화자와 청자의 심리 상태에 의한 포스는 위치에 다소 차이를 보인다.

③ 구두점이 독점보다 긴 것이 확실하다. 그러나 구두점과 독점이 반드시 둘로 판이한 것은 아니다. 화제와 항목이 바뀌면 포스가 길고, 또 호흡 단위와 심리적 포스는 실로 장단이 복잡 미묘하다. 그래도 낭독 문장이면 사전에 문의(文意)를 파악해 두고, 포스 위치와 길이를 적절히 점검할 필요가 있다.

④ 낭독 원고에 포스의 특정 기호를 미리 표시해 놓으면 낭독 시 매우 편리하다. 기호는 일정치 않으나 소, 중, 대의 임의 기호를 붙이면 여유 있는 침착한 낭독이 가능하다. 읽을 때, 또는 말할 때 음성 표현상 포스는 항시 필요하다. "화술(話術)은 포스"라고 극언을 한 사람이 있다.

구두법과 정어법

도산 안창호의 유고 『웅변법 강론』은 1946년 이을(李乙)에 의하여 발간되고, 1950년 강제환(姜齊煥)에 의하여 2차로 발간되었다. 도산의 청년기 저술로 알려진 이 강론의 특색은 '구술 형식'으로 기술해 놓았다는 점이다.

특히 '음성 변형'을 설명한 '성음의 표정'에서 정어법을 두드러지게 강조한 점은 크게 주목할 사실이며, 스피치를 연구하는 전공 교수 입장에서 검토해도 이 점은 충분한 학술적 가치가 있다.

구체적으로 몬로는 말하기 속도에 장단과 공백의 요소가 기능하다 하고, 공백은 스피치에서 마치 문장의 구두법 같은 구실을 한다고 했다. 한편, 맥버니는 공백과 구두법이 반드시 일치하는 것이 아니라고 주장한 바 있는데, 안창호 역시 '정어법' 설명을 통하여 문법상 정어와 달리 표정상 정어는 문장 구두에 꼭 구애되지 않음을 말하고 있다. 그는 감정이 격동하면 정어된다 이르고, 정어가 자연적 구사라야 효과 있음을 강조했다.

앞의 논의에서 안창호의 『웅변법 강론』은 한국 스피치 연구사 관점에서 볼 때, 매우 가치 있는 귀중한 저서라는 사실을 확인하게 된다. 아울러 안창호 연설의 배경 연구에서 이 저서는 매우 큰 참고가 될 것이다.

6장

방송 언어의 음성 표현법

"John stole my watch."

이처럼 단순한 한 문장이 음성 표현에 따라 전달되는 의미는 다양하다. 'John'에 강세를 주면 도둑이 지적되고, 'stole'에 강세를 주면 행위가 강조되며, 'watch'에 강세를 주면 훔친 물품이 명시된다. 단순한 문장이지만 이 문장은 각기 다른 4개 아이디어를 포함한다.

문장 표현은 단순한데 구두 표현은 다양하다. 구두 표현에서 음성 표현의 유형이 다양한 사실을 알게 된다. 그러나 말하는 이에게 맨 먼저 떠오른 넷 가운데 한 아이디어가 듣는 이에게 전달된다. 문장만 아니라 하나의 단순한 단어 역시 음성 표현의 다양한 요소에 따라 각기 다른 의미를 표현한다. 사람 이름 'Tom(톰)'을 몇 개 정황에 따라 나누어 본다.

'Tom'(질문으로, You are Tom, are'nt you?)

'Tom'(명령으로, Stop that!)

'Tom'(주의 환기로, Listen a minute.)

'Tom'(절규로, Come here quickly!)

다양한 음성은 화자의 단순한 의미보다 더 많은 의미를 표현 가능케 한다. 즉, 지적 의미 뒤에 있는 화자의 깊은 정감조차 청자에게 전달하게 한다. 음성 표현이 이렇게 다양하고 섬세하기까지 하다. 그러므로 우리는 우리 의도를 문장 표현만으로 충실히 나타낼 수 없음을 알게 된다. 문자는 다양한 음성 중에서 단지 대표적인 것 하나를 기록한 것에 지나지 않는다. 음성 언어가 구체적인 것이면, 문자 언어는 개념적이고 추상적인 것이다. 문자 언어는 하나로 표현하나, 음성 언어는 다양하게 표현하고 의미 또한 각각 다르다.

'Yes'(Of course.)

'Yes'(No!)

'Yes'(Well… maybe.)

'Yes'(Really? I don't believe it.)

'Yes'(Now are you satisfied?)

'Yes'(I'm not sure.)

위의 예는 매우 드문 경우이나 한 개 단어가 갖는 의미는 매우 다양하다. 그러므로 문자 언어보다 음성 언어만이 화자와 청자 사이의 커뮤니케이션을 한층 분명히 할 수 있게 한다. 음성 표현이 다양할수록 화자의 메시지는 다채롭고 활기에 찰 것이다.

이 음성 표현을 물리학은 음파의 주파수와 진폭 그리고 에네르기의 분류를 통해 연구하고, 심리학은 청자가 청취할 수 있는 고저(Pitch)·음질(Quality)·강약(Loudness)·음량(Volume) 등으로 나누어 연구한다.

화자가 머릿속 메시지를 음성화하는 과정을 단계별로 나누어 보면 다음과 같다.

① 음성을 조절한다.
② 발음 실현과 음성 표현 양식을 조절한다.
③ 말의 리듬을 조절한다.

말하는 장면, 청자의 인원 수, 메시지 내용 등에 따라 음성을 강하게
또는 크게 낸다. 또 사사로운 대화면 정확한 발음에 주의하지 않더라도,
공적인 정황이면 발음에 주의하지 않을 수 없다. 뿐만 아니라 아름다운
리듬으로 이야기하면 상대의 청취 정서가 더 좋아진다. 이 같은 조절이
가능한 화자는 유능하다고 할 수 있다.

속도(Rate)

음성 표현의 속도는 말할 때의 정황이나 화자의 의지와 정감에 따라
달라진다. 따라서 이렇다 할 확고한 기준을 세우기가 어렵다. 다만 적당
한 속도가 요구될 뿐이다. 이때의 속도는 화자와 청자의 양쪽에서 고려
된다.

심리적으로 두뇌 회전이 빠르고 당찬 성격의 사람은 물론 말의 속도가
빠르다. 그러나 바람직한 것은 상대의 이해와 공감을 염두에 두고 말하
기 속도를 조절하는 일이다. 상대가 노인이면 비교적 느리게 말하게 되
나, 이해가 빠른 젊은 성인층이면 보다 속도가 빨라지게 된다. 청자가 이
해하기 어렵고, 수식이 복잡한 부분이나 일정한 내용이 청자에게 중요한

의미를 띨 때는 말의 속도가 느리다. 그러나 그렇지 않은 부분은 빨라진다. 음성 표현상 완급은 순전히 효과적인 커뮤니케이션을 위한 기교다.

적극적인 사람이나 흥분한 사람은 빠른 속도로 말하나, 안정되고 침착한 사람은 비교적 느리게 말한다. 그러나 적극적이며 동시에 침착한 사람은 다양한 속도로써 적극적이거나 침착한 정감을 그대로 청자에게 전한다. 화자는 정보와 사실의 기초 위에서 메시지를 전달하고, 논점을 빠른 방식으로 활발하게 전개해 나아간다. 때로 화자는 메시지가 청자에게 잘 수용되게 하기 위해 비교적 느린 속도와 강한 어세를 사용한다. 청자는 다양한 속도로 보여 주는 화자의 흥분이나 냉담 그리고 침착한 자제에서 어떤 미묘한 의미를 민감하게 포착한다. 속도의 다양성은 단지 말의 속도가 빠르고 느린 것만을 의미하는 것은 아니다.

구체적으로 분석을 해 보면, 말하기 속도에 두 가지 요소가 포함되어 있음을 알게 된다. 그것은 듀레이션과 포스다. '듀레이션'은 단어 또는 어절과 어구의 실제 발언에 쓰인 시간의 길이요, '포스'는 발언과 발언 사이의 휴지에 쓰인 시간의 길이다. 그러므로 두 요소가 길수록 말하기 전체 속도는 보다 느리고, 짧을수록 보다 빠르다. 이 두 요소는 화자의 의미 전달에 큰 작용을 한다.

완급(Duration)

완급(緩急)은 감정 표현과 말하기의 분위기 조성에 다양한 기능을 한다. 가령 아름다움·위엄·엄숙함·부드러움·평온함 등은 음성 표현상 느린 속도를 필요로 하고, 기지·쾌활·방탕·놀라움 등은 음성 표현상 빠른 속도를 필요로 한다.

완급을 실제로 체득하려면 큰 소리로 연습하는 방법밖에 없다. 다양한 감정을 담은 일정 형태의 발췌문을 연습하든가, 아니면 한 감정을 다른 감정으로 전환하는 발췌문을 가지고 음성 표현을 연습하는 것이 기교를 익히는 관건이 될 수 있다. 그리고 이때 유의할 점은 글을 읽는 경우 모음이 자음보다 소리남이 항상 길다는 사실이다.

문장에 포함된 감정에 몰입하려면 글 읽는 사람 자신이 작가의 감정에 접근하여 문장 낭독을 연습해 보는 것이다. 말하기, 또는 읽기 속도의 특성을 이해하고 이를 실제로 적용하면 음성 표현의 기교가 증진된다.

공백 표현(띄어 말하기, Pause)

발언 시에 음성이 연속되고, 묵언 시에 음성이 휴지된다. 이때의 음성 연속은 호흡 단위요, 음성 휴지는 포스다. 공백의 원인은 다음과 같다.

① 호기(呼氣)에 의해 발언하게 되므로 먼저 흡기(吸氣)할 때 발언이 멈
   춰지는 것이다.
② 화자가 청자에게 이야기를 쉽게 이해시키기 위해 적당한 자리에 음
   성 휴지를 두는 것이다.
③ 말을 더듬거나 잘못했을 때 자연스럽게 휴지가 생기는 것이다.

호흡 단위는 한 개 단음 또는 음절에서 성립되는 것이 있고, 매우 긴 어구도 있다. 길이를 규정하는 기준이 모호하고, 성립 원인은 매우 복잡

하여 호흡 단위를 과학적으로 연구하기는 거의 불가능하다. 음성 휴지는 대체로 호흡 단위마다 오는데, 여기서는 문장의 어절과 어구에 두는 것을 논의 대상으로 삼는다.

맥버니는 스피치 음성 표현을 설명하는 가운데 포스를 따로 떼어 보지 않고 완급과 함께 다루고 있다. 이 점, 몬로와 차이를 보인다. 몬로는 속도에서 음량과 함께 포스를 설명하고 있다. 한 개 어절과 어구를 발음하는 데 쓰인 시간을 맥버니는 완급으로, 몬로는 음량으로 포함한 점이 다르다.

맥버니는 어와 어, 어구와 어구 사이의 휴지를 '포스'라 부르고 있다. 앞뒤의 어보다 완급이 느린 것은 문맥상 강조의 의미를 동반하고, 빈도가 잦은 포스는 스피치에서 문장의 구두점과 같은 작용을 한다. 또, 문장을 큰 소리로 낭독할 때 포스는 문장의 구두점과 꼭 일치하지 않는다 했고, 문장 표현을 위한 영어 구두법은 형식적이므로 구두 표현의 포스와 엄밀한 의미에서 상관 관계가 없다고 했다. 덧붙여, 포스가 쓰이는 3개 항목의 목적을 밝혔다.

① 아이디어를 분리하고, 분리한 아이디어를 사고(思考) 단위로 떼어 놓는다.
② 주요 아이디어를 드러내 놓는다.
③ 화자가 사고 구성의 시간적 여유를 갖는다.

포스와 구두점과의 관계는 몬로 역시 맥버니와 견해를 같이하고 있다. 쉼표·따옴표·마침표는 문어를 사고 단위로 분리한 것이고, 각각 길이가 다른 포스는 구어를 의미 단위로 분리한 것이다. 독자를 위해 문장의 바른 구두법이 쓰여야 하는 것처럼 담화의 청자를 위해 바른 포스가 음성 표현법에 반드시 포함되어야 한다. 그리고 포스는 사고 단위와 사고 단위 중간에 위치한다.

문장을 낭독할 때 문어의 구두법과 구어의 포스가 같지 않다는 사실을 알아야 한다. 가령, 모든 쉼표가 다 포스를 필요로 하는 것도 아니다. 또 구두점이 없다 하여 항시 어떤 포스도 필요 없다는 뜻이 아니다. 시인(詩人)의 사고는 이따금 다음 행으로 이어지는 경우가 있기 때문이다.

몬로는 포스가 주요 아이디어 전후에 온다고 했다. 이것은 주요 아이디어를 뚜렷이 내세우는 프로미넌스(Prominence)와 같은 기능을 갖는 것으로 해석된다. 프로미넌스는 발언 부분이고, 포스는 발언의 전후가 된다. 이야기 절정 부분 바로 앞에 오는 포스는 때로 서스펜스(Suspense)를 증가시키는 요인이 된다. 더욱이 극적인 포스는 어떤 형식의 언어 표현보다 일층 강하게 화자와 낭독자의 정감을 표출해 낼 수 있다. 그럼에도 불구하고 대부분 화자는 휴지에 주의가 쏠리는 것이 두려운 나머지 휴지 없이 말하는 경우가 많다. 그러므로 그들은 이때 쉼 없이 말을 이어 가든지, 또는 사이마다 '군말'을 넣어 가며 말을 이어 간다.

포스는 이따금 화자 자신이 느끼는 것처럼 청자 역시 길게 느낄 때가 있다. 어세(語勢)를 강하게 주든가, 혹은 또 포스를 두는 것이 화자가 보이는 자제와 평정의 한 표현 양식이 되기도 한다. 그렇다 하여 불필요하게 자주 휴지를 둘 것은 없고, 오직 화자가 강조하고 싶은 주요 아이디어 전후에만 휴지를 둘 일이다. 사고적인 포스는 동적이나, 공허한 포스는 무의미하다.

완급과 공백 표현의 효과적 활용을 통한 신축성 있는 속도의 음성 표현이 청자에 대한 화자의 가장 적절한 사고 및 감정 표현의 지름길이다.

포스를 문장의 구두법과 비교 설명하면 4항목으로 요약할 수 있다.

① 문장의 구두점을 참고는 하되, 그대로 포스를 두지 않는다. 구두점과 포스는 동일하지 않기 때문이다. 구두점은 대체로 마침표, 쉼표, 물음표, 느낌표, 따옴표 등으로 치게 되는 데 비하여 독점(讀點, 낭독시)이나 포스는 주어·서술어·수식어·한정어 등의 구분을 위해, 또는 언제·어디서·누가·무엇을·왜·어떻게 등의 구분을 위해 치게 된다. 교과서는 비교적 모범적으로 띄어 쓰고 구두점을 찍어 놓았으나, 읽을 때 띄어쓰기대로 읽는다면 기계적 포스가 오므로 부자연스러울 뿐만 아니라 현실적으로 우선 불가능하다. 음성 표현의 포스는 구두점보다 한층 더 미묘하여 화자나 낭독자의 예민한 센스를 요구한다. 그러므로 '띄어쓰기'에 대하여 '띄어 말하기'로 구분하게 된다.

② 포스의 위치와 길이를 적절히 정하여 효과적으로 사용한다. 호흡 단위의 포스에서 심리적 포스까지 고려하면 포스를 두는 빈도가 잦아지지만 화자, 청자, 정황 등을 세밀히 분석하여 적절히 포스를 둔다.

③ 구두점일 때 일반 독점보다 긴 포스를 두는 것은 확실하다. 화제나 항목이 바뀌는 데서 비교적 길어 청자에게 이야기를 기다리게 할 때 심리적 포스의 장단은 실로 복잡 다양하다. 그러나 문장을 면밀히 분석하여 포스의 위치와 길이를 적절히 정하는 것이 필요하다.

④ 문장인 경우, 원고에 포스의 기호를 표시해 놓으면 읽을 때 아주 편리하다. 이 기호는 일정치 않으나 '약간 띄고, 띄고, 충분히 띄고' 등 임의의 기호를 3단계로 표시하면 여유 있는 낭독이 가능하다. 말할 때, 읽을 때 음성 표현의 포스가 항상 중요한 기능을 한다.

음세(音勢, Force)

　화자에 대한 청자의 첫째 요구는 알아듣기 쉽게 큰 소리로 말해 달라는 점이다. 화자의 신념과 활성은 음성을 통해 청자에게 확실한 인상을 새겨 준다. 그러나 작은 목소리로 말하면 화자에게 신념이 없거나 화자 이야기를 상대가 듣든 말든 상관없다는 의미로 새겨지게 된다.

　때로 화자 이야기를 상대가 꼭 듣게 하기 위해, 혹은 화자가 청자의 적극적인 호응을 얻기 위해 한순간 청자를 긴장시키는 일은 수동적인 태도를 능동적인 태도로 바꾸는 효과적 방편이 된다. 그러나 긴장이 오래 지속되면 청자는 주의를 확산하게 된다. 그러므로 화자는 계속 큰 소리로 외치지 않도록 주의한다. 청자는 계속 긴장시키는 이야기에도 염증을 느끼나, 긴장이 없는 이야기에도 염증을 느낀다.

　음성 표현에서 속도에 보이는 관심만큼 음세에도 같은 관심을 보일 필요가 있다. 음세는 다시 정도(Degree)와 형태(Form)로 분류된다. '정도'는 가해진 힘의 양을 대상으로 한다. 그러므로 속삭임이나 낮은 톤의 소리는 음세에서 힘의 정도가 약하게 발언되나, 반대로 외치는 소리는 강하게 발언된다. '형태'는 가해진 힘의 방식을 대상으로 한다. 우리는 발언 시에 갑작스럽게 파열적으로 힘을 가할 수 있고, 또 완만하게 음세 증가를 꾀할 수 있다.

　한 문장 중에서 어떤 어절에 가해진 뚜렷한 힘의 정도를 강세(Stress)로 볼 수 있다. 사실 강세의 효과는 피치(Pitch)에 의해 획득되기도 하고, 속도나 음세에 의해 획득되기도 한다. 어떻든 이상 3개 항의 변이성(變異性)은 항상 강조의 음성으로 특징지어진다.

정도(Degree)

　음세는 주로 강조하는 정도에 따라 변화를 나타낸다. 어나 어구에 음성의 힘을 증가시키기 위해, 혹은 감소시키기 위해 문장인 경우 어나 어구에 밑줄을 그을 수 있다면 화자는 여기 주의를 집중할 것이다.

　음세의 정도에 변화를 주면 청자에게 상실된 흥미를 다시 소생시켜 주는 한 가지 효과적인 방편이 된다. 만약 화자가 음세 정도를 빠르게 증가하면서 주요 어나 어구를 발화한다면 피로한 청자를 원상으로 되돌려 놓을 수 있을 것이다. 그러나 이때의 효과는 가해진 음세의 정도에 의해서가 아니라, 가해진 음세의 정도 변화에 의해서 발생한다는 사실에 유의할 필요가 있다. 그리고 음세의 빠른 감소는 음세의 빠른 증대보다 일층 효과적이다. 일시적인 정적(靜寂)은 소음이 큰 방에서 잠자는 사람을 깨울 수 있다.

　음세의 정도에 화자가 조정을 시도할 때, 그는 음성의 피치와 듀레이션을 잘 파악하게 될 것이다. 발화의 음세를 증대하려면 언제나 피치를 올려야 한다는 판단은 대부분 화자에게 있는 매우 자연스러운 경향이다. 사람이 큰 소리로 외칠 때 대화적인 톤(Tone)보다 일층 높게 조율된다. 이것은 발화 기관을 조종하는 신경 계통이 전체 기관 근육에 충동을 가한 이유 때문이다. 일반적으로 긴장하면 음성은 좀 더 힘차지며, 동시에 높은 피치를 나타낸다.

　호흡 기관이 긴장하면 거친 음성이 생긴다. 그러나 조금 연습하면 이같은 부적절한 현상은 곧 불식할 수 있다. 기관의 근육을 긴장시키거나 음성 피치를 크게 올리지 않고도 호흡 근육의 수축으로 음세를 가하는 방법이 있다. 음세의 정도를 잘 조절하게 되면 발화에 의미를 주게 될 뿐만 아니라, 나아가 비축된 힘의 인상을 청자에게 보일 수 있다.

형태(Form)

가해지는 음세의 방식이나 형태가 일반적으로 화자의 근본적인 감정을 나타내 보인다. 점차 '과장된 형태'로 확고히 음세가 가해지면, 화자의 감정이 잘 표출될 뿐만 아니라 깊이마저 암시된다.

과장된 형태의 음세는 고귀, 위엄, 존경 등을 나타낸다. 음세가 급하고 격할 뿐 아니라 확고히 가해질 때를 '활기찬 형태'라 한다. 활기찬 형태의 음세는 활성, 결단성, 진지성 등을 나타낸다. 그리고 '돌발적인 형태'는 분노, 공포 또는 강한 감정 등을 표현한다. 그러므로 음세의 형태는 음성 표현의 완급과 밀접한 관련을 갖는다. 과장된 형태는 돌발적인 형태보다 속도의 완급 면에서 보다 느리다.

이처럼 시간의 완급과 음세의 형태가 결합하여 화자의 감정을 외부로 표출한다. 음세의 형태는 인간 내면의 감정에 따라 표출되는 자연스러운 음성의 반향이다.

고저(Pitch)

성악가를 소프라노, 테너 등으로 나누듯 말할 때도 사람들은 정상의 높이에서 '조바꿈'을 한다. 배역으로 인한 무대 배우에게 맡겨진 성격을 제외하고, 보통 누구나 정상적인 음역(key) 내에서 말한다. 그렇지 않으면 때로 기성을 발하는 위험이 따른다. 그러나 정상적인 음역 내에서 정상적인 발성 활동이 보장된다.

누구나 정상적인 높이의 음역에서 발성에 충분한 조바꿈을 하지만, 몇몇 화자는 같은 피치를 발하고 여기 머무는 경향이 있다. 이때 논의되는 고저는 음역에 국한되지 않고, 높이의 일반적 한계와 조바꿈, 그리고 급격한 경우와 완만한 경우를 포괄하는 선율의 유형까지 고려 대상에 넣게 된다. 그러므로 피치의 조바꿈만큼 말하기에 활성과 생동감을 주는 음성 표현법은 없다.

음역(Key)

말할 때 일반적인 음성의 높이와 음역은 대인 관계에 따라 변화한다. 그러나 대부분 광역의 높이를 갖는다. 비근한 예로, 누구나 1옥타브는 쉽게 걸칠 수 있고, 또 많은 사람이 기성을 발함 없이 2옥타브에 걸쳐 충분한 변화를 갖는다.

정상적인 발화는 기준 음역(Key level)에 근거를 두는 경향이고, 발화되는 대부분의 말이 이 기준 음역의 상하로 조바꿈을 하며 음성 표현에 변화를 준다. 이때의 기준 음역은 청자에게 아주 명백한 인상을 남긴다.

관례적으로 계속 높이 올라가는 음성은 젊음·흥분·취약성을 암시하고, 계속 내려가는 음성은 안정·확신·자신을 암시한다. 습관적인 피치는 으레 자연스러운 음역 중간 이하에 오지만, 항상 그 위치에만 머물지 않고 유동적이다. 말하는 음세의 정도를 증가시킬 때 음성 조절에 특별한 주의가 따라야 하고, 특히 기성이 발해지기 직전 단계에 더욱 주의가 필요하다.

긴장 때문에 주의가 집중될 때, 포스를 두고 피치는 낮춘다. 긴장하면 흥분하기 쉽고, 흥분하면 고조된 감정에 따라 음성 피치 역시 높아진다. 그러나 다소 억제된 감정은 억제되지 않은 감정보다 일층 청자에게 인상적이다. 그리고 감정이 모두 외부로 노출되지 않는 한 절정에 도달한 화자의 감정과 흥분이 청자에게 그대로 옮겨진다.

빠른 조바꿈(Step), 느린 조바꿈(Slide)

말할 때 발생하는 조바꿈에 두 가지 양상이 있는데, 빠른 조바꿈(Step)과 느린 조바꿈(Slide)이다. 이 두 가지의 조바꿈은 각각의 의미에 따라 상하로 변화한다. '승강(昇降)'의 경우와 '강승(降昇)'의 경우가 있다.

일반적으로 상승의 조바꿈은 의문·우유부단·불안·불확정 등이 암시되고, 하강의 조바꿈은 자신·확신·결심·강경성이 암시된다. 조바꿈은 말할 때 감정적인 내용보다 사상적인 내용을 표현하는 데 우선적으로 유용하다. 화자의 활용이 익숙해지면 표현하고자 하는 의미가 일층 확실해질 것이다.

화자가 말하기 시작할 때 상승, 또는 하강의 억양과 빠른, 혹은 느린 조바꿈을 미리 정해 놓아야 함을 의미하는 것은 아니다. 다만 빠른 조바꿈과 느린 조바꿈의 유형을 음성 표현법으로 잘 활용하면 화자의 발언에 음성적 다양성이 주어질 뿐 아니라, 그의 충실한 언어 표현 능력이 구사될 수 있다는 사실에 주목하게 된다.

선율의 유형(Melody pattern)

모든 형식의 말하기에 여러 어구의 리듬과 조바꿈의 양식이 선율을 만들어 나간다. 사상과 감정에 변화가 오면 선율의 양식 역시 변화를 보인다. 비애와 비통은 빠른 속도로 표현할 수 없고, 경쾌한 선율이나 기지에 찬 음성으로 표현할 수 없다.

단조로운 선율의 양상은 언제나 한 음역에만 머문다. 이때 단조로운 발언에 대한 청자의 심리적 동요에 화자는 특별히 주의를 기울일 필요가 있다. 또 미숙한 화자는 문장의 모든 종결 어미를 하강 억양으로 끝내는 경향이 있는바, 이는 전적으로 수긍되지 않는다.

주의 주장은 때로 화자의 발언 시 질문 형식을 취한다. 그러므로 화자는 이때 의문 부호를 쓴다. 단조로운 하강 억양은 화자가 기대하는 만큼의 의문 표현이 되지 못한다. 피차 억양에 유연성을 가지려면 선율 양상이 화자의 사상과 감정에 정상으로 대응할 수 있어야 한다. 그러나 무슨 말을 하든 부지불식 간에 쓰이는 단조로운 선율, 즉 일정한 틀에 박힌 음성 표현은 늘 경계의 대상이 된다.

음의 상대적 높이의 변화를 '억양(Accent, Intonation)'이라 한다. '음조'라 할 때도 있다. 한 호흡 단위에 걸리는 음성의 고저를 말하는 것으로, 여기에 음절 억양·단어 억양·문장 억양 등이 포함된다.

음의 높이가 얼마 동안 일정하게 계속되는 것은 '평판조(Level intonation)', 차츰 높아 가면 '상승조(Rising intonation)', 차츰 낮아지는 것은 '하강조(Falling intonation)'라 하는데 이러한 억양의 변화는 주로 생리적·심리적·논리적 요인에 의해 발생한다. 그러므로 전혀 알지 못하는 음을 듣는 경우에도 상대의 기쁨이나 슬픔, 증오나 호의 등의 감정을 파악할 수 있게 된다.

국제음성학협회는 억양을 다음과 같이 표시하도록 하였다.

¯(고평)　₋(저평)　ˊ(고상승)　ˏ(저상승)

ˋ(고하강)　ˎ(저하강)　ˆ(승강)　˜(강승)

국어의 경우 글이나 문장 끝에 나타나는 억양을 ↑(상승)·↓(하강)·→
(평판) 등으로 나타내며, '↑'은 의문을, '↓'은 명령이나 서술을, '→'은 말
이 이어 감을 명시한다.

강조(Emphasis)

앞에 적은 모든 음성 표현법의 유용성은 더없이 명백하다. 그리고 속
도와 강세, 피치의 변화는 변화가 발생한 어나 어구, 문장을 그렇지 않은
것보다 현저하게 특징지어 준다.

속도와 강세가 증가하든 감소하든, 또 피치가 상승하든 하강하든 변
화의 방향에 구애됨이 없이 언제나 음성의 변화로 강조(Emphasis)가 표
현된다. 변화가 많고 적용이 활발하면 말하기는 일층 강조의 의미를 띠
게 된다. 특히 강조는 포스와 대조에 의해 증가한다. 포스는 화자가 주
요 아이디어를 청자에게 수용케 하려는 의도이고, 대조는 다른 것과의
차이성을 보이는 화자 의도다.

강조에서 두 가지 주의할 사항이 있다. 첫째, 지나친 강조는 피한다.
둘째, 지속적인 강조는 피한다. 만약 화자가 확실한 가치나 중요성을 지

나치게 강조하면 청자는 화자의 판단에 신뢰를 보내지 않게 된다. 또 화자가 말하는 모든 내용을 전부 강조하려고 시도하면 결과적으로 강조한 사실이 전무한 형편이 된다. 그러므로 화자는 중요한 사실만 지적하고, 청자가 수용해야 할 가치 있는 발언에만 강조의 뜻을 나타낸다. 이와 같이 강조는 화자의 분별을 요구한다.

절정(Climax)

화자는 청자의 관심이 집중될 때까지 계속 힘을 가하여 사상과 감정을 표현한다. 절정은 사상과 감정을 강하게 표출할 뿐 아니라 여운을 인상 깊게 남긴다. 이 절정의 음성 표현에 두 가지 방식이 있다. 하나는 증가되는 음성의 힘이요, 다른 하나는 증가되는 감정의 강도와 반비례로 감소하는 음성의 힘이다.

첫째 방식은 힘의 계속적인 증가, 매우 빠른 속도, 비교적 높은 피치 또는 조바꿈의 배합으로 어나 어구, 문장을 힘 있게 표현하는 직접적인 방식이다. 둘째 방식이 쓰이는 때의 힘은 계속 감소되고, 속도는 완만해지며, 피치는 떨어진다. 그러나 조바꿈이 화자의 표정, 동작 등과 함께 증가된 감정의 강도를 나타낸다. 이 방법은 단순히 음성 표출의 약화에 머물지 않고 보다 깊은 의미를 내포한다. 음성 표현 속에 무게를 싣는다. 다만 힘이 잘 조절되고 있어야 한다. 청자는 이때 잘 억제된 화자의 감정을 느끼게 된다.

첫째 방식은 비교적 용이하고 자주 이용된다. 그리고 둘째 방식은 화자에게 상당한 기법을 요구하나, 대신 매우 높은 효과를 수반한다. 절정의 두 가지 방식은 때로는 절충되고 때로는 대조된다. 화자는 음성의 힘으로 절정을 설정할 수 있다. 그리고 화자는 빠르고 분명한 감정 표현이 가능하게 된다. 혹은 또 절제된 음성 표현에 의해 잘 조절된 감정 표출도 가능하게 된다.

음성 표현이 순수한 감정 표출로 이루어지고, 절정에 이르는 음성 표현에 주어지는 시간이 충분할 때, 두 번째 절정 설정에 힘을 가하게 된다. 이때 청자의 반응은 시계추와 같아진다. 이 방법을 쓸 때는 약간 주의가 필요하다. 가령, 짧은 포스를 두더라도 갑작스러운 조바꿈을 피하고, 또 절정에 이르는 과정이 짧지 않도록 해야 한다. 절정에 이르는 시간은 충분하고, 그 작용은 끊임이 없어야 한다.

화자가 미숙하면 절정 설정이 자주 있다. 그러면 반복된 절정이 말하기 효과를 크게 감소시킨다. 그러므로 효과적인 대목에서만 음성 표현의 절정을 설정하되, 항상 이야기의 최종 부분 또는 가장 중요한 사고 단위의 최종 부분을 선택한다. 절정 설정에서 힘의 점차적인 증가는 물론, 힘의 점차적인 감소에 대해서도 주의를 기울여야 한다. 절정 있는 이야기가 반복될 때 청자는 계속 흥미의 절정으로 향할 것을 화자에게 기대한다.

절정에 이르기 전에 점진적으로 증가할 힘이 감소되거나 점진적인 작용이 정지되면 청자는 곧 실망한다. 그러나 완만하고 침착하게 보다 낮은 피치로 말을 시작하면 청자가 기대하는 흥미가 절정까지 도달할 수 있을 것이다. 그리고 일단 절정에 도달한 다음, 다시 정상 상태에서 이야기를 계속하는 것은 무리다. 어느 정도 포스를 두든가, 혹은 음성 표현법을 새롭게 바꾼다. 아니면 이야기를 끝내야 한다.

성량(Loudness)

음성의 명료도에서 가장 먼저 고려할 요소는 청자와의 거리와 주변 소음을 감안한 화자의 성량이다. 청자와의 거리가 많이 떨어져 있으면 그만큼 화자는 상대가 잘 알아듣도록 큰 소리로 말해야 한다. 화자의 음성은 청자보다 먼저 그 자신에게 더 잘 들린다.

음이 발해지면 그것은 구면식(球面式)으로 진행한다. 그리고 음성의 에네르기는 공기로 운반된다. 이 에네르기는 화자로부터 멀리 떨어져 갈수록 보다 큰 구면으로 확대된다. 이론적으로 성량은 화자와 청자 사이의 공간적 거리에 대하여 제곱의 역으로 변한다. 즉, 음의 강도는 벽면이나 천장의 반향이 없는 한 거리에 대하여 제곱의 역으로 변한다는 뜻이다. 예를 들어, 화자와 청자 사이의 거리가 3미터인 때를 강도 1로 치면, 12미터 떨어진 거리에서 음의 강도는 16분의 1로 표시된다. 거리에 대한 성량의 비율은 마이크로폰이나 전화 송화기에 입을 아주 가까이 대는 이유를 설명하는 셈이 된다. 만약 그 성능이 짧은 거리에서만 음이 흡입되는 것이면 마이크와의 거리에 어떤 변화를 줄 수 없다. 그러나 성능이 좋은 마이크라면 원위치에서 2배의 거리로 떨어질 때 소리의 크기는 원위치에서의 크기보다 4분의 1의 크기로 감소된다. 그리고 3배의 거리이면 9분의 1로 감소된다. 라디오 드라마에서 장면의 원근이 연기자와 마이크의 거리 조절로 표현되는 것 역시 이 현상 때문이다.

성량에 영향을 미치는 두 번째 요소는 화자가 극복해야 하는 소음(騷音)량이다. 정상적인 환경에서도 얼마간 소음이 있음을 인정해야 한다. 조용한 시골 길의 소음이 10데시벨(dB), 텅 빈 극장의 소음이 25데시벨, 아무리 조용한 극장 안이라도 관객이 입장해 있을 때는 42데시벨까지 상승한다. 그리고 공장 내의 평균 소음은 80데시벨이 된다. 이것은 방송 스튜디오에서 매우 큰 소리로 말하는 소음도와 같은 것이다.

보다 효과적인 화음(話音)을 내기 위해 적절한 크기의 음성을 어떻게 결정할 것인가가 중요한 문제다. 화자 이야기를 듣는 강당 맨 뒷줄에 앉은 사람을 주시하고, 가능하면 그에게 화자의 말이 잘 들리는지 여부를 타진할 필요가 있다. 이 경우는 마이크가 없을 때로 국한한다.

화자는 음성의 크기에 대하여 자신의 기준을 미리 파악해 둘 필요가 있다. 미숙한 화자는 어느 때고 음성의 크기를 감소하기보다 오히려 증가시킨다. 방송에서 마이크를 통해 말할 때와 다른 공간에서 연설할 때, 화자는 주어진 정황에서 적절한 크기로 말한다. 이때 화자의 음성 크기는 마이크 성능에 따라 영향을 받는다. 그러므로 마이크를 사전에 반드시 점검해 두는 것이 좋다. 마이크 앞에서 말할 경우, 믹서(Mixer)에게 자신의 성량 및 마이크와의 간격을 미리 알아 두는 편이 유익하다.

호흡 단위(Breath unit)

실제 언어 활동에서 포스를 두지 않고 말하거나 읽을 수는 없다. 생리 조건으로 보아도 어디선가에서 꼭 쉬지 않고는 호흡을 계속할 수 없다. 그렇다면 중간을 끊어도 의미가 효과적으로 전달되도록 끊어야 한다. 이렇게 끊겨진 단위를 '호흡 단위'라 한다. '띄어 말하기', '띄어 읽기'라 이름 붙여 정서법의 띄어쓰기와 구별한다.

의미 전달의 효과적인 구분을 위해 호흡 단위가 설정된다. 호흡 단위는 1개 음소 또는 음절에서부터 매우 긴 것까지 있다. 길이를 규정할 법칙은 없다. 성립 요인이 복잡하여 과학적 규명이 아직 불가능한 형편이다. 그러나 가장 기본적인 기준은 의미 단위에 따르는 것이다. 강조할 말의 앞과 뒤에 포스를 두는 것이 바로 그 때문인 것이다.

〈호흡 연습 1〉

10년 후에 펼쳐 보아도, 부끄럽지 않고, 20년 후에 보아도, 부끄럽지 않은 소설을 쓰겠다는 생각을, 줄곧 하고 있다, 금년에도 이 생각을, 그대로 가지고 있게 될 것이다, 다른 일은, 노력하면, 한 대로 되는데, 글만은 그렇게 되지 않는다,

지난 구랍에, 창작집 1권을 내놓고 나서, 이것을, 더 절실히 깨닫는다, 어느 한 편도, 마음에 들지 않아서, 책을 만드는 도중에, 중지해 버리고 싶기까지 했다, 이렇게 부끄러운 일을, 왜, 꾸준히 하고 있는지 모르겠다,

하고 나서, 부끄럽지 않은 일이, 세상에 수두룩할 텐데, 그래도 나는, 이 일을 하겠다는 생각을, 버리지 않는다, 이 일 이상으로, 사는 보람을 느끼게 하는 일이, 없다고 생각하는 것이다, (최정희)

〈호흡 연습 2〉

잠에 대한 기억을, 더듬어 보면, 엄마 젖을 물고, 잠든 기억은 없고, 엄마 옷고름을 내 손가락에다 감고, 잠이 들던 것만이 생각난다, 한번은, 밤나들이 갔다가, 졸음이 와서, 엄마를, 못살게 굴었는데, 업혔던 처네 끈이, 끌러지는 바람에, 눈을 떠 보니, 어느 틈에, 집에 와 있었다,

또 어떤 날 밤, 집안 식구들이, 잔치 준비하느라고, 부산한 통에, 나는, 밀가루 반죽으로, 새를 만들다가, 더운 아랫목에, 쓰러져 자던 것

이, 생각난다, 지금도, 이부자리를 깔지 않고, 옷도 벗지 않은 채, 쓰러져 자는 잠이, 참 달다, 이런 때, 자리를 깔고, 흔들어 깨우는 것 같이, 미운 것은 없다, 그때는 벌써, 잠은 달아난 것이다. (피천득)

〈호흡 연습 3〉

그것은, 나의 소년 시대의, 모든 희망과 꿈을, 실천하기 위해서입니다, 내가, 웨스트 포인트 육군 사관학교에서, 임관 선서식을, 거행한 이래로, 세계는, 몇 차례 뒤바뀌고, 나의 소년 시대의, 희망과 꿈은, 모두 다, 사라지고 말았습니다,

그러나 나는, 그 당시에, 가장 인기가 높았던, 군가 하나의 후렴을, 아직도 기억하고 있는데, 그것은, 가장 자랑스럽게도, "노병은, 결코 죽지 않는다, 그들은 오직 사라질 뿐"이라고, 노래했던 것입니다,

이 군가의 노병과 똑같이, 나는, 나의 군인 생활의, 막을 닫고, 사라지려 합니다, 하느님이 광명을 주시어, 시무(視務)하도록, 분부하신 그대로, 그 직무에, 최선의 노력을, 다 해온, 노병으로서, 사라지는 것을, 무상의 영광으로, 자부하는 바입니다. (더그라스 맥아더 장군)

7장
화자의 개성(Personality)

"말하는 소리가 너무 커 말하는 바가 무엇인지 알아들을 수 없다."는 실례는 사실적이고 노골적으로 화자 개성의 중요성을 단적으로 지적한다. 에머슨(Emerson, 1803~1882)의 말처럼 연설은 연사가 뜻하는 바와 연사의 개성을 나타내는 말의 예술이다. 스피치는 연사의 인간적 면모다. 그러므로 우리는 아이디어, 언어, 구성, 표현은 물론 의사 표현상 중요한 요소인 연사의 개성을 고려하지 않으면 안 된다.

효과적 의사 표현을 위해 필수 불가결한 많은 기교가 있으나 연사의 개성이 스피치 결과에 작용하는 힘이 더 크다. "전 인격이 말한다."는 의미는 스피치가 연사의 적성, 재능, 경험, 감각, 성실, 감정, 관심, 적응, 특성 등 생리학적이고 심리학적인 작용에 의존함을 뜻한다.

개성은 연사의 대인 관계에서 잘 나타난다. 가드너 머피(Gardner Murphy)는 이를 '개인의 사회적 힘'이라 설명했다. '개인'이란 말은 라틴어 '가면'이란 말로 통한다. 기실, 우리나라에 가면극이 있음은 모두 주지하는 사실이지만, 고대 그리스와 로마에서 배우가 연극의 배역을 받으면 가면을 사용했고, 가면과 개성을 통해 대사를 말했다. 우리나라에서 가면을 쓴 것이라 말하면 이중 성격을 뜻하는 의미가 되나, 뚜렷한 개성을 설명하기 위해 '가면과 같은 개성'이라 표현해 본다. 이때 이 가면과 같은 개성이 연사가 남에게 주는 인상이다.

동료와 더불어 교제하고 의사소통할 때 화자의 음성, 어휘, 동작에 그들은 반응을 보인다. 뿐만 아니라 연사의 개성에 대해 역시 반응을 보인다. 그리고 청자는 연사를 확실성 없고, 재치 없으며, 부당하게 독단적이고, 싸움 잘하며, 불성실하고, 냉담하며, 오만하다든가, 혹은 우의가 깊고 솔직하며, 인정 깊고 명랑하며, 그리고 이지적이고 도덕적이며, 정당한 사람이라 평가한다.

남에게 주는 자신의 인상을 애써 찾고, 또 그들에게 주는 인상의 특성이 호의 어린 것이 되게 힘쓰는 일은 매우 가치 있다. 나아가 인간은 맡겨진 배역을 연기하는 것만 바라지 않는다. 차라리 참되게 느끼고, 참되게 살아가기를 갈망한다. 그러므로 우리는 참된 자아를 찾아내기 위해 자아 연구의 필요가 있다. 한 자서전을 만들어 보면 이것이 자아 발견에 큰 도움을 줄 것이며, 효과적 대인 관계의 발전을 위해 조언을 줄 것이다.

스피치 훈련이 연사에게 밤새 활기찬 스피치를 하게 할 수는 없으나, 훈련에 관계되는 대부분 개성적 요소 일부를 변화시킬 수는 있다. 효과적 스피치를 위한 개성의 특성, 이를테면 좋은 음성은 그것이 습관과 기교로 습득될 때까지 부자연스럽게 보일 수 있다. 목적을 세밀하게 세우고, 자신을 부지런히 이에 적응시키면 새로운 습관과 특성을 정당하게 발전시킬 수 있다. 개성을 연구하고, 자신의 명확한 특성을 발견하며, 특성 강화를 위한 절차가 결정되면 바람직한 개성의 변화를 어느 정도 기대할 수 있다.

동기

사람이 말하는 동기를 분석해 보면 여기서 사람마다 다른 흥미 있는 개성의 차이를 발견할 수 있다. 동기를 면밀히 분류하기 어려워도 일반적인 것만 추리면 대략 다음과 같다.

〈일반적 동기〉
- 자존심을 높이고 자신을 방어하며 주의를 모으기 위해
- 동작과 행위를 삼가기 위해
- 감정을 덜고 긴장을 풀기 위해
- 남을 어리둥절하게 만들고, 어떤 초점으로부터 주의를 이산시키며, 또 감정과 반응을 감추기 위해
- 청자를 자극하여 그들 스스로 생각케 하기 위해
- 사회 접촉의 즐거움을 촉진하기 위해
- 문제 해결에 도움을 주기 위해
- 알리고, 가르치고, 밝히고, 설명하기 위해
- 사회적 욕구와 장래 목적을 토대로 남을 감화시키고, 조종하고, 지배하기 위해

앞에 적은 동기를 살펴보면 부정적인 것에서 긍정적인 것에 이르기까지, 또 자기 중심에서 사회 중심의 것에 이르기까지 모든 동기역(域)이 사회적 효과 획득을 목적으로 하고 있음을 알 수 있다. 만약 동기가 항상 부정적이면 이유를 밝혀 내고 원인을 제거해야 할 것이다. 그 대신 사회적으로 유익하고, 누구나 수용할 수 있는 동기는 크게 발전시킨다.

객관성

객관성이라면 자기 자신이 자신의 목적과 성과를 냉정하게 분석할 수 있는 능력을 의미한다. 이 점이 부족하면 항상 진상 파악이 어렵고, 이따금 낭패와 혼란을 겪게 된다. 그리고 정력과 잠재력을 소모하는 부당한 주관은 소신의 객관화에 무능한 소치다. 한편, 객관성은 주어진 문제에 정당하게 직면케 하고, 또 세심하게 구성되고 발전된 계획을 필요로 하는 정황에 적응할 수 있게 해 준다.

객관화의 능력은 호의 어린 비평을 얼마나 잘 수용하는가에 달려 있다. 남의 비평을 조용히 받아들이고 자기 중심에서 벗어날 수 있으며, 스스로 물러날 수 있을 때 객관성이 유지된다. 만약 남의 비평을 받을 때, 감정적 동요를 일으키면 당면 문제를 객관화시킬 수 없음을 뜻한다. 한편, 남의 비평을 조용히 받아들일 수 있게 개성을 연마한 사람, 치켜세워 주는 쪽과 신랄히 공격해 오는 쪽을 세심하게 분간할 줄 아는 사람, 가능한 대로 자신의 객관적 성장을 위해 노력하는 사람은 적어도 개성의 면에서 발전하고 있다. 남의 비평을 받은 경험은 마치 강철의 연마와 같이 그만큼 단련되고 세련되게 된다. 그 결과 스피치 개선에 큰 도움을 받는다. 비평이 정당하면 고맙게 받고, 부당하면 이에 지나치게 신경 쓸 필요는 없다.

지능

화자의 승부는 그가 지닌 일반적 능력과 지능에 크게 관계됨을 알지만, 의사 표현은 그가 갖는 모든 지능의 복합적 표현이다. 즉, 한 가지 사실에만 관련을 갖는 것이 아니다. 광역의 지능을 가진 사람으로 구성된 집단은 광역의 표현 능력을 나타낸다. 그러나 항상 표현 능력이 지능에 의해 바뀌지 않는다. 높은 지능 지수의 사람은 그들대로 중요 문제를 갖는다. 어휘의 보기처럼 의사 표현상 약간의 구성 요소에서 고도의 능력은 고도한 지능에 밀접히 관련되어 있음은 사실이다.

사회적 지능

스피치 경험의 폭은 사회적, 혹은 사회 활동의 척도가 된다. 사회적 지능과 표현 능력의 상관 관계는 크다. 경험이 풍부하면 그렇지 못한 사람보다 스피치 승부에 많은 차이를 보인다.

유능한 연사는 청자에 매우 민감하고, 청자 반응에 적절히 대응해 나간다. 그러나 사회 감도가 약한 사람은 청자 반응에 아랑곳하지 않고 자신의 아이디어를 목적에 따라 설득하므로 맹목일 경우가 많다. 청중을 균형 있게 응시할 수 없다면 청중에 대해 친근감을 갖기 위해 각기 다른 정황에 처한 개개 유형의 사람을 파악하는 방법을 발전시켜 나가야 한다. 청중 연구는 반드시 중시되어야 한다.

관심도

우리 관심과 적극성을 환기할 수 있는 여러 가지 유형의 스피치 활동은 스피치 승부를 결정하는 데 매우 중요한 요소가 될 수 있다. 그러므로 설명, 설득, 토의, 토론, 연설, 방송 등 여러 형태의 스피치 활동에 자신의 관심을 환기함으로써 이에 흥미를 갖도록 노력한다.

다방면의 관심사를 꾸준히 넓고 깊게 파고들어가면 자기도 모르는 사이 화제가 쌓이고, 주제를 택할 때도 궁색함을 크게 덜 수 있다. 특히, 언론이나 교직에 종사하는 이, 또는 정치나 종교계 인사들은 우선적으로 다방면의 경험과 독서로 지식과 상식을 넓혀 나가면 그만큼 수확이 클 것이다. 여기에 양의 동서가 없을 것이며, 시의 고금이 없을 것이다.

박학다식을 토대로 많은 경험을 쌓아 올리면 그만큼 연사의 자질이 남의 추종을 허락치 않을 것이다.

적극성

적당한 적극성과 지구력을 갖는 연사는 무한한 적극성을 갖는 사람보다 한층 더 효과적이다. 적극성이 무한정하면 청중의 접촉과 개성의 투사(投射)로 청중을 감동시키기 어렵다.

지나친 적극성 때문에 의사 표현에 실패하는 경우가 더러 있음은 사실이다. 이것은 상품의 강제 판매에서 보기를 찾을 수 있다. 그러나 스피치와 청중을 향한 연사의 태도가 알맞게 정력적이면 청중의 주의를 끌 수 있고, 청중의 흥미를 유발할 수 있으며, 또 건전한 반응을 환기할 수 있다.

자신

여러 사람 앞에 처음 나가 자기 의사를 발표하는 사람은 청중을 지루하게 만들고, 청중의 반발에 직면하면 크게 당황한다. 신념이 부족하고 즐거운 의사 표현 경험이 없는 연사는 유능한 사람에 비해 대체로 청중 반응을 두려워하는 경향이 많다. 실제로 연사에 대한 청중의 평가는 연사 자신이 지니고 있는 능력과 거의 같다.

청중 대부분은 연사 이야기가 성공적으로 끝나기를 바란다. 그리고 청중은 연사 이야기에 이끌려 간다. 자기 자신에 대한 생각에서 헤어나고, 신념의 주요 부분을 계발하도록 힘쓴다. 지나친 자기 중심의 성벽과 고집 없이 우리는 자부심을 가질 수 없다. 지나친 자신을 가질 때도 그렇지만, 차라리 지나치게 위축될 때 한층 의사 전달에 실패하기 쉽다.

지적 성실성

연사가 성실하고 솔직해야 함은 두말할 것도 없지만, 이것을 고대 수사학자는 '기풍(Ethos)'이라 일렀다. 아리스토텔레스(Aristoteles, B.C. 384~322)와 데모스테네스(Demosthenes, B.C. 384~322)는 스피치의 형식적인 면보다 내용적인 면에서 연사의 지적 성실성을 하나의 도덕으로 본 것이다. 이처럼 스피치에서 도덕성을 갖기 위해 청중에게 연사는 덕을 보이지 않으면 안 된다고 했다. 수줍어하는 성격이라 자기 선행을 감추는 사람은 유능한 연사일 수 없다.

개성을 반영하는 성실성은 자기가 한 말에 책임감을 느낀다. 연사는 청자에 대해 오해될지 모르는 모난 성품을 바르게 고치고, 항상 사실의 고의적 왜곡을 피한다. 그리고 믿지 않는 것은 무엇이든 발언하지 않는다. 청중의 안녕과 복리를 고려하는 연사의 책임 있는 성실성은 청중 설득의 기회가 된다.

합리적 사고

연사의 지적 태도는 그의 개성을 포함한다. 합리적 사고는 세련된 개성을 보이나, 조절되지 않은 혼란한 사고는 세련되지 못한 감정적 태도를 나타낸다. 이것은 감성의 부적응에서 일어난다.

약간 부정적이고 감정적인 태도는 모순의 합리화이고, 논쟁 회피의 암시다. 암시는 자극에 대해 무비판적 반응의 경향을 띤다. 또 말없이 아이디어를 자동 수용하는 보기가 된다.

군중에 의해 영향받는 연사가 있다면, 이미 그는 청중에게 굴복된 것이나 다름 없다. 유능한 연사는 의제 토의가 거의 끝날 무렵 그의 소신을 발언한다. '내가 말하는 동안 누구도 말할 수 없다'는 암시적 태도를 취하는 연사는 마음이 막히고, 고정된 아이디어와 강박 관념에 사로잡힌 사람이다. 그런 사람은 아마도 잘못된 억설을 정당한 것으로 생각할지 모른다.

우리는 흔히 모순된 소신을 논의하든가, 혹은 모순을 깨닫지 못한 채 자기 견해를 말할 때가 있다. 가령, 빌려 온 꽃병을 깬 까닭으로 소송을 받은 피고소인을 변호하기 위해 담당 변호인은 적어도 다음과 같은 몇 개의 요점을 변론해야 한다.

〈변론 요점〉

- 그 사람은 그 꽃병을 절대 빌린 사실이 없다.
- 그 꽃병을 빌릴 당시 꽃병은 이미 깨져 있던 것이다.
- 빌려 온 그 꽃병을 다시 돌려줄 때, 그 꽃병은 말짱했다.

합리화는 정해진 입장이나 작용을 정당화시킴에 있어 사실에 입각하지 않은 것을 그럴듯한 이유를 대고 논리를 전개하는 과정이다. 가령, 한쪽으로 중요한 시험 준비를 하고 있는 학생이 또 한쪽으로 스포츠 경기에 출전해야 하는 경우를 생각해 본다. 이 학생은 다른 학생이 모두 시험 준비만 하고 스포츠 경기에 빠지면 경기 포기의 결과를 초래하므로 '나만이라도 경기에 참가하지 않으면 안 된다'고 판단한다. 이때 이 학생은 자기 정당성을 합리화의 변명이기보다 오히려 합리적이라 판단한 것이다.

잘 조절되고 합리적인 주관에 대한 접근을 하기 위한 편파적 진술을 '논점의 묵살'이라 일컫는다. 아이디어와 입장에 대한 책임을 스스로 지지 않고 남에게 전가하는 것이다. 다른 보기는 전제나 정당성 없이 단정을 내리는 것이고, 주관에 관계되는 논점에 의해 단정하는 것이며, 유머와 일화는 쓰지 않고 단정법을 사용하는 것이다.

감정

의사를 표현할 때, 감정과 신념의 결핍은 언어 기교를 발전시킴에 있어 중요한 개성 문제로 간주된다. 지식 수준이 높은 집단 속에는 감정의

한계와 일반적 지능 사이에 상관 관계가 거의 없다. 우리 감정은 어릴 때부터 가정 및 사회적 환경의 영향으로 형성된다.

어린이가 성장 발달 과정에서 그들의 감정적 반응을 충분히 억제해야 그들이 칭찬받게 됨을 우리는 자주 경험하고 있다. 지적인 활동을 자극하기 위해 절제된 감정적 반응이 나타나야 함에도 불구하고 강렬한 감정은 기억력과 복합적 사고 과정의 명료성을 감소시킨다.

스피치 연구에서 이 감정 반응을 분석하고 토론할 기회가 많다. 만약 자신의 감정 반응을 분석할 줄 모르거나 객관적 평가를 내릴 줄 모른다고 하면, 감정 반응에서 인간적 성장을 도모할 수 있는 기회를 갖도록 힘쓴다.

8장
동양적 관념 한국인의 인성

말은 입이 하는 것이 아니고, 말은 인격이 하는 것이다. 말은 귀가 듣는 것이 아니고, 말은 인격이 듣는 것이다. 그러므로 대화 형식도 인격의 만남이요, 인격의 교류라 하는 것이다. 개인 간의 사사로운 대화에서도 막말은 금물이거든, 하물며 공공 장소인 의회 안에서 의원 상호 간에 막말을 나눈다면 그것이 공인으로서 주고받을 대화라 할 수 있는가?

따라서 저자는 동양적 관념 한국적 기준의 인성(人性)을 대체로 사자성어를 가지고 풀이해 보고자 한다. '인성'이라면, 각 개인이 가지는 사고와 태도 및 행동 특성이다.

사자성어로 풀어본 한국인의 인성

언행일치(言行一致)

말과 행동이 같을 때 우리는 '언행일치'란 말을 떠올린다. 말이 쉽지 그것을 행동으로 옮길 때, 말이 어떤 정황에서도 그 실천이 결코 쉬운

일은 아니다. 따라서 말은 어디서든 신중에 신중을 기해야 한다. "군자
는 말이 적고 행동에 민첩하다." ─『논어』

지행합일(知行合一)

'지식과 행위는 일치해야 한다'는 뜻이다. 지행합일설은 중국 명나라
때 왕양명(王陽明)이 주장한 지와 행은 병진해야 한다는 설이다. 알고 행
하지 않으면 모르는 것과 같다는 뜻도 된다.

신언서판(身言書判)

인물을 평가하는 기준이 된다. 용모와 풍채, 말씨와 언변, 글재주와
글씨, 사물에 대한 판단력 등 네 가지 조건이다. 지난날 나라에서 관리
를 뽑을 때 그 근거가 되는 조건으로 삼았다.

외유내강(外柔内剛)

'겉으로는 부드럽고 순하나 속은 곧고 꿋꿋함'이다. 그러나 이와 반대
의 경우가 많은 것으로 알려져 있다. 같은 계통의 말에 '유능제강(柔能制
剛)'도 있다. '부드러운 것이 능히 굳센 것을 제어한다'는 뜻이다

재덕겸비(才德兼備)

'재주와 덕을 함께 갖춰야 한다'는 뜻이다. 학문과 기예에는 재주가 있

어야 하고, 인간관계는 덕을 지녀야 한다는 내용이다. 바꾸어 말하면 학문에는 지능지수, 곧 IQ가 사회생활의 처신과 처세에 감정지수, 곧 EQ가 필요하다는 가르침이다. EQ를 달리 '호감지수'라 하는 사람도 있다.

덕불고(德不孤) 필유린(必有隣)

'남에게 덕을 베풀며 사는 사람은 주위에 따르는 사람이 있어 결코 외롭지 않다'는 말이다. 『논어』 '이인' 편에 나오는 명구다. 덕을 행하는 사람은 결코 외롭지 않다. 반드시 그것을 알아주는 공명자(共鳴者)가 나타난다. 설령 고립된다 하더라도 그것은 일시적인 것에 지나지 않는다. 덕은 인간 생활에 위대한 힘이 되어 주는 것이다.

관즉득중(寬則得衆)

'마음이 너그럽고 크면 동지를 얻게 된다'는 뜻이다.(『논어』 '양화' 편) 본래 관대하다면 잘못을 따지지 않고 너그럽게 받아들이는 상태에 있다는 정황이다. 『춘추』에 보면 '관이대지(寬以待之)'란 말도 있다. '남을 너그럽게 대하라'는 뜻이다. 백성은 언제나 너그러운 덕으로 다스려야 한다. 그러나 이같이 덕치를 하는데도 따라오지 않거나 배반할 때는 이를 엄하게 다스리라는 충고도 따른다.

인의예지신(仁義禮智信)

'오상(五常)'을 가리킨다. '인(仁)'은 남을 측은히 생각하는 마음이고,

'의(義)'는 자신을 부끄럽게 생각하는 마음이며, '예(禮)'는 사양하는 마음이고, '지(智)'는 옳고 옳지 않음을 분간하는 마음이며, '신(信)'은 남에게 이익을 주는 마음이다.

역지사지(易地思之)

처지를 바꿔 놓고 생각하고 말하라고 가르친다. 기독교 성경 '마태복음 7장 12절'에 보면, "남에게서 무엇을 받고자 하는 대로 너희도 남을 대접하라. 이것이 율법이요, 선지자이라." 하였다. 바로 이 구절이 우리 인간관계의 '황금률'로 널리 알려져 온다.

한편, 유교에서도 이 황금률을 찾아보게 된다. 『논어』'위령공' 편에 나온다. 자공(子貢)이 공자에게 묻기를, "일생을 살아가는 데 꼭 마음에 새겨둘 한 마디 말씀이 있습니까?" 이에 공자 대답해 이르기를, "그것은 용서할 서(恕)인 것이요." 하고, 이어 "내가 하고자 하지 않는 바를 남에게 베풀지 마오.", 즉 '기소불욕(己所不欲) 물시어인(勿施於人)'하라는 말씀이다.

화이부동(和而不同)

말 뜻은 '남과 사이좋게 지내기는 하나, 무턱대고 한데 어울리지 않는다' 함이다. 인간은 사회적 동물임을 명심하나 자기 중심을 잃지 않는다는 뜻이다. 군자는 남과 대처할 때 소신이 다르다고 남의 기분을 상하게 하지 않으나, 그렇다고 자기 소신을 굽히고 명리(名利)를 위해 뇌동(雷同)하는 일이 없어야 한다. 『논어』'자로' 편에 나오는 말이다.

진인사(盡人事) 대천명(待天命)

호인(胡寅)의 『독사관견(讀史管見)』에 나오는 말이다. 힘 있는 대로 과업을 다해 놓고 천명을 기다린다. '사람이 할 수 있는 일을 다 해놓고 결과는 하늘의 뜻에 맡긴다'는 의미 심장한 말이다. 이 말을 서재 벽에 붙여 놓고 좌우명으로 삼는 사람이 많다.

칠십이종심소욕(七十而從心所欲) 불유구(不踰矩)

『논어』 '위정' 편에 나오는 말이다.

"일흔 살에는 마음이 하고자 하는 대로 행동해도 법도에 벗어나지 않았다." – 공자

일흔 살이 되어서는 내가 하고자 하는 대로 언동을 해도 결코 법도에 벗어나는 일은 없었다. 이는 수양의 극치요, 완성된 인간 공자의 참모습이다. 그래서 일흔 살을 '종심(從心)'이라 한다. 이때 '불유구'는 법도를 벗어나지 않다, '유'는 넘는다, '구'는 법도·규범이라 새기는 것이 보통이지만, '법도'보다 '한도'로 새기는 것이 문맥으로 보아 옳다고 생각한다. 한도를 넘기는 수는 있어도, 법도를 넘기는 수는 없기 때문이다.

익자삼우(益者三友)

사귀면 자기에게 유익한 세 부류의 벗을 말한다. 정직한 벗, 신의가 있는 벗, 지식이 있는 벗 등이다.

손자삼우(損者三友)

동시에 '손자(損者)삼우'도 생각해 보기로 한다. 사귀면 손해가 되는 세 부류의 벗은 편벽한 벗, 말만 잘하고 성실하지 못한 벗, 착하기만 하고 줏대가 없는 벗이다.

백인자무우(百忍自無憂)

'참고 참아 백 번을 참으면 근심 걱정이 없다'는 뜻이다. 우리 생활 주변을 돌아보면 우리 성정(性情)에 맞지 않는 일이 너무나 많다. 우리 선인들은 과거에 생활의 좌우명으로 '인내(忍耐)'를 마음에 새긴 분들이 부지기수다. 사실 참지 못하고 감정을 터트려 처신에 상처를 입히고 자기 앞날에 먹구름을 피우는 경우가 얼마나 많았을까? 그때, '내가 조금만 참았다면' 하고 얼마나 많은 후회를 남겼을까? 현재는 아니지만, 서울 한강대교 난간에 자살 방지책의 하나로 "5분만 참으세요!" 하는 당국 팻말이 보여 지나는 시민의 눈살을 찌푸리게 한 적이 있다.

지족이상락(知足以常樂)

어떻게 보면 오늘 만족함으로써 타성이 생겨 발전과 노력에 저해 요인으로 작용할지 모르는 일이지만, 그래도 '대장부 살림살이 이만하면 어떻겠나' 하는 여유 있는 낙천성(樂天性)도 우리 생활에 가져와 마음의 여유를 찾을 수 있다면 얼마나 좋은 일인가?

정신일도(精神一到) 하사불성(何事不成)

'열성만 있으면 어떤 어려운 일이라도 성취한다'는 뜻이다. 출처는 주희(朱熹), 말하기를 '양기발초(陽氣發處) 금석 역투(金石亦透)'라 하였다. 주희는 송대 명유로, 주자학의 시조다. 주자는 그의 경칭이다.

민족의 선각 도산 안창호 선생은 일찍 우리 동포에게 두 가지 표어를 지어 줌으로써 우리 사회 캠페인을 벌인 바 있는데, 그 첫째가 '훈훈한 마음'이요, 둘째가 '빙그레 웃는 낯'이다. 음미하고 반추해 볼 가치 있는 명구다.

9장
누구에게 말하는가?
(청자 및 청중 분석)

인간의 욕구

인간 행동의 동기는 욕구 불만 해소, 또는 욕구 추구에 있다. 따라서 사람을 이해하는 첫걸음은 인간의 욕구(欲求)를 파악하는 일이다. 욕구라면 보통 need, want, drive, motivation, craving 등으로 말한다.

프로이트(Sigmund Freud, 1856~1939)

프로이트는 오스트리아의 심리학자·정신의학자이며, '정신분석학'의 창시자다. 빈 대학을 졸업한 후 1885년 파리에서 신경증 일반 및 정신분석학 체계를 세우기 위해 노력했다. 그는 인간 마음속에 무의식 세계가 존재한다고 믿고, 이에 잠재의식 현상을 연구하는 '심층심리학'을 개척했다.

1900년에 발표한 『꿈의 해석』에서 꿈이나 히스테리 등은 억압된 욕망의 변태적 만족이라 주장했다. 이 이론은 심리학 및 정신의학뿐만 아니라 사회 전반에 큰 충격을 주었다. 한편, 성적 충동을 강조했다 하여 일부 비난도 받았지만, 전후 미국에서 그의 학설은 확고한 기반을 닦게 되었다. 저서 『정신분석학 입문』이 있다.

윌리엄 제임스(William James, 1842~1910)

미국의 철학자 및 심리학자다. 하버드 대학 철학 교수(1885), 심리학 교수(1889)를 지냈다. 1890년 기능주의적 입장에서 역저 『심리학 원리』를 내고, 미국 심리학의 초석을 놓았다. 일본에 그의 사상이 일찍 수용되고, 동시에 우리도 영향 받은 바 크다. 1907년 『프래그머티즘』이란 저서도 남겼다. 그는 인간의 욕구를 ① 건강과 장수, ② 인정받고자 하는 욕구, ③ 휴식에 대한 욕구, ④ 이성에 대한 욕구, ⑤ 돈에 대한 욕구 등으로 명쾌하게 구분해 놓았다.

에이브러햄 매슬로(Abraham Harold Maslow, 1908~1970)

미국 뉴욕 출신으로, 위스콘신 대학 심리학과를 졸업(1930)하고, 석사(1931)·박사(1934) 학위를 받았다. 브루클린 대학 및 브랜다이스 대학에서 교수를 역임했고, '매슬로의 욕구 단계설'로 유명하다. 그는 또 인간의 욕구를 다섯 가지 유형으로 나누었다. 즉 성욕(Fucking), 식욕(Feeding), 집단욕(Flocking), 투쟁욕(Fighting), 도피욕(Fleeing) 등이다. 그의 '욕구 단계설'은 ① 생리욕, ② 안전욕, ③ 소속감 및 애정욕, ④ 인정받고자 하는 욕구, ⑤ 자아 실현의 욕구 단계 등을 가리킨다.

인간의 욕구, 종합 소견

Survival need(생존에 대한 욕구), Belonging need(애정 및 소속에 대한 욕구), 힘에 대한 욕구(Power need), 자유에 대한 욕구(Freedom need), 즐거움에 대한 욕구(Fun need) 등이다.

한국인의 의식 구조

한국인의 의식(意識) 구조에 대한 논의는 이미 오래전부터 있어 왔지만, 저자가 입수한 자료에 의하면 우리나라 최근세사에서 찾을 때, 육당 최남선의 주장이 가장 먼저 확실하게 눈에 들어온다. 그러나 그것은 '국학'의 입장이고, '심리학'의 입장에서 뚜렷한 업적을 남기고 있는 이 방면의 연구는 전 서울대 교수 윤태림의 논문이 새롭게 눈길을 끈다. 한편, 저널리즘의 입장에서 일반적으로 세인의 인기를 끈 것은 언론인 이규태의 저서일 것이다.

어떻든 앞에서 말한 것처럼 국학, 심리학, 저널리즘의 입장에서 각각 우리 한국인의 의식구조가 논의된 것은 사실이다. 그리고 용어상 책 이름은 다르지만 철학자 김태길의『한국인의 가치관 연구』도 눈여겨볼 필요가 있다고 하겠다.

최남선,『조선 상식 문답』

최남선(崔南善, 1890~1957)은 국학자요, 사학자다. 호는 육당, 서울에서 출생했다. 1902년 경성학당에 입학하여 일본어를 배우고, 1906년 일본 와세다 대학에서 지리·역사 등을 배웠다. 1908년 귀국, '신문관'을 설립, 인쇄 시설을 갖추고 잡지《소년》을 창간하였다. 이때 신체시〈해에게서 소년에게〉를 발표한다. 1911년《소년》이 폐간되자 그 후《아이들 보이》·《샛별》·《청춘》 등의 잡지를 계속 발간, 우리 사회 새 지식 보급에 공헌했다. 3·1운동 때는〈독립선언문〉을 기초하고, 민족 대표 48인의 한 사람으로서 2년 6월의 실형을 선고받았다. 1938년 만주 '건국 대학' 교수를 지낸 그는 신문화 수입기에 언문일치 신문학 운동과 국학 분야 개척에 지도적 역할을 했다. 시조집 『백팔 번뇌』와 역사서 『조선역사』가 있다.

그런데 3.1운동 27회 기념일 1946년에 『조선 상식 문답』을 육당이 출간했다. 저자가 본 것은 1972년, 삼성문화재단이 발행한 문고판 전편 및 속편이다. 전편, '역사' 장 절에 '조선의 민족성', '사대성과 파쟁성의 변', '고쳐야 할 병통' 등이 나오는바, 여기서 저자가 발췌 요약, 주요 대목을 간추려 싣는다.

우리는 낙천적이고 결벽성이 있으며, 내로(耐勞) 내핍(耐乏) 정신이 있고, 견인지구력(堅忍持久力)이 있으며, 무용 선투(善鬪) 정신이 있다고 하였다.

민족성의 장점은 그렇지만, 한편, 결점을 다음과 같이 지적하고 있다. 우리는 형식을 지나치게 중시하고, 조직력, 단합심, 수속성(收束性)이 약하며, 용예(勇銳)하지 못하다. 덧붙이기를, 퇴영(退嬰), 고식적(姑息的)이며, 파쟁열(派爭熱)이 높고, 사대주의 경향이 농후하며, 공공심이 부족하고, 책임 관념이 희박하며, 조직 행동에 소홀하다고, 신랄하게 비판하고 있다. 퇴영은 '퇴보'요, 고식은 '일시적'이란 뜻이다.

장점보다 결점을 지적하는 데 사정을 두지 않은 점이 크게 두드러진다.

윤태림, 『한국인』

한편, 윤태림(尹泰林)의 학위 논문 「의식 구조상으로 본 한국인의 성격에 관한 연구」가 발췌 요약되어 『한국인』 제목으로 출판되어 나온 바 있다. 저자는 이 『한국인』을 보고 그의 학위 논문을 대강이나마 짐작할 수 있어 다행이다.

그는 이 논문을 통해 한국인의 성격을 '유교의식'이 매우 강하다고 보았다. 이는 바로 유교사상의 영향임을 밝혔다. 그리고 구체적인 보기로 3강 5륜과 5상을 지적해 말했다. 아는 바와 같이 3강은 군신(君臣)·부자(父子)·부부(夫婦) 관계요, 5륜은 군신유의(君臣有義)·부자유친(父子有親)·부부유별(夫婦有別)·붕우유신(朋友有信)·장유유서(長幼有序)의 윤리관이다. 한편, 5상은 인의예지신(仁義禮智信)이다. 이 밖에 혈연·학연·지연을 지적하고 있으며, 덕의 표상이 '군자(君子)'라고 말했다. '군자'라 하면, 학식과 덕이 높고 행실이 어진 사람이다. 군자를 유학(儒學)에서는 이상적인 인간상으로 보았다.

윤태림(尹泰林, 1908~1991)은 호가 심경(心畊)이요, 교육자다. 1931년 경성제대 철학과와 1935년 법학과 양 과를 졸업했다. 1965년 서울대 철학박사, 1982년 연세대 명예 법학박사다. 1952년 서울대 사대교수, 1960년 동 학장, 1963년 문교부차관, 1965년 숙명여대 총장, 1969~1973년 연세대 교수·교육대학원장, 1989년 숙명학원 이사장 등을 지내고, 국민훈장 모란장을 받았다. 저서에 『한국인』, 논문으로 「의식 구조상으로 본 한국인」 등이 있다.

조윤제,『국문학 개설』

국문학 전공 학자 입장에서 한국인의 의식을 말한 이가 있다. 도남(陶南) 조윤제(趙潤濟) 박사다. 그는 국문학자로서『국문학 개설』과『국문학사』를 비교적 초기에 저술한 입장으로, 그는 우리 선인들의 여러 작품을 읽고 또 읽어 새김질하며 우리 문학의 특질을 여섯 마디 토박이 말로 표현한바, 그것이 바로 국문학 작품을 통한 한국인의 의식임을 공감하고 저자가 여기 소개한다.

은근과 끈기

〈은근의 주제〉

• 나비야 청산 가자 범 나비 너도 가자
  가다가 저물거든 꽃에 들어 자고 가자
  꽃에서 푸대접하거든 잎에서나 자고 가자

• 동창이 밝았느냐 노고지리 우짖는다
  소 칠 아이는 아직 아니 일었느냐
  재 너머 사래 긴 밭을 언제 갈려 하느냐

• 청산리 벽계수야 수이 감을 자랑 마라
  일도 창해하면 다시 오기 어려워라
  명월이 만공산하니 쉬어 간들 어떠리

〈끈기의 주제〉

• 이 몸이 죽고 죽어 일 백 번 고쳐 죽어

　백골이 진토 되어 넋이야 있고 없고

　임 향한 일편단심이야 가실 줄이 있으리

• 층암 절벽 위에 폭포수는 쏼쏼

　수정 염 드리운 듯 이 골 물이 주르륵 저 골 물이 쏼쏼

　열에 열 골 물이 한데 합수하여 천방 져 지방 져

　소쿠라지고 펑 퍼져 넌출지고 방울 져

　저 건너 병풍석으로 으르렁 콸콸 흐르는 물이

　은옥같이 흩어지니 소부 허유 문답하던 기산 영수가 이 아니냐

　　－〈유산가(遊山歌)〉 일절

애처로움과 가냘픔

〈애처로움의 주제〉

• 아리랑 아리랑 아라리요

　아리랑 고개를 넘어간다

　나를 버리고 가시는 임은

　십리도 못 가서 발병 난다

• 가시리 가시리 있고 나는

　버리고 가시리 있고 나는

　날러는 어찌 살라 하고

　버리고 가시리 있고 나는

잡사와 두어리 마나난
선하면 아니 올 세라 나는
설운 님 보내 옵나니 나는
가시는 듯 돌아오소서

〈가냘픔의 주제〉
• 새벽 서리 지샌 날에 외기러기 울어 옌다
  반가운 임의 소식 행여 오나 여겼더니
  다만지 창망한 구름 밖에 빈 소리만 들리더라

• 설월(雪月)이 만정(滿庭)한데 바람아 불지 마라
  예리성(曳履聲) 아닌 줄은 번연히 알 것만은
  그립고 아쉬운 마음에 행여 기인가 하노라

노세와 두어라

〈노세의 주제〉
• 천 년을 살거나 만 년이나 살 드란 말이냐
  죽음에 들어서 노소가 있을까
  살아 생전에 제 마음대로 노세

• 술 먹고 노는 일이 나도 윈 줄 알 것만은
  신릉군(信陵君) 무덤 위에 밭 가는 줄 못 보신가
  백 년이 하 초초하니 아니 놀고 어이리

- 인생을 헤아리니 한바탕 꿈이로다
  좋은 일 궂은 일이 꿈 속의 꿈이로다
  아마도 꿈 속의 인생이니 아니 놀고 어이리

〈두어라의 주제〉

- 옥분(玉盆)에 심은 매화 한 가지 꺾어 내니
  꽃도 좋거니와 암향(暗香)이 더욱 좋다
  두어라 꺾은 꽃이니 버릴 줄이 있으랴

- 옥에 흙이 묻어 길가에 버렸으니
  오는 이 가는 이 다 흙만 여겼 노라
  두어라 흙이라 한들 흙일 줄이 있으랴

조윤제(1904~1976) 박사는 호가 도남(陶南)이요, 예천 출생이다. 1929년 경성제대 조선문학과 졸업, 1952년 서울대 문학박사, 1929년 경성제대 법문학부 조교, 1932년 경성사범학교 교유, 1945년 경성대 법문학부장, 1949년 서울대 문리대 교수·학장, 1954년 성균관대 교수·대학원장·부총장, 1968년 학술원회원(국문학)을 지냈다. 저서에 『조선시가사강』, 『한국시가의 연구』 등이 있다.

이규태, 『한국인의 의식 구조』

언론인 이규태(李圭泰)의 『한국인의 의식 구조』 상, 속(續) 편 등은 사계의 관심을 크게 집중시킨 매우 인기 있는 저서다. 그의 저서에서 공감되는 부분을 발췌해 싣는다.

- 계획 없이 미래를 장담한다.
- 한길보다 골목길을 선호한다.
- 음식 앞에 말이 없어야 한다.
- 잘나도 못난 체해야 한다.
- 눈치 보며 박수 친다.
- 겉만 화려하다.
- 본심을 숨길 때가 많다.
- 몰라도 '네'라 대답한다.
- 공짜를 좋아한다.
- 운명에 의지한다.
- 서운한 감정을 잘 갖는다.
- 겉으로 웃고 속으로 운다.
- 인정 많고 의리에 산다.
- 모난 것을 싫어한다.
- 위만 보고 산다.
- 남의 탓을 잘한다.
- 홧김에 탈선한다.
- 이름에 집착한다.
- 일하며 놀고, 놀며 일한다.
- 기다리지 못하고 조급하다.
- 자학을 잘한다.
- 낯설면 적대감부터 갖는다.

- 부분으로 전체를 속단한다.
- 술 마셔도 꼭 의미를 붙인다.
- 우리 것을 얕잡아본다.

공감되는 부분이 많다. 우리 한국인 의식 구조를 설명할 때 빼놓을 수 없는 항목이 상당하다. 표현이 간결하며, 사실의 정곡을 그때마다 정확히 찌르고 있다. 그가 조선일보사 재직 당시, 《조선일보》지면에 〈이규태 코너〉로 거의 매일 장안의 화제를 일으킨 일을 아는 이는 알 것이다.

이규태(李圭泰, 1933~2006)는 전북 장수 출생이다. 1952년 전주사범학교 졸업, 1956년 연세대 이공대를 졸업, 1959년 《조선일보》 기자, 1966~1970년 동 신문사 문화조사부장·기획위원, 1986년 논설위원실장, 1989년 이사 주필, 1990년 상무이사 논설 고문, 1992~1997년 전무이사 논설 고문 등을 역임했다. 1972년 서울시 문화상을 수상했다.

우리나라 언론인으로 이만큼 저서를 많이 내고, 우리나라 언론 발전에 기여한 이도 드물 것이다. 저서에 『개화백경』 전 5권, 『한국의 인맥』 전 5권, 『한국인의 의식 구조』 상·속, 『이규태 코너』 전 15권, 『600년 서울』 등의 저서가 있다.

같은 언론인에 《한국일보》 논설위원을 지낸 박동운(朴東雲)이 있다. 그가 쓴 『민성론(民性論)』이 샘터에서 출간된 바 있다. 우리 의식 구조 연구에 참고가 될 것이다. 또, 일본인 기자 구로따 가쓰히로(黑田勝弘)가 쓴 『한국인 당신은 누구인가』도 외국인 시각으로 비판한 우리 의식이므로 일단 관심을 기울일 만하다.

앞에 소개한 철학자 김태길(金泰吉) 교수의 『한국인의 가치관 연구』를 보면, 주로 서민생활 중심으로 호의호식하며 건강하게 단란한 가정생활을 꾸려 나가는 일이 우리 서민의 동경 대상임을 묘사하고 있다. 김태길은 당대 문단 중진급 수필가이므로 문장 서술 역시 비교적 쉬운 문장으로 표현하고 있다. 철학서지만 참고할 가치가 있다.

전 연세대 총장 용재(庸齋) 백낙준(白樂濬) 박사가 교육계 은퇴 무렵, 『나의 종강 록』을 출간한바, 이 책 내용에도 역시 한국인의 민족성 설명이 포함되어 있어 우리 관심을 끈다. 한편, 육당 최남선의 관점과 유사한 점이 많아 그의 주장에 확신을 가지게 된다.

그 밖에 여러 사람 의견을 종합 검토 후, 저자는 결론적으로 반드시 고쳐야 할 우리 병통(病痛)을 항목별로 지적하기에 이르렀다. 아래 지적한 특징은 일부 경향이므로 개략적으로 수용하면 좋을 것이다.

〈한민족의 병통(病痛) 요약〉

- 대체로 성질이 급하다. 때로는 절차를 무시한다. 경륜을 쌓으려 하지 않는다.
- 매사 대강 해치운다. 정확하고 치밀하지 못하다. 끈기가 부족하다.
- 문제를 적당히 넘기려는 경향이 있다. 비법, 불법, 탈법의 소지를 만든다.
- 시행착오를 자주 한다. 따라서 합리적이고 능률적인 전문성이 없다.
- 상호 불신함으로써 불이익을 자초한다.
- 한때, 일본적인 서투른 모방에 골몰한 경우가 있다.
- 한때, 미국적인 서투른 모방에 골몰한 경우가 있다.
- 매사 끝마무리가 서투르다.
- 각자 하는 일에 정성이 부족하다. 따라서 완전, 완벽과 거리가 있다.

- 한 치 앞을 못 보아 전망이 불확실하다.
- 속 빈 강정일 경우가 있다. 형식 위주로 내실이 없다.
- 오만한 가운데 뽐내기를 좋아한다. 형식 위주에 내실이 없다.
- 혼이 없다. 기백과 정신력이 떨어진다.
- 개인적 이기주의에 빠져 애국, 애족, 애사심이 떨어진다.

10장
무엇을 말하는가?
(주제 및 화제)

"다른 사람이 어떤 길을 택하느냐는 내가 알지 못하지만, 만일 내게 말하라면 자유를 달라! 그렇지 않으면 죽음을 달라!"이 말은 헨리(Patric Henry)가 미국혁명 직전 버지니아 주 리치몬드에서 연설한 말로, 자주 인용된다. 이 유명한 연설을 한 헨리는 '말할 내용'이 있는 사람이었다. 또, 제2차 세계대전에서 독일 침략을 피할 수 없는 사실이라 판단한 처칠(Winston Churchill)은 영국 국민을 향해 최후까지 싸워야 할 것을 소리 높여 역설했지만, 그는 수상직 취임 연설에서 "나는 여러분에게 오로지 피와 눈물과 땀을 요구할 뿐이다."라고 말했다. 처칠 또한 '말할 내용'이 있는 사람이었다. 프랭클린 루스벨트(Franklin Roosevelt)는 경제공황 당시 대통령으로서 직무를 수행하며 "공포를 두려워하는 것 외에 두려운 것은 하나도 없다."고 미국인에게 말했다.

위와 같은 사례는 모두 '정황'과 '말하는 사람', '청중'이 하나 되어 말하는 사람의 스피치에 역사의 한 페이지를 장식할 만큼 위대한 순간의 기록들이다. 우리 대부분은 전국 혹은 전 세계의 관심을 끌어모을 정황에 처할 일은 거의 없으나, 말할 때는 '말할 내용'이 확실히 있어야 한다. 이런 점으로 보아 이야기 주제를 선택함에 있어 고려할 요소의 결합이 매우 중요하다. 이것이 바로 이 장의 주제다.

주제 선택

이야기 주제를 선택할 때 항상 고려하고 분석해야 할 사항은 아래와 같다.

- 시간, 장소, 분위기 등의 조건이 될 정황
- 연사의 지식, 관심사 및 신조
- 청자의 흥미와 관심 그리고 배경
- 연사가 모은 자료 출처와 그 효용성

'말한다는 것이 바로 사고 과정의 표현'이란 것은 정곡을 찌른 말이다. 우리는, 말이라는 것은 대체로 사고를 소리로 내는 표현이라 늘 들어왔고, 또 그것을 입으로 옮기고 있다. 바꾸어 말하면, 우리가 하는 말은 우리 자신을 나타낸다. 결국 우리는 경력, 경험, 지식, 신조, 감정, 관점, 견해, 소감, 사고 등을 나타낸다.

이야기 주제와 자료의 가장 최선의 근원은 우리 자신임을 알아야 한다. 신조와 감정은 환경, 교육, 직업, 교제 관계, 경험 등의 총체인 것이다. 우리의 지식과 견문 역시 이와 같은 근원에서 나오는 것이다. 이야기 주제를 선택할 때, 영향을 미치는 5개 항의 주된 요소를 항목별로 검토한다.

정황

말해야 할 이유 설정을 위한 일정 상황, 이를테면 회합의 유형·프로그램 전체의 성격·그룹 자체·일시와 장소 등 이런 것이 모두 모여 하나의 정황을 구성한다.

정황은 자연히 '주제 선택'을 좌우한다. 부하 직원에게 기업의 새로운 업무 방침을 설명하기 위해 이야기를 준비하는 것과 정찬회에서 할 짤막한 담화를 준비하는 일은 별도의 것이다. 전자의 정황은 주제 선택에 제한을 받지만, 후자는 상당한 여유가 있다. 또 매주 정기적으로 모이는 주례 회합이 주제 선택 범위가 넓다고 생각하기 쉬우나, 경우에 맞춰 어떤 주제가 가장 알맞고 중요한가를 결정하기가 실제 어렵다. 최근 다녀온 여행지나 취미 생활로 경험한 이례적 체험 등을 이야기할 상황은 정찬회 때일지 모른다.

앞에서 살펴본 것처럼 주제 선택에 있어 우리가 처한 정황이 때로는 강한 영향력을 미치는 요소로 작용하는 것은 거의 명백하다. 봄날 정찬회 때는 야구를 관전하는 법과 같은 화제가 적합한 것이지만, 겨울날 있을 유사한 정찬회 때는 이 화제를 꺼내는 것이 부적절할 것이다. 또, 스피치 길이라는 관점으로 볼 때, 배정된 시간 내에 다룰 수 없는 주제는 버리지 않으면 안 될 경우가 생긴다.

주제 선택에 영향을 미치는 정황 외에 스피치 이유, 목적, 계획과 준비에 필요한 주의 깊은 배려 등이 있다. 주제 선택과 관련된 정황 분석은 물론, 다른 요소들과 관련지어 고려하지 않으면 안 된다. 즉, 연사 자신의 흥미와 지식, 청자의 관심과 경력, 입수된 모든 자료가 바로 그것이다.

지식, 흥미, 신조

한 주제에 대해 많이 알면 알수록, 또 자신이 말할 내용을 깊이 느끼면 느낄수록 연사의 화법은 뛰어난 성과를 가져온다.

이미 이 장의 머리에서 연사의 경력, 경험, 지식, 흥미 등이 스피치 주제를 선택함에 있어서 힘 있는 지배 요소가 된다는 사실을 밝힌 바 있다. 일단 정황을 분석하고, 주제 선택이 연사 책임하에 있다는 판단이 서면 이 점이 가장 중요한 고려 사항이 되어야 한다. 말할 내용은 연사 자신이 잘 알고, 또 깊이 느끼고 있을 때 가장 가치가 있다.

지식과 정보가 풍부할수록, 또 신념이 굳건할수록 연사의 말하기 효과는 크게 증가된다. 따라서 연사 자신의 교양이 화제의 가장 중요한 저장고가 된다. 그러나 배경 및 경험을 음미할 때, 연사가 설정한 화제는 어떤 특정 시간에 어떤 특정 청중에 전달해야 한다는 사실을 항상 의식할 필요가 있다.

화제 선택 때는 자신의 지식과 경험을 음미함과 동시에 반드시 청중을 염두에 두고 고려해야 한다.

청중 분석의 요소

이야기 듣는 청자가 소수든 다수든, 또 조직의 발전책을 청취하려는 상사든 제안 설명을 듣는 부하 직원이든, 혹은 누구에게 사업상 협력을 구해야 하는 경영자 모임이든 만찬회를 열고 있는 친목 단체든, 또 그 밖에 어떤 유형의 청자든 상관없이 청자 집단이 가지고 있는 흥미와 배경을 고려해야 한다.

연사가 말하려 한 주제에 항상 청자의 흥미를 결부시키는 일이 그리 쉽지는 않다. 또 흥미를 느끼기는 하지만 어디인지 모르게 관심이 저조한 형편으로 느껴지는 경우가 있다. 한 주제를 놓고 볼 때, 청자에게 흥미가 없어도 연사가 흥미를 강하게 느끼고 있으면 청자 또한 연사가 꺼낸 주제에 무난히 기울게 된다. 이 경우, 청자가 주제에 흥미를 가지게끔 '동기 부여' 설명이 필요한데, 바로 이것이 연사가 맡아야 할 임무다. 청중 자신이 무엇을 가장 먼저 듣고 싶어 하는가를 알지 못하는 경우가 왕왕 있지만, 가치 있는 내용과 흥미 있는 화법으로 확신을 가지고 성실하게 화제를 던져 나가면 청중 장악이 가능하다.

물론 최상의 주제는 말하는 사람과 듣는 사람 양쪽에 다같이 흥미 있는 것이어야 한다. 만일 주관이 아닌 객관적 처지에서 사고의 초점을 청자를 향해 맞추기만 하면 연사는 얼마든지 적합한 주제를 찾아낼 수 있다. 연사의 주제와 목적이 청자의 흥미와 관심을 환기하게 하려면 주어진 정황과 여건을 감안한다. 그러나 우리는 간혹 이 명백한 사실을 무시할 때가 있다.

청자에 대한 몇 가지 고려 사항(나이, 성별, 교육 정도, 직업, 가족, 가입한 사회 단체, 종교, 취미, 기호, 오락, 관심사 등)은 다소나마 청자의 관심과 흥미를 파악할 수 있는 관건이 될 것이다. 이들 중 어떤 요소도 주제 선택과 목적 설정에 큰 영향을 미칠 수 있다.

자동차 생산 공장의 현장 감독자들은 국제 유가 상승이 자동차 생산에 미치는 영향에 큰 관심을 기울일 것이다. 그러나 직물 공장 현장 감독자는 똑같은 관심이 없을 것이다. 이때 청중의 직업이 미치는 영향을 우리는 실감하게 된다.

이야기 자료

'이야기 자료'는 화자가 어떤 주제에 관해 읽어야 할 참고 문헌을 지적하려는 의도가 아니다. 손 안에 있는 자료가 주제에 어떤 영향을 줄 것인가, 화자 자신의 독서·경험·여행·교제 범위 등의 배경을 검토하게 된다.

가장 잘 알고 있는 주제, 가장 많은 경험을 쌓은 주제, 이에 관한 책을 읽은 적 있는 주제를 목록으로 적어 본다. 그러면 화자는 한 번의 연설용으로 충분한 자료임을 깨닫게 될 것이다. 그렇다고 이미 완전하게 준비되었다든가, 자신이 가지고 있는 자료만으로 이야기 전개가 충분하다고 미리 예상하면 안 된다. 화자가 주제에 관한 책을 읽을 겨를이 없더라도 다소나마 자료의 외부 출처에 관심을 돌리지 않을 수 없다. 화자 자신, 직업상 교제 친구, 라디오와 텔레비전, 컴퓨터, 신문, 잡지, 서적 및 기타 자료 등을 통상 외부 출처로 볼 수 있다.

만약 회사 내에서 하는 대화라면 가치 있는 정보, 견해, 자료 등을 동료 직원이 가지고 있을지 모른다. 그러므로 회사 동료들과 대화해 본다. 이렇게 하여 견문을 넓혀 나가든가, 자료에 관한 어떤 시사(示唆)를 얻기 위해서도 친구와의 격의 없는 대화가 중요하다. 라디오·텔레비전·컴퓨터를 주의 깊게 시청하든가, 신문과 잡지를 정성껏 읽는 동안 흔히 지나쳐 버리기 쉬운 자료를 얻게 될지 모른다. 도서실 또는 도서관에 가면 관련 서적과 참고 자료가 많다. 당면 문제가 중요할 경우, 주제에 관한 지식이 아직 충분치 못할 경우 어떤 참고 서적이 도움될지 모른다. 매일 우리는 장차 유용하게 쓰일 자료를 접하고 있는지도, 또 여러 언론을 통해 유익한 말을 듣고 있는지도 모른다.

주의와 관심

이야기 주제의 선택과 이야기 전개와의 관계를 염두에 두고 자료를 수집할 때, 누구나 가장 적절한 것을 선택하고자 하는 주된 이유는 연사가 그의 아이디어를 흥미 있고 건전하게, 또 구체적으로 전개하기 위해서다. 단순히 길게, 오래 말하고 싶어서 자료를 구하는 것이 아니다. 흥미 있고 건전한 이야기 구성을 위해 가장 적합한 자료를 발견하려는 것이 목적이다. 말할 내용을 갖는다는 사실이 곧 장광설(長廣舌)을 의미한다고 할 수 없다.

이야기 화제, 화제 선택

자신의 경력이나 경험을 더듬어보면 현재의 지식이나 신념을 형성하는 데 많은 영향을 끼친, 실로 다채롭고 광범위한 과거사를 돌이켜 회고하게 된다. 가령, 지금 어떤 소집단을 향하여 무엇을 설명 약술(略述)하거나 혹은 무엇을 상대방이 나처럼 느끼게 하든가, 내가 믿는 것 같이 상대방을 믿게 하고 싶어 말하는 경우를 상상해 본다. 그런 경우를 대비하여 평소 말할 내용의 일람표를 만들어 이러저러한 어떤 무엇이 어떻게 해서, 또 어떤 까닭으로 자신에게 흥미와 관심이 가는가를 메모해 둔다. 이 일에 착수하면 꾸준히 계속한다. 그리고 하나의 적절한 화제를 선택할 때 심사 숙고하고, 연사 의도에 가장 적합한 항목에 참고 표시를 해 놓는다.

어떤 주제에 청중이 흥미를 갖지 않고, 자신 역시 알지 못한다 하여 주제에 지나치게 비판적이면 안 된다. 연사가 이야기를 잘 전개해 나가고 성의와 열의로써 아이디어가 제시되면 동기가 자극되니, 상대방은 새롭게 관심을 일으키고 흥미를 가지게 될 것이다.

말할 내용을 갖는 제1 단계는 가치 있는 주제를 선택하는 문제다. 이 과정이 불과 몇 분 사이에 끝날 수도 있고, 아니면 주제 선택에 필연적으로 영향을 주는 모든 요소를 면밀히 분석하는 작업이 포함되어 불가피하게 많은 시간이 소모될 수도 있다.

여기 모든 요소는 주어진 정황, 연사 자신의 지식, 흥미와 관심의 대상 및 신조, 또는 청자의 배경과 관심 등이다. 나아가 연사가 한 주제를 발전시킬 때 활용하는 자료이기도 하다. 말하기 목적과 이야기 주제의 관점에서 보면 결과적으로 이 모든 요소의 완벽한 결합이 이야기를 훌륭하게 이끄는 기초가 된다. 그러므로 이야기 목적·체계화·발전이 다루어진 다음, 가치 있는 내용을 말하는 화제 선택이 중요하게 등장한다.

일반 화제

날씨와 뉴스

날씨와 뉴스는 어느 유형의 말하기에서도 잘 어울리고, 자주 나오는 우리의 일상적 관심사다. 이는 생활 전반에 영향을 미치기 때문이다. 상대가 잘 아는 사람이든 모르는 사람이든 상관없다. 우선 연사 또는 화자에게, 그리고 청자에게 앞으로 계획하는 일을 수행하고 추진하는 데 있어 불가피한 생활 화제다. 덧붙이면 이 화제는 언제 어디서 누구에게나 관심 갖는 화제이므로 쉽게 꺼내어 나눌 수 있다.

상대방 장점

초면이든 구면이든 자기 장점을 듣고 기분 나빠할 사람은 거의 없다. 다만 지나치지 말아야 하며, 될 수 있으면 잘 알려지지 않은 부분을 말하면 더욱 효과 있을 것이다.

나의 허점

자기 결점을 아무 거리낌 없이 남 앞에 드러내고 말하는 사람이 그렇게 많지는 않다. 대개의 경우 나이든 분들이 그럴 경우가 있다. 이때 그의 인품이 좋게 생각되기도 한다.

실수와 실패담

자기 자랑은 몰라도 실수를 털어놓기는 쉽지 않은데, 그것을 아무렇지 않게 말하는 것은 드문 일이다. 이 역시 인간적인, 진실로 인간적인 면모로 남에게 받아들여진다. 먼저 호감을 안겨 준다.

신변 잡화

누구나 하기 좋은 말은 자기 주변 이야기다. 내가 한 일, 내가 겪은 일 등 내 모든 일을 말하기 좋아하는 것은 그만큼 내게 가까운 이야기이기 때문이다. 그리고 누구에게나 자기 주변의 이야기는 가장 자신이 있다.

여행, 명승지

우리가 가 보고, 듣고, 느끼고 한 실제 경험은 누구나 말하고 싶은 일반 화제다. 더구나 평소 가기 어려운 관광지를 다녀왔다면 특히 더 그렇다.

고적, 풍속, 습관

고적, 풍속, 습관에 관한 것 또한 일반 화제로 좋다. 코로나19 바이러스 유행 때 악수 대신 한때나마 어색하게 주먹을 서로 대며 인사 나누던 일이 떠오른다. 이 습관은 방송 매체를 통해 전 세계로 퍼졌다.

교우, 지기, 유명 인사

교우·지기·유명 인사 등을 화제로 나누면 부지불식간에 서로 통할 수 있는 인물이 나오고, 공감대 형성이 빨라진다. 그리고 유대 또한 끈끈해진다. 지연·학연·혈연 등이 나쁘다는 쪽으로 말하는 사람이 비교적 많은데, 매사 어찌 나쁘기만 하겠는가.

직업, 사업

같은 직업과 같은 사업을 하는 사람이면 자연히 화제가 순식간에 오간다. 아마 동류의식 때문이기도 할 것이다.

질병, 치료, 요법

이는 일상 생활에서 자주 논의되는 화제다. 인간이 가지는 욕구 가운데 가장 으뜸가는 것이 건강인 만큼 우리들 일상 화제에 자주 오르는 것은 너무나 당연하다. 다만 한 가지 주의할 점은 전문 의사도 아닌 처지에서 어떤 증세나 질병에 대해 이러쿵저러쿵 자세히 말하는 일은 크게 삼갈 일이다.

의식주

우리 일상 생활의 중심이 바로 의식주임은 누구도 수긍한다. 따라서 평소 누구와의 대화에도 자연스럽게 등장된다.

남녀 교제

이 화제는 주로 젊은이들 사이에 일상적으로 자주 등장하는데, 특히 결혼을 앞둔 남녀 사이에 이만큼 긴요한 화제도 드물 것이다.

가족, 친척

남녀 교제가 진전됨에 따라 연인 남녀가 어느 정도 가까워지면 가족, 친척으로 화제가 옮겨지는 일은 자연스러운 현상이다.

이상 대체적으로 일반적 화제를 거론했는데, 이 밖에도 많을 것이다. 일방적이든 양방적이든 사람이 모이면 화제가 오가고, 말문이 열릴 것임은 누구나 아는 사실이다. 매스 커뮤니케이션과 유튜브 등이 최근 만만치 않은 화제로 등장하고 있다. 말하고 싶은 화제를 거론하려는 저자 의도는 상대가 좀처럼 말문을 열려 하지 않을 경우를 상정하여 내어 놓는다. 침묵으로 일관하는 사람을 만나면 이 화제를 꺼내는 것이 유익할 것이다.

말하고 싶은 화제

자기 자랑

말하고 싶은 화제 첫 번째는 자기를 자랑하고 뽐내는 일이다. 누구도 이 화제는 가장 즐겁고 신명나는 이야기이므로 흥에 흥을 더하게 된다. 그러나 청자는 반대로 가장 듣기 싫은 화제임을 명심해야 한다. 그래서 어떤 이는 자기 자랑을 늘어놓고 싶을 경우 "제 자랑 같습니다만" 하고 변명을 붙인다. 그래도 자랑은 자랑이다.

경험

누구나 경험만큼 자신 있게 말할 수 있는 화제도 드물다. 그래서 심리적으로 불안한 정황에서 말할 경우, 자기 경험담부터 꺼내는 것이 자연스러운 해결법이다. 이는 스피치 아트의 한 요령이기도 하다. 이 세상에서 경험한 일은 자기 자신이 가장 유일하고 전문적인 입장이다. 경험이야말로 자기가 가장 권위를 가지고 말할 수 있는 이야기 소재다. 따라서 대부분 사람들의 자기 경험 이야기는 일상 많이 꺼내는 화제다.

청자 입장에서도 남의 경험 이야기는 관심과 호기심의 대상이 되기도 한다. 각계각층 성공한 사람들 성공담은 책으로 내도 크게 히트하는 종목이다. 가령, 일본에 사는 교포 가운데 재계에서 손꼽는 부자는 알다시피 손정의(孫正義)이다. 그가 살아온 길은 어떠했는지 많은 사람이 관심을 갖는 것은 자연스러운 일이다. 전 대우그룹 회장 김우중의 『세계는 넓고 할 일은 많다』 자서전은 베스트셀러가 되었다.

불평, 불만

누구라도 일상 생활 중 현실에 부딪치면 작든 크든 불평불만은 자연스럽게 나오기 마련이다. 더구나 조직이나 집단 생활에서면 일층 더하다. 가령, 그것이 내 탓이라도 남의 탓으로 돌리고 싶은 것이다. 가톨릭에서 꾸준히 벌이는 캠페인 '내 탓이요' 운동은 만인의 공감을 불러일으키고도 남는다. 내가 조금 참고, 내가 조금 수고를 더하면 아무 문제없을 것을 외부로 불평불만을 표출함으로써 주위를 소란스럽게 하는 경우가 가시지 않고 있다.

요구 및 건의

아마 불평불만 다음으로 말하고 싶은 것은 요구와 건의 사항일 것이다. 내가 좀 불편하다고, 내가 좀 참기 어렵다고 수시로 당사자나 기관에 요구와 건의를 서슴지 않는 사람이 있다. 크게 문제 될 것 없는 사항은 삼가는 것이 슬기롭다.

남에 대한 험담

눈만 뜨면 습관처럼 잠시도 쉬지 않고 남을 험담하는 사람이 있다. 이는 나쁜 버릇일 뿐만 아니라 동시에 자기 인격을 스스로 실추시키는 행위다. 그만큼 자기도 남의 험담을 듣게 될지 모른다.

가십과 스캔들

남의 뜬소문과 추문은 술자리의 안주감이라 말하는 사람도 있을 정도지만, 이처럼 말하기 쉽고 듣기 좋은 화제도 없다. 그러나 윤리의 관점에서 보면 그다지 장려할 화제는 아니다.

비판과 비난

'라이온즈 클럽' 윤리 강령에 보면 이런 항목이 나온다. "남을 비판하는 데 조심하고 남을 칭찬하는 데 인색하지 말자." 우리 현실은 어떨까? 사실 평소에 우리는 남을 비판하는 데 주저함이 없고, 남을 칭찬하는 데 인색한 경우가 많다. 남을 비판하고 비난하기에 앞서 조용히 자기 자신을 돌보는 일이 어진 일이다.

이상 사람이 말하고 싶은 화제를 열거했는데, 이 화제는 담화 분위기가 좀처럼 조성되기 어려운 장면에서 사람들 말문을 열어 주는 수단으로 꺼낸 것인 만큼 적절히 활용해 볼 것을 권한다.

듣고 싶은 화제

우리가 청자가 아닌 연사나 화자일 경우, 아무래도 청자나 청중이 듣고 싶은 화제를 선택하는 편이 좋을 것이다.

이익 추구

남의 이야기를 듣고 손해 보는 일을 좋아하는 사람은 아무도 없을 것이다. 사람은 누구나 이익을 추구하기 때문이다.

남의 이야기를 듣고 유익했다는 소감을 원한다. 더구나 시간은 귀한 것이 아닌가. 따라서 연사 및 화자는 말할 때 반드시 청자, 청중에게 무엇이 유익하고 유리할 것인가를 우선 염두에 두고 말문을 열고 닫아야 한다.

욕구 추구

앞에서도 잠깐 비쳤지만, 인간 행동의 동기가 욕구 추구에 있거나 욕구 불만 해소에 있다고 하면, 욕구 추구에 부합되는 화제가 좋을 것이다. 다시 말하면 건강과 장수에 관한 것, 인정받고자 하는 명예에 관한 것, 휴식에 관한 것, 이성 교제에 관한 것, 돈 또는 재산 증식에 관한 것 등이 될 것이다.

행동에 필요한 것

우리 일상 생활에 아무리 필요하고 중요한 사항이라도 그것이 이야기로 그치면 무슨 소용이 있겠는가. 그러므로 행동에 따르는 구체적인 방법을 듣고 싶어 하는 것이다. 곧 청자는 행동 수칙 요령을 듣고자 한다.

불평불만 해소

누구나 마음에 쌓인 불평불만을 해소시켜 주면 그의 이야기에 귀 기울일 것은 너무나 명백하다.

뉴스 및 정보

시시각각 새롭게 알려지는 뉴스와 정보는 남보다 빠르게 알면 알수록 그만큼 일상 생활에 유리하고 유익하다. 한때는 그것이 인쇄 매체에만 의존해 왔으나 현재는 이에 덧붙여 스마트폰을 비롯한 라디오, 텔레비전 등으로 널리 확산되고 있다. 새로운 정보 없이 개인이든, 사회·국가든 문제 해결에 도움을 받을 수 없다.

새 아이디어

우리가 청중의 한 사람이 되어 연사나 화자의 이야기를 듣는다면 새 아이디어를 들으려고 하지 이미 다 아는 알려진 이야기에는 별로 관심을 갖지 않을 것이다.

예를 들면, 전파로 유도하는 무인 비행기 드론(Drone)이 새 시대 총아로 각광을 받고 있다. 농사용으로 처음 인기가 뜨더니 최근 뉴스 보도에 따르면 군사용으로 가공할 위력을 발휘하고 있다. 또 한 예로 들자면, 미국 전임 대통령 오바마가 후보로 선거 유세에 나섰을 때 내건 슬로건은 "Change, We Need."였다. 미국 유권자는 이에 호응했고, 그는 미국 새 대통령에 당선했다.

지식 및 지혜

"아는 것이 병이다." 하는 말도 있으나 "아는 것이 힘이다."라는 말이 힘을 얻는 요즈음이다. 그것이 지식과 지혜를 통해 얻어지는 힘이다. '온고지신(溫故知新)', 옛것을 익히고 새것을 안다는 뜻이다. 우리가 문장을 쓸 때나 읽을 때, 문장 가운데 고사성어가 나오면 즉시 그 뜻을 새겨보고 고금에 통하는 지식과 지혜를 새로 배우고 깨닫는다. 그리고 삶의 지표로 삼을 경우가 많다. 그러므로 사자성어를 문장 속에 포함하는 문사(文士)가 적지 않다.

일화

조선조 때만 하더라도 '황희, 황 정승 이야기'가 있고, '영상, 맹고불 이야기'가 있으며, 그 밖에 수많은 일화가 전해 온다. 일화에 담긴 지혜는 우리에게 깨달음을 준다. 일화는 양의 동서가 없고 시의 고금이 없다. 사람 사는 사회의 공통점 또한 적지 않다. 연설에서 일화는 시간 조절상 매우 요긴한 방편으로 이용될 때가 있다.

호기심을 자극하는 것

'호기심' 하면 색다르고, 신기하거나 이상한 일에 끌려 그 정체와 내용을 알고 싶어 하는 마음이다. 누구에게나 호기심이 많다, 호기심이 생긴다, 호기심을 자극한다 등으로 이 말의 용례를 찾을 수 있다.

유머

대화·연설·강연 등에 참여하는 인사는, 청중이 자기 이야기에 싫증을 느끼지 않게 하려면 이따금 유머를 적절히 써야 한다는 명사들 경험담이 크게 참고된다. 한 예를 소개한다.

우리나라 최근세사 인물 월남(月南) 이상재(李商在)가 서울 박정양(朴定陽) 대감 댁에 머물러 있을 때 일어난 일이다. 어느 날 이상재가 시무룩하게 앉아 있었다. 박정양이 이상히 여겨 연유를 물었다. 월남은 "내일이 내 생일인데 객지에서 지내자 하니 자연 심사가 좋지 못하구려." 하고 대답했다. 이튿날, 박정양이 좋은 술과 안주로써 그를 위로하였다. 그런데 며칠 후, 이상재가 또 밥상을 건드리지도 않고 그대로 물렸다. 음식을 차린 여인이 그 연유를 물었더니, "오늘이 내 생일인데……." 하고 돌아앉았다. 그녀가 안에 들어가 주인에게 고하니, 주인은 술과 안주를 장만하여 그를 잘 대접하였다. 그런데 그 뒤 얼마 안 되어서 같은 일이 또 일어났다. 그러자 주인 박정양이 "선생은 생일이 1년에 3차례씩이나 되신다 하니 어쩐 일인가요?" 하고 물었다. 이 말에 이상재는 "객지에 있는 사람은 매일 생일이라도 무방하지 않나요?" 하며 빙그레 웃었다. 박정양도 따라 웃지 않을 수 없었다.

교훈

도봉산 석천(石泉)이 '말 한 마디'란 교훈을 신문에 쓴 일이 있어 여기 소개한다. 교훈이지만 지혜를 일깨우는 가치 있는 말로, 음미하면 유익하다.

부주의한 말 한 마디가 싸움의 불씨가 되고,
잔인한 말 한 마디가 삶을 파괴한다.
쓰디쓴 말 한 마디가 증오의 씨를 뿌리고,
무례한 말 한 마디가 사랑의 불을 끈다.
은혜스러운 말 한 마디가 길을 평탄케 하고,
즐거운 말 한 마디가 하루를 빛나게 한다.
때에 맞는 말 한 마디가 긴장을 풀어주고,
사랑의 말 한 마디가 축복을 준다.

상대에게 만족을 주는 것

필요를 충족하면 누구나 만족을 느끼게 된다. 연설 첫머리에 연사는 돈호법(頓呼法)을 쓰며, 청중에게 만족을 주는 인사말을 한다. "사랑하고 존경하는 국민 여러분!" 하는 따위다. 상대를 높이고 나를 낮추는 인사말이다. 지난 과거를 보면, "불초 소생이 배운 것도 없고 아는 것도 없는 제가 오늘 여러분 앞에 섰습니다." 하는 인사말도 자주 썼다. 선거철이 되면 듣게 되는 "여러분의 귀중한 한 표를 꼭 저에게 모아 주십시요." 하는 호소도 같은 맥락이다. 남을 대접하는 인사말이 호감을 살 수 있기 때문이다. 남의 인정을 받고, 나아가 존경의 대상이 됨은 비록 형식일지라도 청자로서 만족할 수 있는 말이다.

마무리도 첫머리 못지 않게 중요하다. 연사로서 겸손과 겸허의 인사말을 하면 좋다. 그리고 연설하는 중간에 의례적으로 상대를 존중하는 말을 포함할 필요가 있다.

상식

보통 사람이 가지고 있는, 또는 가져야 할 지식과 판단력이 상식이다. 요즈음처럼 급격한 변화 속에 사는 우리는 알아 둬야 할 상식이 너무 많다. 일일이 외우기도 어렵고, 행동으로 옮기기도 힘들다. 일상 생활에 필요한 상식을 연사가 말하면 청자와 청중이 귀 기울일 것은 분명하다.

11장
어떻게 말할 것인가?
(전제 조건)

언어에 대한 이해

우리는 생각, 느낌, 뜻 등을 말할 때 먼저 언어를 떠올린다. 언어로써 서로 의사소통을 도모한다. 그렇다면 언어에 대한 이해가 선행되어야 할 것이다. 언어는 음성과 의미가 있다. 앞에서 발음과 음성 변화를 설명한 이유다. 모든 음성은 그것이 언어라면 반드시 의미를 담고 있다.

언어에는 음성 언어와 기록(문자 언어) 언어가 있다. 스피치는 음성 언어를 사용한다. 우리나라 국어 교육은 기록 언어를 중시하고 이 음성 언어를 멀리해 음성 언어에 대한 인식이 거의 없다. 음성 언어는 발음법이, 문자 언어는 맞춤법이 우리 언어생활을 규제한다. 그동안 우리는 학교 교육을 통해 문장 생활을 익히고 이에 숙달해 왔다. 따라서 맞춤법은 어느 정도 익혀 왔으나, 발음법은 배울 기회가 거의 없어 모르는 경우가 허다하다. 이 점, 국어 교육의 큰 허점이다.

언어는 변한다. 그러므로 고전을 배울 때, 자주 사전을 찾아가며 고어의 의미를 확인해 고문을 익히는 것이 기본 자세다.

국어에 대한 이해

국어는 '표준어'와 '방언'이 있다. 이 말을 '공통어'와 '지역어'로 바꾸어 말하는 사람도 있다. 그러나 '표준어'를 쓰는 것이 기본이다. 우리가 학교에서 교육을 받는 일 가운데 가장 중요 부분을 차지하는 것이 바로 표준어를 배우고 익히는 일이다. 현재 우리나라는 라디오, 텔레비전의 영향으로 표준어가 전국적으로 전파되어 더 논의할 성질의 문제는 아니다.

맞춤법은 그때마다 자주 개정해 옴에 따라 새 변화를 모르면 당황하는 경우가 있다. 새 변화를 즉시 받아들이고, 각자 국어 생활에 참고하는 노력이 따라야 한다. 표준 발음법은 이미 그 규정이 공표된 바 있으므로 이를 참고하면 좋다. 아직도 발음법을 몰라 불편을 느끼는 이가 적지 않은데, 각자 배우고 익혀야 할 것이다.

언어는 변하는 속성이 있음을 앞에서 말했는데, 동시에 국어도 물론 변하는 속성이 있음을 알아 둘 필요가 있다. 한글이 세계적으로 자랑할 만한 문자임은 잘 알면서 정작 우리말이 훌륭하다는 점을 모르는 사람이 없지 않다.

의미에 대한 이해

의미의 유형

다음과 같이 의미의 유형을 나누어 볼 수 있다. 이 중 몇 가지 유형의 의미가 청자에게 전달되는 것이다.

사전식 의미

이것이 어휘적 상황(Lexical situation)이다. 글을 읽다가 모르는 말이 나오면 곧 우리는 사전을 꺼내 문제를 해결한다. 국어사전은 뜻과 그 말이 쓰이는 용례를 자세히 밝혀 준다. 다만 발음은 IPA 표기가 아직 없어 아쉽다.

문맥적 의미

이것이 통사적 상황(Syntactic situation)이다. '색감(色感)'을 '색을 통하여 느끼는 감각' 하면 사전식 의미지만, 가령 앞뒤 문맥을 보고 '다양한 어감을 강하게 표현한 말'이라 하면 문맥적 의미다.

상황적 의미

가령, "그러지 마." 하는 말을 놓고 명령형으로 말할 경우와 동정을 구하는 듯 청유형으로 말할 경우로 상황을 나누면, 달라지는 의미를 분별할 수 있다.

추리적 의미

어떤 사람이 간밤의 꿈이 좋아 복권을 사겠다고 하면 주위 사람은 그 꿈이 혹시 돼지 꿈이 아닐까 짐작할 때, 추리적 의미가 형성될 수 있다.

학술적 의미

가령 'pause'의 사전식 의미는 간단히 '사이' 등으로 말할 수 있다. 학술적 의미를 부연하면 조금 달라진다. 앞에서 논의했지만, 이것을 '정어법' 하면 도산의 『웅변법 강론』 등의 설명이 덧붙여질 것이다.

행간적 의미

문장의 직접 기술은 없지만 문장과 문장을 싸고 있는 정황으로 보아 새로운 의미를 찾아낼 수 있다.

언외적 의미

가령 강의실 수업 중 교수가 "강의실이 좀 덥군." 하면, 한 학생이 강의실 창문을 여는 경우라고 말할 수 있다.

코집스키(Korzybsky)의 일반 의미론

알프레드 코집스키(Alfred Korzybsky, 1879~1950)는 폴란드 수학자이다. 1938년 이후 도미하여 미국 언어학자로서 '일반 의미론' 분야를 개척했다. 그는 의미론을 '현지와 지도', '사실과 언어'로 비유하여 알기 쉽게 설명했다.

〈현지와 지도〉
① 지도는 현지가 아니다
② 지도는 현지의 모든 사항을 모두 기재하지 못한다.
③ 지도는 현지를 대신할 뿐이다.

〈사실과 언어〉
① 언어는 사실이 아니다.
② 언어는 사실의 모든 사항을 모두 포함하지 못한다.
③ 언어는 사실을 대신할 뿐이다.

어휘에 대한 이해

어휘는 단어와 달리 '실질 형태소'만을 가리킨다. 곧 '의미 형태소'만을 말한다. 이에 비해 단어는 '형식 형태소', 곧 '문법 형태소'까지도 한데 포함한다. 스피치의 어휘로 초점을 맞춰 살펴보자. 우선 연사 및 화자는 말하는 장면에서 어휘가 우선 풍부하고 다양해야 할 것이다. 반드시 많은 어휘가 전제된다. 그리고 어휘 선택의 기준을 논의해야 한다.

다음은 '어휘 선택'에서 평소 우리가 고려해야 할 몇 가지 항목이다. 요컨대 누구나 아는 말을 쓸 일이요, 특별한 장면에서만 외래어·외국어·한자어·전문 용어를 조심해 쓸 필요가 있다. 겸손과 겸허가 예의의 근본이다. 경어법을 잊지 말자.

쉬운 말

청자가 말을 듣고 곧 그 뜻을 이해, 파악할 수 있는 말이 쉬운 말이다. 가급적 우리는 쉬운 말을 쓰도록 노력하고 권장해야 한다. 그렇다면 어려운 한자어보다 쉬운 우리 고유어, 토박이말을 써야 하지 않겠는가. 하지만 고유어로 통하지 않는 경우도 적지 않다. 각 방면의 전문 특수 용어의 어휘 문제는 그렇게 녹록지 않다.

그 뜻을 담은 그 말

앞에서 우리는 의미 문제를 다각도로 논의했는데, 그 뜻을 담은 그 말을 택하는 일 또한 쉽고 간단한 문제가 아니다.

문법에 맞는 말

이것은 주로 문법적 어격(語格)에 어울리는 말이다. 가령 경어법이라든가, 또는 어휘의 위치, 조사의 적격 여부 등을 가리킨다.

감각어

감각어는 좋은 느낌을 받으며 상대가 쉽게 뜻을 떠올릴 수 있는 말이다. 이를테면 벽돌 빛보다 장밋빛, 커피색보다 샴페인색 따위다. 어떻게 생각하면 정서적 분위기를 띄우는 셈이다.

비속어, 욕설, 막말

비속어, 욕설, 막말 따위는 적극 피한다. 이 같은 말 자체가 말하는 화자 및 연사의 인격을 스스로 깎아내리기 때문이다. 공식 석상에서 이런 말을 했다면 후에 곧 장본인 당자는 여러 사람 앞에서 반드시 사과하지 않으면 안 된다. 다른 한편, 비속어가 유머의 일종임을 알아 둘 필요도 있다.

전문 특수 용어

전문 특수 용어는 꼭 필요할 때만 쓰고, 습관적으로 알기 쉬운 우리말로 옮겨 놓아야 한다. 이런 자세를 취할 수 없으면 전문 용어를 쓰지 않는 것이 좋다.

유행어

일반적이든 전문적이든 유행어가 인기를 끌지만 상대를 보아 선별적으로 구사해야 한다. 너무 자주 쓰면 수박 겉 핥기식으로 쓰는 나쁜 인상을 남길 수 있다. 가령, '자존심'이라는 일상 쓰는 말이 있는데, 어떤 방면의 전문 학자가 '자존감'이라고 쓰자마자 곧 흉내라도 내듯 너도나도 '자존감'이라고 쓰며 동화하는 것은 어딘지 모르게 격이 떨어지는 느낌이다. 우리 국어사전에 '자존심'은 있어도 '자존감'은 아직 등재조차 되어 있지 않다. 전문 학자는 몰라도 일반인이 쓰면 어쭙잖은 인상을 남에게 주기 쉽다.

외국어 및 외래어

남이 잘 모르는 생소한 외국어 및 외래어를 아무 거리낌 없이 쓰는 사람이 있는데, 이 역시 주의할 일이다. 국제학술대회장에서는 예외다.

드물게 쓰는 한자어

이 또한 쓰기를 조심할 필요가 있다. 한자어, 한자 숙어를 일상으로 많이 쓰면 일부 청자에게 거부감을 줄 수 있다.

12장
화법 기능

보고(Report)

'보고', 이 말의 명사만 따져도 아래와 같이 의미가 많다.

① 조사 연구의 보고, 도로 상태와 교통 상황의 보고, 기상 정보의 보고 등
② 공보, 관공서에서 국민 일반에게 알리는 보고. 지방 관서가 관보에 준하여 발행하는 문서, 이를테면 선거 공보를 들 수 있다. 관공서 사이의 보고도 이에 포함된다.
③ 신문 방송 따위의 보도 기사, 각 방면 전문 리포터의 리포트
④ 법원의 판례집, 의회 의사록, 강연 속기 따위의 기록
⑤ 소문, 평판 등의 의미

일반적으로 보고는 누구에게 지시 받은 일, 당자가 경험한 일, 연구한

결과, 관찰 및 시찰한 일, 실험 결과 등을 남에게 자세히 알려 주는 것이다. 보고에는 '구두 보고'와 '문서 보고'가 있다.

보고의 유의점은 아래와 같다.

① 중간 보고를 자주 한다.
② 간단한 내용은 결과부터 보고한다.
③ 보고, 또는 보고서는 6하 원칙에 의한다. 보고 후, 어떤 질문에도
　대답할 수 있게 자료를 준비한다.

설명(Exposition)

'설명'은 어떤 일이나 대상 내용을 상대가 잘 알 수 있도록 쉽게 밝혀 말하는 것이다. 독자의 이해를 목적으로 어떤 사항에 대해 객관적, 논리적으로 글을 통해 알려 주면 설명문이 된다. 즉 상대가 모르는 사실, 새로운 사실을 자세히 알려 주고 이해시키는 것이다.

• 모든 사항을 쉽게 말하면 설명이다.
• 모든 사항을 구체적으로 말하면 설명이다.
• 예, 사례, 실례 등을 들면 설명이다.
• 숫자와 통계를 들면 설명이다.
• 비유를 써서 말하면 설명이다.

설득(Persuasion)

'설득'은 남을 나의 뜻한바대로 움직이고, 남이 호감을 가지고 나에게 적극 협력하게 하는 것이다. 동시에 남의 의지, 신념, 태도, 행동 등에 변화를 주는 것이다.

설득의 유형

강제 설득

강제력을 발휘하는 설득으로, '하라', '하지 마라' 등 두 가지밖에 없다.

의뢰 설득

부드럽게 부탁하는 방식이다. 사자성어 유능제강(柔能制剛, 부드러운 것이 오히려 능히 굳센 것을 이김.)이 떠오르는 의미 있는 부분이다.

정보 설득

이래라 저래라 할 것 없이 문제 해결에 도움 되는 가치 있는 정보를 주면 상대가 자연스럽게 설득되는 방식이다.

입증 설득

증거와 논거를 가지고 내 주장을 입증해 보이면 상대를 어느 정도 쉽게 설득할 수 있는 방식이다. 증거는 팩트(Fact)이고, 논거는 워런트(Warrant)다. 아리스토텔레스(Aristoteles, 384~322)는 그가 쓴 『레토릭(Rhetoric, 수사학, 변론법)』에서 '변론법'은 어떤 경우에든 각 사례에 적용할 수 있는 설득 방법을 창출해 내는 능력을 말한다고 했다. 그는 설득 방법을 명쾌하게 설명했는데, 그 방법에 '기술'과 '비기술'이 있다고 했다. 기술은 화자의 인품·에토스(Ethos)·청자의 정서·파토스(Pathos)·화자의 언론·로고스(Logos)로 나누고, 비기술은 증인·자백·물증으로 나눈다. 이 점은 놀랍게도, 오늘에 와서도 불변의 진리임이 분명하다.

설득의 심리적 요소

- 설득자 영향으로 설득이 약도 되고, 독도 된다.
- 서민처럼 행동한다.
- 표어와 겉치레 말이 설득력을 갖는다.
- 권위, 증언, 여론, 유행을 인용한다.
- 상대에게 이해와 양해를 구한다.
- 상대의 이익, 욕구에 호소한다.
- 화자 및 연사의 인격으로 호소한다.
- 설득자가 반복 호소한다.
- 상대에게 욕구 불만 감소 및 해소 방안을 제시한다.
- 정보, 실례 등으로 호소력을 갖는다.
- 유머, 위트로 여유를 보인다.
- 인도주의, 도덕, 정의감 등에 호소한다.
- 명예, 자부심, 이상에 호소한다.
- 비전과 희망을 제시한다.
- 사랑, 증오심, 공포심을 자극한다.
- 불안, 불만, 불신감, 분개심을 자극한다.

- 일치된 비난 대상을 공격한다.
- 안전과 안정을 강조한다.
- 건강, 평안 등을 기원한다.
- 동류의식, 공감대를 자극한다.
- 상대를 기리고, 때로 예언적 전망도 내놓는다.

설득의 인간 관계

- 가급적 논쟁을 피한다.
- 남의 잘못을 함부로 지적하지 않는다.
- 자기 잘못을 겸허하게 인정한다.
- 가능한 대로 온건하게 말한다.
- 상대가 "네"라고 대답할 질문을 던져 나간다.
- 상대가 말하게 한다.
- 상대가 생각하게 한다.
- 역지사지(易地思之)의 입장을 취한다.
- 동조해 보인다.
- 아름다운 심정에 호소한다.
- 연출을 생각한다.

논리적 표현

- 아는 사실로 시작, 모르는 사실로 전개
- 쉬운 내용으로 시작, 어려운 내용으로 전개

- 시간 및 공간의 순서 유념
- 주제에 적합한 화제 선택
- 원인 및 결과의 인과 관계
- 3단 논법의 원리(대전제, 소전제, 결론 등)
- 유추법, 즉 피차의 공통점을 토대로 새로운 추리를 시도한다.
- 추리법, 즉 가정을 전제로 결론을 끌어낸다.
- 연역법, 즉 서론·본론·결론으로 이야기 전개
- 귀납법, 즉 결론부터 말하고 들어간다.
- 도마에 오른 문제의 분석과 종합
- 변증법, 즉 정립·반정립·종합(정반합)
- 문제 해결법, 즉 문제 제시·가능한 모든 해결책 제시·해결책 선택

환담(유머, 위트, 조크 등)

'환담(歡談)'은 '유머'를 고심 끝에 필자가 옮긴 용어다. 필자가 방송통신대학 교재 『국어 화법』(1984)에 처음 쓰기 시작한 학술 용어로, 『고등학교 화법』(교학사, 1996)에도 썼다.

'환담'의 사전식 정의는 본래 "정답고 즐겁게 이야기하는 것, 또는 그 이야기"로 되어 있는데, 여기에 새로 '유머'의 뜻을 필자가 덧붙여 쓰기 시작한 것이다. '환담'은 고위층 또는 외교 관례로 만나는 자리에서 참석 인사가 공식 및 비공식 좌담으로 나누는 이야기란 뜻이다. 이것을 유머 대체 용어로 쓴다. 당분간 혼용이 불가피하다.

환담은 사람을 웃기고, 모임의 분위기를 즐겁게 하는 기능을 한다. 소

설적 서술, 남의 호기심을 끄는 경험담, 유명 인사의 가십, 순간 청자에게 우월감을 안겨 줄 때, 과장과 풍자, 해학, 아이러니(Irony)와 패러독스(Paradox), 사람의 특이한 습관, 다의어 또는 유사음어(類似音語), 남의 흉내 내기, 예상 밖의 전환, 분위기를 깨는 불손한 언행(막말 따위), 동문서답, 변덕스런 장면, 불합리하고 몰상식한 말의 엉뚱함, 핀트에 안 맞는 말이 쓰일 때, 의성어와 의태어 이용, 바보 연기 등 환담 유형도 여러 가지로 나타난다.

희극

인간의 감정과 행위에 있는 모순, 배리(背理), 불균형 같은 약점을 묘사하여 익살 또는 이와 유사한 미적 효과를 내게 하는 종류의 희곡이 '희극(喜劇)'이다. 명랑, 경쾌한 기분으로 인간 결함, 사회 병폐 등을 묘사하여 지성에 호소하는 것이다.

희극은 각종 분규를 해소, 행복한 결과를 가져온다. 그러므로 희극의 특질을 말한다면 그것은 전체의 대화, 상황, 성격의 관련 속에서 나타나는 고유의 정신적 효과에 있다고 본다. 바꾸어 말하면, 대상이 어떤 모순을 노정(露呈)함과 동시에 그것이 일종 우월감으로 용납되는 데서 희극이 성립된다. 주제는 비교적 경미한 악습, 흔히 있는 어리석은 행동이 가장 좋은 소재가 된다.

대표적인 작가로는 고대 그리스 시사 풍자 작가 아리스토파네스(Aristophanes, B.C. 450~385), 『톰 소여의 모험』을 쓴 미국의 마크 트웨인(Mark Twain, 1835~1910)이 있다. 풍부한 유머로 널리 알려져 있는 마크 트웨인은 철학과 희극은 나쁜 관계임을 주장했다. 또, 『웃음의 철학』과 『모리에르(Moliere)의 희극론』을 쓴 프랑스 철학자 앙리 베르그송(Henri Bergson, 1859~1941)은 교묘하고 은근한 방법으로 웃음과 희극에 철학을 덧붙였다.

13장
듣기 좋은 화법

말소리가 분명하다

지위가 훌륭하고 내용이 풍부해도 화자의 말소리가 들리지 않으면 아무 소용이 없다. 말소리를 좋게 하는 방법은 다음과 같다.

첫째, 숙면을 취한다. 잠을 설치고 나면 이튿날 목소리가 잘 나오지 않는다. 방송 아나운서는 새벽 방송 담당일 경우 구강 입가심을 열심히 한다. 이유는 타액이 입 안에서 알맞게 나오게 하는 데 있다. 타액이 너무 나와도, 너무 안 나와도 문제다. 그래서 껌을 씹을 때도 있다.

둘째, 사우나 탕욕을 규칙적으로 하면 혈액 순환도 좋지만 음성에 더없이 좋다. 음성을 자주 쓰는 직업에 종사하면 이 방법을 권장한다. 아마 자기 음성 최고의 상태는 탕욕 직후가 아닌가 한다. 경험에서 찾은 아이디어다.

셋째, 급할 경우에는 목캔디가 좋다. 평소 드롭스를 준비하되 박하가 들어간 것이 좋다. 경우에 따라 '용각산' 복용도 효과적이다.

넷째, 술과 담배는 절대 금물이다. 특히 알코올 농도가 높은 것은 좋지 않다.

다섯째, 과일이 좋다. 특히 오미자차가 비방인데, 꿀을 타면 더 좋다. 되도록이면 자극성 있는 음식은 피한다.

여섯째, 연설이 예정돼 있을 경우 사전에 지나치게 음성을 쓰면 무리다.

일곱째, "건강한 몸에서 아름다운 목소리가 나온다."는 로마 속담이 있다. 평소에 등산 또는 걷기 운동을 한다.

이야기가 알아듣기 쉽다

뜻 모르는 말이나 뜻이 모호한 말은 가급적 피하는 것이 좋다. 일반적으로 상대 청자 및 청중에게 고등학생 수준의 어휘 또는 용어를 구사하는 것이 효과적이다. 어려운 말을 꼭 써야 할 경우, 반드시 쉬운 말로 풀어 줘야 한다. 동시에 어려운 한자어나 외국어는 삼가는 것이 좋다.

문장은 짧은 문장을 주로 사용하고, 의미를 반복하는 문장을 쓸 필요가 있다. 문장 표현어가 아닌 구두 표현어를 구사한다. 표어 형식의 어구가 듣기 좋다.

특별한 경우가 아니면 격앙된 목소리는 쓰지 않는다. 청자에게 피로감을 주기 쉽다. 저음으로 시작하여 저음으로 끝내는 것이 좋으나 단조로움은 피한다. 청중 분석이 잘 안 되면 평균 이하로 초점을 맞춘다.

이야기가 흥미 있다

이야기가 청자 및 청중의 흥미를 끌지 못하면 상대는 곧 싫증을 낸다. 아무래도 상대의 흥미를 끌려면 유머는 필수다. 그것도 이야기 주제와 맞고, 청자에 맞는 소재를 택해야 한다. 청자 욕구에 부합하는 주제 및 화제면 상대가 흥미 있어할 것이다.

청자 관심을 끄는 화제, 상대의 기호와 취미에 맞는 것이면 좋다. 상대의 건강 증진에 관한 것이면 인기를 끌 것이다. 상대의 당면 문제 해결에 도움 되는 것이 적절하며, 상대 욕구 불만 해소에 관한 것이면 좋다. 이야기가 변화를 주고 단조롭지 않아야 한다.

이야기가 유익하다

자기 이익에 도움 되면 청자는 듣기를 잘했다는 느낌을 갖는다. 청자의 일상 생활은 물론 그의 장래 생활에 도움을 주면 좋다. 몰랐던 일을 새로 알게 되거나 최신 뉴스와 최신 정보, 참신한 아이디어를 들으면 유익하다. 만약 이야기를 듣느라 시간 가는 줄 몰랐다면 유익하기 때문일 것이다. 각 방면으로 확실한 도움을 받으면 청자에게 확신이 설 수 있다.

상식, 지식 등을 늘릴 수 있으면 좋다. 이야기 듣기 전보다 듣고 나서 깨달은 바가 많고, 매사 새로운 관점으로 이해하게 되니 한층 생각의 폭이 넓어진다. 처음 들은 이야기가 많다.

이야기가 여운을 남긴다

듣기 좋은 화법은 짧은 만남이지만 긴 여운이 남는다. 이야기가 감동을 주면 청자는 당분간 잊지 못한다. 특히 화자 및 연사 자신이 감동받은 이야기는 청자에게 감동을 주며, 연사의 이야기를 또 한번 들었으면 좋겠다고 생각한다. 또한 감동이 크면 이야기가 끝나도 그 자리를 못 떠나며, 주제 및 화제를 중심으로 다양한 질문을 하고, 참고서나 저서 소개를 요청한다. 주제에 따른 미진한 부분을 토론하고 싶어 한다거나 화자에게 다음 상봉 약속을 적극 요구하기도 한다.

매력 있는 화법이다

매력 있는 화법은 항상 자연스럽게 대화하듯 말한다. 화자는 언제나 확신이 서는 내용만 말하며, 간결하게 말한다. 토론의 경우에는 공평하게 말한다. 기회 있을 때마다 기지(機智)를 살리고, 꼭 누구에게나 예의 바르게 말한다. 이야기는 때로 감동을 주어야 한다.

14장
스피치 유형

대화 방법(Conversation)

대화의 정의

대화는 나를 알리고 남을 알면서 공동 협력의 장을 이루어 나가는 것이다. 인격의 만남이요, 인격의 교류다. 대화는 말하기와 듣기의 역할 교환이다. 나를 중심으로 4 대 6, 또는 3 대 7의 비율로 내가 보다 적게 말하는 것이 국제 관례요, 예의다. 대화 장면은 1 대 1이 보통이지만, 1 대 다수 또는 다수 대 다수도 있다.

대화의 분위기 조성

화자와 청자 서로 간에 긴장을 약간 푼다. 단, 내가 먼저 긴장을 푼다는 뜻에서 부드러운 표정, 부드러운 말씨, 부드러운 태도 등을 보일 수 있다. 부드러워야 대화가 잘 풀린다.

예의와 예절을 지킨다. 초면이든 구면이든 관계를 맺어 나가려면 이 것이 가장 기본이다. 긴장이 풀리고 서로 자리도 권하며 안정을 다지면 그만큼 분위기가 조성된다.

유머로 일층 더 친밀감을 다질 수 있다. 유머는 자연스럽게 나오는 것이지, 기계적으로 하는 것은 아니다. 아무리 적대적인 관계라도 서로 '날씨'라도 화제로 들어 말하며 여유를 가지려 신경 쓰게 된다.

공감대(Sympathy) 형성은 의사 일치든, 불일치든 대화 분위기 조성에 매우 중요한 단계다. 비록 적대적인 관계라도 문제가 풀리지 않으면 다음에 다시 만나기로 서로가 합의를 보고 헤어진다.

대화 분위기 조성에서 '감정 이입(Empathy)'은 바로 상대 입장에서 듣고 말하는 심리 작용이므로 처음부터 끝까지 한결같아야 한다. 그러는 가운데 일치감(Rapport)을 느낄 수 있는 장면이 연출될 수 있다.

대화에 있어서 서로 상대의 자존심을 세워 주는 것은 기본 예절임을 명심한다.

대화의 에티켓

화자가 좋아하는 청자의 경청법

상대 이야기에 정신을 집중한다. 실험 심리학 보고에 의하면, 사람이 같은 대상에 대하여 동일 정도로 의식을 집중하는 시간은 불과 3초에서 24초라고 한다. 사람의 의식은 잠시도 쉬지 않고 강물처럼 흘러도 연달아 흘러간다고 한다.

상대에 대한 적절한 질문, 즉 잘 모르는 사실·모호한 사실·불확실한 사실 등은 적절히 화자에게 질문해 확실하게 모든 내용을 확인해 둔다. 다만 예의에 벗어나지 않게 겸손하게 물어본다. 군인들의 대화 시 반드시 복명 복창하는 형식을 참고한다.

화자 이야기를 들으며 적절히 청자가 말장구를 치는 '응대어'가 에티켓으로서 필요하다. 이를테면 그렇군요, 그렇지, 그래요?, 왜 그랬습니까?, 그리고요, 그때 어떤 느낌이었나요? 등의 응대어다. 이 응대어는 화자에게 이야기를 열심히 하게 하는 자극이 될 수 있다.

이따금 청자가 들은바 내용에 대해 확인할 필요가 있을 때는 꼭 확인을 한다. 대화도 일종의 커뮤니케이션이므로 확인이 필요한 것이다. 어원을 캐 보면 커뮤니케이션은 라틴어 'communis'에 유래한다. 그 말은 공동 소유, 공통, 메시지, 정보 내용 등의 뜻이 있다. 평소 우리가 남과 약속할 때, 이따금 확인하고 확인하는 습관이 이해될 것이다.

청자가 좋아하는 화자의 에티켓

- 대화 중 이야기 독점은 금물이다. 한편, 침묵도 금물이다.
- 자기 자랑은 누구도 싫어한다.
- 개탄하고 한탄하는 소리는 듣기 싫어한다.
- 거짓말은 입 밖에 내지 않는다.
- 농담, 야유, 핀잔 주기는 가능한 대로 삼간다.
- 욕설, 독설, 험담도 삼간다.
- 누구도 아는 체하는 사람을 싫어한다.
- 어떤 제의나 사안에 대해 '네', '아니요' 또는 찬성과 반대를 분명히 표시한다.
- 단정적 진술과 개략적 진술은 삼간다.

- 피차 약간의 일치점(Rapport)도 확대한다.
- 가급적 논쟁은 피한다.
- 상대 의견에 함부로 비판, 반대하지 않는다.
- 남이 하는 발언을 마구 차단(Interrupt)하지 않는다.
- 독단, 독선, 경솔 등은 금물이다.
- 의견 대립 시 '네(Yes), 그러나(But)' 화법이 좋다.
- 긍정 반응을 보낸다.
- 제안을 상대가 선택하게 한다.
- 상대의 아름다운 심정에 호소한다.
- 호의를 보내고 호감을 산다.
- 상대에게 인정감, 우월감, 중요감, 만족감을 준다.

능숙한 대화

- 관심 끄는 최신 정보(Information)
- 도움 되는 요긴한 아이디어(Idea)
- 건설적인 참신한 제안(Suggestion)
- 문제 해결에 도움 되는 최신 뉴스(News)
- 자연스러운 태도(Natural)
- 인내심을 가지고 듣는 일(Perseverance)
- 폭넓은 화제(Topics)
- 알기 쉬운 말(Word)
- 기분 좋은 매너(Manners)
- 우정이 교차되는 분위기(Atmosphere)

- 아이디어의 적절한 배합(Combination)
- 흥미 있는 유머(Humor)
- 조리 있고 간결한 내용(Contents)
- 안정과 침착(Attitude)
- 진실과 성실 (Sincerity)
- 남에 대한 칭찬(Praise)
- 상식과 지식(Knowledge)
- 기전(氣轉)을 위한 침묵(Silence)

대화의 10단계

1단계－처음 만나 인사말을 나누며 분위기를 만든다. 물론 부드러운 분위기다.

2단계－분위기 조성에 여러 모로 관심을 기울인다.

3단계－대화의 주지(主旨)를 말한다.

4단계－친숙감은 물론 신뢰감을 쌓는다.

5단계－본론으로 들어간다. 이때 비약형과 유선형이 있다. 비약형은 단도직입적인 형식이고, 유선형은 자연스럽게 들어가는 형식이다.

6단계－대화 내용은 협의, 타협, 부탁, 사과 등이 있다.

7단계－상호 간에 의사 교환을 하고, 상대 의중을 파악한다.

8단계－충분히 논의한 끝에 최종으로 상호 의사 조정에 들어간다.

9단계－대화 과정을 돌아보고 목적 달성 여부를 확인한다.

10단계－마음의 응어리를 남김 없이 풀고, 서로 감사하고 끝맺는다.

연설 화법(Speech)

연설의 이해

연설을 '스피치(Speech)' 또는 '어드레스(Address)'라고 한다. 연설은 많은 공중(公衆)을 대상으로 말하는 형식이므로 달리 '공중 연설(Public speech)'이라 한다. 필자는 '공중'을 떼고 '연설'로 표현한다.

연설은 청중을 향해 연사가 어떤 주제를 가지고 자신의 평소 주장이나 지론(持論), 또는 견해와 소신을 가지고 말하는 화법이다. 국제적으로 '공중 연설'은 있어도 '대중 연설'은 없다.

연설에는 보고 연설, 정보 연설, 설득 연설, 환담 연설 등이 있다. 연설하는 방법 혹은 형식을 기준으로 원고 연설, 암기 연설, 메모 연설, 즉석 연설 등으로 나누기도 한다. 최근 연탁 앞에 프롬프터(Prompter)를 설치하고 이를 보고 하는 연설 방식이 새로 등장한 지 오래다.

연설의 내용 구성

보통 40~60분 길이의 연설이면 내용 구성을 할 수 있다. 구성은 3단계·4단계·5단계 연설이 있는데, 5단계 연설 구성의 단계별 성격을 살펴본다.

1단계-주의를 끈다
보통 의례적 인사말로 청중과 공통 기반을 다진다. 이 단계에서 고려되는 요점은 놀라운 말, 청중에 던지는 질문, 남의 증언 인용, 최신 뉴스와 정보, 사건 사고 등등이 있지만 유머로 장식하면 연사에게 무게가 실린다.

2단계-필요를 보인다

이 연설을 청중이 들을 필요가 있고, 가치가 있음을 보인다. 연사가 주제에 관심을 갖는 이유, 청중이 들어야 할 가치는 무엇인가, 연사가 말할 자격 여부, 우리가 주목할 사건과 사실, 연사의 입장, 그리고 다루게될 주제의 범위 등

3단계-필요의 충족

주요 아이디어 제시와 함께 주제를 밝히는 화제 전개와 이에 따른 설명, 설득, 보고, 환담 등

4단계-구체화의 단계

사실과 사례 제시, 숫자와 통계, 비교 대조, 증언과 증거 및 논거, 조사 및 연구 결과, 소개 등

5단계-행동화의 단계

요약 및 강조, 결론 제시, 청중을 향한 호소, 결의 다짐, 비전 제시, 청중을 향한 행동 촉구 등

연설의 구체적 설계(얼개)

표제

연설의 제목에 해당한다. **예** 산정 호수에 대하여

주제

표제를 약간 구체화한 것이다. **예** 산정호수의 위치와 경관

목적

일반과 특정이 있다. 일반은 보고·설명·설득·환담 등이고, 특정은 '산정호수를 자세히 본 대로 묘사하고, 이번 야유회를 그곳에서 하기로 결정한다.'는 것이다.

도입

'산정 호수'에 청중의 주의와 관심이 최대한 집중하게 말한다.

전개

'본론'격이다. 주요 아이디어는 3개 정도 준비한다. 주요 아이디어는 요점, 또는 부제목으로 말할 수 있다. ① 산정호수의 위치와 경관, ② 이용할 수 있는 관광지 시설과 경비 예산, ③ 현장 야유회 프로그램 작성 및 진행 담당 지명

종결

보고 연설 요약하고, 이번 야유회를 그곳으로 결정하자고 청중을 최종 설득, 행동을 촉구한다.

연설의 이상(理想)

'연설'이라 하면, 얼핏 '웅변술'을 연상하기 쉽다. 웅변술은 과장된 음

성으로 수사적 표현에 치중하는 경향이 있어 내용이 공허한 경우가 없지 않다. 연사가 무책임한 내용으로 연설하는 경우는 '선동 연설' 또는 '궤변'이 되기 쉽다. 그러나 최근에는 고성능 확성 장치가 시중에 나와 연사가 예전처럼 큰 소리로 절규하듯 말할 필요가 없고, 대화하듯 얼마든지 자연스럽게 연설할 수 있다. 연설은 언제나 가치 있는 내용을 자유스럽고 짜임새 있게 말해야 청중 호응을 획득할 수 있다.

오늘날 연설은 연사의 신념이나 주장을 많은 청중에게 전달하는 화법이므로 민주주의 사회에서 없어서는 안 될 중요한 의사 전달 기능을 한다. 나아가 훌륭한 지도자의 진실하고 충정 어린 '명연설'은 국가 및 민족의 운명에 크나큰 영향을 미치기도 하는데, 이러한 보기는 인류 역사 가운데서 얼마든지 찾을 수 있다. 따라서 우리가 민주주의 사회 지도자가 되기 위해 연사의 훌륭한 능력을 기르는 것이 무엇보다 중요하다.

말만 풍성하게 늘어놓고 행동과 실천이 따르지 않을 때, '말보다 실천!'이 설득력을 갖는 것이 사실이지만, 오늘에 와서 이 구호는 오히려 시대 조류에 걸맞지 않는 호소로 변모했다. 남과 더불어 빈번히 협의하고 활발히 협력해 나가야 비로소 우리는 세계화의 새 조류를 타고 일상적인 삶을 영위해 나갈 수 있기 때문이다. 그러므로 우리는 언행일치(言行一致), 지행합일(知行合一)의 자세를 견지할 필요가 있고, "백짓장도 맞들면 낫다."는 속담을 슬기롭게 음미해 볼 필요가 있다. 1983년을 유엔이 국제적으로 '커뮤니케이션의 해'로 공식 선포한 이유도 바로 여기 있다.

중국 춘추전국시대 오나라 장수 손무(孫武)가 그의 『손자 병법』에서 "지피지기(知彼知己)면 백전불태(百戰不殆)이고, 부지피이지기(不知彼而知己)면 일승일부(一勝一負)이며, 부지피(不知彼) 부지기(不知己)면 매전

(每戰) 필패(必敗)"라 했다. 모든 연사는 이 경구를 음미, 저작(咀嚼)할 필요가 있다.

　중국의 노자와 장자는 각각 대응변을 무엇이라 했을까? 노자는 "위대한 웅변은 눌변(訥辯)과 같아 많은 것을 말하지 않는다.", "진실한 말은 아름답지 않고 아름다운 말은 미덥지 않다."고 했다. 장자는 "참된 변론은 말로 하지 못한다."고 했다. 나옹 선사(懶翁禪師)는 그의 선시(禪詩)에서 사랑스러운 예쁜 꽃이 색깔도 곱고 향기도 있듯, 아름다운 말을 바르게 행하면 반드시 그 결과 복이 있나니, "청산은 나를 보고 말없이 살라 하고, 창공은 나를 보고 티없이 살라 하네. 탐욕도 벗어 놓은 채, 성냄도 벗어 놓은 채, 물처럼 바람처럼 살다 가라 하네." 하고 말했다.

15장
토론의 실태와 방법

기원전 900년, 호메로스(Homeros)는 이미 서사시 〈일리아드〉와 〈오디세이〉를 통하여 효과적인 토론을 터득하고 있음을 보여 준다. 분명히 호메로스는 토론이 사회를 지배하는 하나의 방도라고 생각했고, 토론자와 청중의 상호 관계에도 비상한 관심을 기울였다. 기원전 500년경, 프로타고라스(Protagoras), 고르기아스(Gorgias), 그리고 이소크라테스(Isocrates) 등은 토론법의 효과를 깊이 인식하고 이를 옹호하였다. 토론 교육을 통하여 이들은 '수사학' 훈련과 '시민 정신' 고취에 역점을 찍었다. 기원후 1400년에 영국에서 옥스포드 대학과 케임브리지 대학 사이에 공식 토론이 벌어졌고, 1800년에는 미국에서 대학 간 토론이, 그리고 1877년에는 일본에서 대학 간 토론이 실시되었다. 한국에서는 1896년에 '국문과 한문을 섞어 씀이 가함'이란 논제를 놓고 협성회(協成會)가 벌인 토론이 첫 번째 공식 기록이다.

그런데 오늘날 우리 사회 각계각층에서 벌이고 있는, 이른바 토론의 실태는 어떠한가? 공식 토론보다 비공식 토론이 일상화되고 있다. 이른

바, 토론회가 문제에 대한 해결안의 결말을 보지 못하고 끝나는 경우가 많다. 논제에 대한 찬반, 긍부정(肯否定), 가부(可否), 적부(適否), 선부(善否) 등 토론자 입장 표명이 불분명하다. '증거'와 '논거'의 뒷받침으로 자기 주장을 펴야 함에도 불구하고 토론 참가자에게 논리적 사고와 논리적 표현이 부족하다. 또한 '논제' 설정에 부적절한 부분이 있다. 사실·가치·정책·응용 등으로 논제 유형을 한정해야 하는데, 이 점이 불확실하다. 상대측 주장을 경청하고 이에 반론을 제기할 때 부족한 점이 있다. 의사소통의 기본 소양이 부족하다. 토론 참가자에게 격한 감정이 앞서고 냉철한 이성이 부족하다. 토론자의 사전 준비가 철저하지 못하다. 공적인 경우는 물론 사적인 경우에도 '설명'과 '설득' 화법이 세련되어 있지 않으며, '토의'와 '토론'을 의미상 혼동하여 쓰는 경향이 있다.

토의(Discussion)

토의는 무엇인가

두 사람 이상이 모여서 공동 문제에 대하여 가장 좋은 해결책을 논의하는 화법이 토의다. 즉, 참가자들이 공통의 관심사에 대하여 적절한 해답을 얻을 목적으로 의견, 사실, 정보, 지식, 경험 등을 교환하는 것이다. 문제 해결을 주된 목적으로 하지만, 주어진 문제를 함께 논의해 나감으로써 참가자 전원이 문제 자체에 대한 이해와 인식을 좀 더 깊게 할 수 있으며, 이 과정 속에서 문제의 가치와 의미도 파악하게 된다.

토의는 공동 이해를 기반으로 각기 다른 의견 교류를 통해 공정한 해결에 도달하려는 노력이므로 '다수결'이나 상대편 주장에 대한 '논파(論破)'에 의존하지 않는다. 따라서 소수 의견도 존중되고, 참가자의 발언 기회가 공정하게 돌아가며, 가능한 모든 안이 적절히 검토된다. 즉, 토의는 집단 구성원 개개인의 지혜와 능력을 모두 드러내고 이를 정리하여 집단 역량이 최대한 발휘되도록 하는 집단 사고 과정이다.

토의는 조직과 집단에서 문제를 협조적으로 해결하는 매우 효과적인 방식이며, 참가자들이 비록 완전 동의를 이루지 못할지라도 문제점에 접근, 적절한 해결책을 위하여 함께 노력한다는 점에서 그 뜻이 매우 크다.

토의 유형

원탁 토의(Round table)

테이블 주위에 모일 수 있는 10인 안팎의 소규모 집단이 공통 관심사에 대한 문제를 의논하는 토의다. 서열에 상관없이 참가자들이 되도록 둥글게 앉는 것이 좋으나, 반드시 원탁이어야 할 이유는 없다. 원탁에 둘러앉은 소집단은 대개 비공식적인 성격이므로 사회자가 따로 없는 것이 일반적이나 필요하면 정할 수 있다.

원탁 토의는 규모가 작고 비공식적이기 때문에 진행하기 쉽고, 모든 참가자에게 여러 차례 발언 기회가 돌아가므로 활발한 의견 교환이 자유롭게 이루어지며, 집단 행동이 쉽게 결정된다는 특징이 있다. 그러나 이 토의는 규모가 큰 집단에 부적합하고, 참가자가 토의에 익숙하지 못하면 분위기가 산만해지기 쉽고 시간 낭비를 가져오기 쉽다.

원탁 토의는 어떤 결론에 도달하려는 목적으로 모이기 때문에 '문제 해결 토의'로 알려져 있다.

패널(Panel)

패널은 '배심 토의'라고도 한다. 이는 특정 문제 해결, 또는 해명 목적에 적합하다. 선정된 4~6인의 배심원(Panelist)들이 청중 앞에서 각자의 지식·경험·정보·의견 등을 발표하고, 각자 자기 주장을 제시하여 협력적인 숙의(熟議)를 전개하는 공동 토의다.

사회자는 토의 진행 중에 각 배심원에게 발언 기회를 고르게 주고, 필요에 따라 발언 내용을 요약하고 해석을 붙이며, 문제를 분명히 드러내기 위하여 질문 또는 간단한 해설을 붙인다. 배심원은 주제를 잘 파악하고 자기 의견을 명확하게 발표해야 한다. 또 청중이 질문하면 주의 깊게 이를 경청하고, 짧은 시간 안에 명확히 답변한다. 청중도 주제를 충분히 파악하고 있어야 하며, 사회자 승인을 받아 질문하거나 대답한다. 청중 발언은 1인 1회에 한하며, 짧고 명료하게 말하고, 여러 사람에게 발언 기회가 고르게 돌아가야 한다.

패널 토의는 이견 조정 수단으로 활용되며, 토의 의제는 찬반이 분명하게 갈라지기보다 여러 각도에서 검토된 후 결론이 날 수 있는 것이어야 한다.

심포지엄(Symposium)

심포지엄은 특정 주제를 놓고 각기 다른 입장의 전문가 3~6인이 자기 의견을 발표한 후, 청중의 질의를 받아 응답하는 화법 형식이다. 각계 전문가와 권위자가 한 가지 주제에 대하여 각자 전문가 입장에서 주장 및 의견을 발표하는 것이므로 청중은 모두 한 주제에 대하여 몇 가지 체계적이고 전문적인 설명을 들을 수 있다.

각 연사에게 같은 시간이 배분되며, 각 참가자 사이의 의견 교환은 이루어지지 않는다. 연사는 일정 순서에 따라 일정 시간 안에 준비한 의견을 발표해야 하며, 자기에게 배정된 시간의 발언 중에는 아무 제재를 받지 않는다.

심포지엄 사회자는 토의 주제를 소개하고, 그 중요성과 배경을 설명한다. 이어 연사를 소개하고, 발표가 끝날 때마다 연사 발언을 요약하며, 각 연사 발언에 대해 상호 관련성과 상황을 밝혀 청중 이해에 도움을 준다. 참가 연사는 발언 시간을 꼭 지켜야 하며, 전체 예정 시간의 절반은 청중을 위해 남겨 둔다. 청중 질문은 되도록 짧아야 하며, 사회자는 자기 나름대로 질문을 수용하고 청중이 알기 쉽게 설명한다. 토의를 마칠 때, 사회자는 토의 요점을 간략히 정리하고 토의 의미를 부연하며 끝을 맺는다.

심포지엄은 분위기가 논쟁에 휘말리지 않고 토의가 진행될 수 있지만, 참가자 의견 발표로 모임이 끝나 버릴 염려가 있다.

포럼(Forum)

포럼은 원래 고대 로마에서 공공 집회가 열리던 '광장'을 의미하였으나, 그 후 공공 광장에서 공공 문제에 대하여 공개 토의하는 것을 의미하게 되었다.

패널은 배심원들의 토의가 끝난 후에 청중의 질의 응답이 진행되는 데 비하여 포럼은 처음부터 청중 참여로 이루어지는 토의 형식이다. 따라서 포럼은 강연과 연설이 없다. 청중이 질문할 때는 일정 형식에 구애되지 않으나 질문 자체가 긴 연설이 되지 않게 하며, 요점을 분명하게 드러내고 개인이 질문을 독점하는 일이 없어야 한다.

사회자는 청중에게 질의 응답 규정을 미리 설명하고, 청중 질문을 해당 연사에게 돌리기에 앞서 질문을 다시 한번 반복해 들려 주며 질문 시간을 조정한다. 또 사회자는 산회 시간을 넘기지 말 것이며, 산회 시간 전이라도 포럼에 대한 청중 관심이 감소하면 곧 산회한다.

토의 성공 여부는 토의 주제에 대한 청중의 관심 정도에 달려 있고, 사회자 능력이 중요 역할을 한다. 사회자는 질문과 답변을 간단 명료하게 정리하고, 토의가 주제를 벗어나지 않게 진행하되 논쟁에 휘말리지 않는다.

토론(Debate)

토론은 어떤 것인가

논의에 참가한 사람들이 논제를 둘러싸고 여러 가지 의견을 말하여 좋은 결론을 얻으려 하는 화법 형식이 '토의(Discussion)'요, 사리의 본질을 따지되 양방 간에 극단까지 논의하는 화법 형식이 '토론(Debate)'이다. 이 같은 개념을 토대로 생각하면, 화법의 2형식을 분별하기 매우 모호하다. 사실 토의와 토론이 본래 유사 개념으로 인식되어 왔던 것이다. 그러나 그 후 논의 참가자들이 각자 가진 경험·지식·상식·아이디어·정보·사실 등을 공유하며 당면 문제 해결 방안을 모색하는 방편으로 '토의' 형식을 이해하고, 해결 방안을 선택하여 결정하는 방편으로 '토론' 형식을 인식하기에 이르렀다.

토의는 당면 문제에 대한 해결안 모색을 시도하고, 토론은 이미 나온 해결안을 놓고 가부·찬반의 결정을 시도한다. 그러므로 전체 회의 진행 과정에서 당면 현안에 대하여 회의 참가자가 난상(爛商) 토의를 거쳐 해결안을 모색하고, 이 해결안을 놓고 다시 가부 양방 간에 진지한 토론을 거쳐 최종안을 확정하는 것이다.

토론을 토의에 견주어 설명하면, 토의는 문제 해답을 얻는 시도이고 자유스러운 논의이며 토론 전 단계인 데 비하여, 토론은 해답을 상대에게 설득·납득시키는 시도고 규칙에 의거하는 논의이며 토의 후 단계라 할 수 있다. 요컨대, 토론은 한 가지 논제(문제)를 놓고 대립하는 2팀 사이에 실시하되 참가 인원·진행 방법·심사 방법 등 규칙을 준수하고, 논의는 단정이 아니라 반드시 입증된 것이어야 한다. 한편, 토론이 끝나면 2팀 우열을 가리는 심사위원 판정이 있다.

토론의 목적은 궁극적으로 문제 해결, 의사 결정, 진리 탐구 등에 있다.

토론의 유형

토론에는 사회 토론과 교육 토론이 있다. '사회 토론'은 토론의 영향이 사회적으로 파급되는 효과가 있을 때이고, '교육 토론'은 토론의 영향이 다만 교육적 효과로 국한할 때를 가리킨다.

사회 토론
특별 토론
특별한 정황에서 특별 규칙에 따라 실시하는 공식 토론이다. 1960년과 1980년의 미국 대통령 선거 당시 유세 일환으로, 케네디(J. Kennedy)

와 닉슨(R. Nixon)·카터(J. Carter)와 레이건(R. Reagan) 후보 간에 각각 실시된 TV 토론이 이 경우다.

공식 토론

'법정 토론'이 이에 해당한다. 법령에 따라 진실을 추구하는 '사실 심리'와 '법률 심리'가 전개된다. 1 논제(소송)를 놓고, 2 당사자(원고 및 피고) 사이에 규칙(소송 법규)에 따라 검증(심리)에 기초를 두고 승부 판정(판결)을 내린다.

비공식 토론

규칙 따위에 구애되지 않는다. 방송 매체와 일반 사회에서 하는 토론이 이에 해당한다.

의회 토론

의회의 의사 진행 규칙에 따라 진행한다. 의안 또는 동의에 대한 가결, 수정, 부결 등을 목적으로 실시한다.

교육 토론

전통형

긍정 측, 부정 측 각 2인제가 원칙이다. 양측 토론 시간이 균등해야 하며, 처음과 끝은 반드시 긍정 측이 발언한다. 이 점은 심문형 토론 역시 원칙에서 같다.

〈입론〉

긍정 측 1 입론   10분

부정 측 1 입론	10분
긍정 측 2 입론	10분
부정 측 2 입론	10분
〈반론〉	
부정 측 1 반론	5분
긍정 측 1 반론	5분
부정 측 2 반론	5분
긍정 측 2 반론	5분

심문형

〈입론〉	
긍정 측 1 입론	10분
부정 측 심문	3분
부정 측 1 입론	10분
긍정 측 심문	3분
긍정 측 2 입론	10분
부정 측 심문	3분
부정 측 2 입론	10분
긍정 측 심문	3분
〈반론〉	
부정 측 1 반론	5분
긍정 측 1 반론	5분
부정 측 2 반론	5분
긍정 측 2 반론	5분

토론의 논제(Issue)

토론 논제는 ① 사실에 관한 것(**예** 미국 인디언은 몽고 인종에 속한다.), ② 가치에 관한 것(**예** 우리는 독창적이지 않다.), ③ 정책에 관한 것(**예** 국회의원 수를 줄여야 한다.), ④ 응용에 관한 것(**예** 생산성을 배가하려면.) 등이 있다. 어느 유형의 논제를 선택하든 반드시 다음 조건이 충족돼야 한다.

찬반 양론이 성립되는 것일 것

이미 결과가 확정된 것은 토론 대상이 되지 않는다. '지구는 둥글다', '지구는 자전한다' 등은 논제가 될 수 없다.

과제는 1일 것

토론을 탁구에 비유하면, 논제는 '공'이다. 탁구에서 2, 3의 공으로 동시에 경기할 수 없듯이 1 토론에서 2 과제 이상을 동시에 다룰 수 없다. "학생 회장은 학생 직접 선거에 의해 선출하고, 그 임기는 일정 제한을 둔다."와 같은 논제는 2 과제가 포함되었다. 이 경우 전자와 후자는 별개 문제이므로 일괄 토론 할 수 없다.

표현은 객관적이어야 한다

감정적 표현이 포함된 논제는 긍정이든 부정이든 어느 한쪽을 유리하게 할 가능성이 있다. "비인도적 사형 제도는 폐지돼야 한다."와 같은 논제는 청중에게 긍정 측 입장을 유리하게 할 가능성이 있다.

내용은 구체적이고 분명해야 한다

"학생회 운영을 개선해야 한다."와 같은 논제는 매우 추상적이다. 이 경우 실질적 토론이 이루어지기 힘들다. "학생회 임원 수를 약간 늘려야 한다."처럼 구체적 조치가 포함된 논제로 바꾼다. 표현 내용 등에 불분명한 부분이 있으면 토론에 앞서 해석에 양편이 의견 일치를 보아야 한다.

토론자는 자기 주장을 입증할 수 있어야 한다

주장을 증명하는 것이 토론의 기본 원칙이다. 토론자는 자기 주장을 입증할 책임을 갖는다.

한국 토론의 여명기

1890년대 후반, 독립협회와 만민공동회로 이어지는 역사적 소용돌이 중심에 '배재학당'이 있다. 1896년 1월 서재필은 미국서 귀국하자 곧 배재학당에서 수업을 맡고, 1896년 2월 이래 매주 토요일 강연회를 가졌다. 강연 및 교과목으로 수업하는 '회의법'에 대한 그의 수업은 학생들에게 새 사상을 심어 주는 구실을 하였다. 학생 단체인 '협성회'는 이 같은 기초 작업 위에 태동했다.

서재필은 배재학당에서 역사·지리·정치·종교 등을 수업했는데, 학생들은 큰 감화를 받았다. 한편, 그는 일상의 문제를 다루는 토론회를 지도했다. 아펜젤러(H. Appenzeller) 학당장 초청으로 주당 2시간 수업했으며, 학생들에게 개화정신과 독립정신을 배양해 주었다. 서재필의 학생 지도 가운데 특기할 수업 자료는 〈만국회의 통상 규칙〉이다. 그는 우리 나라에 장차 국회를 설립, 헌법을 제정 공포하고, 입헌정치를 하려는 포부와 기대를 가지고 있었다.

서재필은 학생회를 조직하게 한바, 그것이 바로 '협성회'다. 1896년 협성회를 발족시키고, 여기서 '회의 진행법'을 가르쳤다. 동의·재청·개의 등 회의 용어가 이때 번역되었으며, 오늘 우리가 사용하는 회의 용어의 기원이 되었다. 앞으로 국회를 두려는 사전 제도로 당시 정부에서 '중추원'을 구성했는데, 장차 활동할 '대의원' 양성 의도로 협성회를 조직한 것이다. 배재학당 학생이면 누구나 회원 자격이 되고, 관리들 입회도 가능했다. 일반 시민이면 역시 입회가 허용되어 당시 전체 회원 수는 600여 명을 헤아린다. 그중 학생은 200명 내외에 불과했다. 여기서 일부는 독립협회에 가입하고, 나머지는 협성회에 그대로 남아 활동했다. 협성회는 독자적으로 '의회 규칙' 적응을 위한 실질 훈련을 쌓아 나갔다. 당시 독립협회는 기관지로 《독립신문》을 매주 한 번 토요일 발행하고, 〈만국회의 통상 규칙〉을 발간 보급함으로써 집회와 결사가 있을 때마다 이를 활용하게 했다.

서재필은 협성회 주최로 매주 1회 정도 공식 토론회를 열고 변론법을 지도했으며, 구변(口辯) 훈련을 정기적으로 실시해 그들이 연설을 통해 민중 계몽에 앞장서도록 했다. 초기에 다루어진 토론 논제는 거의 일상적인 일반 시민의 당면 문제로 국한된다. 배재학당에서 발행한 《협성회회보》 2호에 게재된 1897년 '토론 논제'는 아래와 같다.

- 국문과 한문을 섞어 씀에 대하여
- 학원(학생)들은 양복을 입음에 대하여

- 아내와 자매와 딸을 각종 학문으로 교육함에 대하여
- 학원들은 매일 운동함에 대하여
- 여인들을 내외시키는 데 대하여
- 국 중 도로를 수선함에 대하여
- 우리나라 종교를 예수교로 함에 대하여
- 노비를 속량(贖良)함에 대하여
- 우리나라에 철도를 놓는 데 대하여
- 우리 회원들은 국민을 위하여 가로(街路) 연설을 함에 대하여

서재필 지도로 토론회가 열리고, 이 모임에서 국민의 일상 문제가 활발히 논의되면서 토론 참가자는 물론 방청자까지 개화 및 계몽사상이 폭넓게 스며들었다.

토론회는 협성회 규칙에 따라 실시되었는데, 회원은 초기 배재학당 학원으로 가입한 사람에 한정되었다. 임원 정수는 회장 1인, 부회장 1인, 서기 2인, 회계 2인, 사찰 2인, 사적 2인, 제의 3인, 정연의(正演議) 2인, 좌연의(佐演議) 2인이다.

정연의는 개회 시, 회장 지휘를 받아 맡은 문제로 연설을 하되, 가부(可否) 양편으로 나뉘어 변론하고, 그 후에 좌연의와 다른 회원이 연설을 마치면 다시 정연의 두 사람이 연설함으로써 끝을 맺는다. 좌연의는 역할이 정연의와 같지만, 다만 정연의가 연설을 끝낸 뒤에 정연의를 보좌해 연설한다. 후에 회장이 양편 의사의 가부를 청중에 질문하면 옳다 하는 사람은 고성으로 '가(可)'라 하고, 옳지 않다 하는 사람은 고성으로 말하기를 '부(否)'라 하여 가부 다수로 의사를 결정하되, 만일 가부수가 미상이면 회장이 '가 편' 사람을 서게 하여 수를 세고, 이어 '부 편' 사람을

세고, 만일 또 결정이 안 나면 회장 자신이 의사를 표해 결정한다. 의사를 결정한 후, 양편 연설의 선부(善否)를 회장이 청중에 물어 가부 다수로 판정한다. 협성회 창립 당시 간부진은 회장 양홍묵, 부회장 노병선, 서기 이승만·김연근, 회계 윤창열·김혁수, 사찰 이익채·임인호, 사적 주상호(주시경) 등이다.

우리나라 최초 학생 단체인 협성회가 조직된 이후 다방면으로 국민 계몽 활동을 활발하게 전개했다. 그중에서 토론회 개최, 가두연설회 개최, 기관지 발행 등이 가장 대표적이다. 협성회를 윤치호가 '토론회(Debating society)'로 부른 점을 보면, 협성회 토론은 매우 특징적인 활동이었다. 협성회 공식 토론은 50회를 기록하는 한편, 독립협회 토론은 공식으로 35회를 기록하고 있다.

독립협회는 창립된 이듬해인 1897년 8월 '토론회 규칙'을 마련해 공식 토론을 시작했다. 1897년 11월 1일 실시한 독립협회 공식 토론회 진행 절차를 항목으로 살펴본다.

① 회원의 출석 여부를 확인하는 호명이 있고,
② 전번 토론회 경과에 대한 기록 확인이 있고,
③ 내빈과 신입 회원을 회중에 소개하고,
④ 회장이 토론 논제를 선언했다. 논제는 '동포 형제 간에 남녀를 팔고 사고 하는 것이 의리상에 대단히 불가하다.'였다.
⑤ 우의(右議) 2인이 가 편 토론자로 나오고, 좌의(左議) 2인이 부 편 토론자로 나와 각각 양편에서 가부 토론을 벌인 다음,
⑥ 회중에서 토론자가 나와 자유 토론을 전개했는데, 반대 측은 '용역 서비스는 필요한 제도요, 노비 제도가 바로 용역'이라고, 주장하고

나섰다.

⑦ 윤치호와 서재필이 지도적 입장에서 노비 제도가 갖는 비인간성의 구체적 사례를 지적했다.

⑧ 논제에 대해 회중 의견을 투표로 확인한 결과 논제 찬성이 의결되었으며,

⑨ 논제에 찬성한 사람이 개인 소유 노비를 모두 해방하자는 동의(動議)를 내고 이를 가결함으로써 토론을 마무리했다.

협성회 규칙과 독립협회 토론회 규칙은 윤치호가 초역한 〈의회 통용 규칙〉에 준거한 것이요, 의회 통용 규칙은 헨리 로버트(H. Robert)의 〈의회 규칙 편람〉을 근거로 초역한 것이다. 당시 독립협회 토론회 논제를 소개한다.

• 조선의 급선무는 인민의 교육
• 도로 수정하는 것이 위생의 제일 방책
• 나라를 부강케 하는 방책은 상무가 제일
• 도적을 금하는 데는 길가에 밤이면 등불을 켜는 것이 긴요함.
• 부녀를 교육하는 것이 의리상과 경제상에 마땅함.
• 국문을 한문보다 더 쓰는 것이 인민 교육을 성대케 하는 데 유조(有助)하다.
• 국 중에 상무를 홍케 하고 자주권을 견고케 하는 데는 경편하고 실로 보배로운 화폐를 그 나라에서 쓰는 것이 긴요하다.
• 동포 형제 간에 남녀를 팔고 사고 하는 것이 의리상에 대단히 불가하다.

- 대한이 세계 각국과 비견하여 제일 상등국이 되려면 근일 새 법과 새 학문을 배우지 말고, 한 당 풍속과 예절을 본받는 것이 마땅하다.
- 벙어리와 판수들을 정부에서 재예(才藝)로 교육하는 것이 마땅하다.

토론은 어떤 문제나 제안에 대하여 서로 대립되는 의견을 가진 사람들이 각각 논거를 발표하고, 상대편 논거가 부당함을 입증하는 동시에 자기 주장이 정당함을 밝혀 나가는 화법의 한 유형이다. 따라서 토론은 양편이 각각 자기가 긍정하는 사실·가치·정책·응용 등에 대한 구체적 주장을 펴고, 상대편 주장을 논파(論破)하려는 의도로 벌인다. 그러므로 토론은 설득을 목적으로 하되, 이성에 호소하는 논리여야 한다.

오늘 우리 사회에 토론 교육이 절실히 필요한 것은 어느 한쪽의 주장만으로 일방적 의사 결정을 내리기보다 토론에 의존하는 것이 합리적이기 때문이다. 또, 토론을 통하여 민주 시민의 자질을 함양할 수 있고, 공공 문제나 시사 문제에 대하여 관심을 확대할 수 있으며, 당면한 논제를 면밀히 검토하고 명료하게 사고하며, 자신의 의견을 정확히 제시하고, 남의 의견도 존중할 줄 아는 자세를 기를 수 있기 때문이다.

그럼 토론의 메리트(Merit)를 어디서 찾을 수 있을까?

- 토론자는 비판적인 사고력을 배양한다.
- 토론자는 비판적 경청력(傾聽力)을 신장한다.
- 토론자는 발표 능력을 향상한다.
- 토론자는 논제 분석과 자료 조사 능력을 향상한다.

- 토론자는 이견 조정과 교섭 능력이 증대한다.
- 토론자는 민주 시민으로서 자질을 함양한다.
- 토론자는 의사소통 능력을 국제화할 수 있다.

16장
회의 화법(Meeting, Conference)

　　회의 화법은 당면한 문제를 해결하기 위해 한자리에 다수의 관계자 (주재자, 사회자, 임원, 참석자)가 모여(화상(畵像) 회의는 다름.) 상호 간에 관련 문제를 협의하는 화법이다. 이 회의에는 '의사법(議事法) 회의'와 '일반 회의'가 있다. 의사법 회의는 대체로 규모가 크고, 반대로 일반 회의는 그 규모가 작다. 단, 의사법 회의는 의사법에 따라 회의를 진행하는 절차상 특성이 있다.

　　현안의 해결 절차에는 다수의 원칙, 소수의 원칙, 부재자의 원칙 등이 있다. 현안 의결은 다수결의 원칙(종다수(從多數) 원칙)을 준수하지만, 소수와 부재자 의견도 존중한다는 의미를 동시에 포함한다. 단수 또는 복수의 문제에 대하여 회의 참석자들이 상호 의견을 교환함으로써 최선의 해결책을 결론으로 확정한다. 회의의 진행은 대체로 5개 항의 절차를 거치게 된다.

　　① 당면 현안(문제) 및 배경과 주변 상황, 그리고 앞날을 전망한다.

② 현안을 면밀하게 조사 분석하고, 연구 검토한다.

③ 해결책을 다방면으로 모색 검토하고, 면밀하게 숙의한다.

④ 해결안 확정을 위해 토의와 토론을 거쳐 최선의 해결책을 확정한다.

⑤ 해결책의 구체적 실행 방법을 논의 결정한다.

어느 형식의 회의에도 회의 참석자 역할이 있다. 그것은 바로 리더와
멤버(Member)다.

회의 개념

'회의'는 두 사람 이상이 모여 당면 문제에 대한 협의 및 합의를 가져
오기 위한 대화의 장이라 할 수 있다. 집단 생활은 개개인의 의사 조정
과 통합을 필요로 한다. 또 경영상 일상 업무 회의는 중요한 기업의 관
리 방식이다. 공동 목적 달성을 위해 동시에 동일 장소에 모여 상호 협
력한다. 따라서 회의는 이러한 필요 상황에서 중요한 역할을 한다.

회의는 자기 능력 개발에 큰 도움을 준다. 참가자에게 모럴 향상의
기회가 되고, 정보를 공유하며, 지식과 지혜가 향상되고, 문제 해결 능력
이 증진된다.

회의 운영 (1)

회의의 '회(會)'에 '합치'의 뜻이 있고, '의(議)'에 언어 표현, 곧 '의논'의

뜻이 있다. 회의 기능 중 '정보 교환'과 '문제 해결'이 중심이다. 회의는 협의를 거쳐 합의를 모색하는 화법 형식이다.

회의는 참석 멤버의 의사를 조정하고 하나로 통합한다. 보통 정시 개회가 드물고, 정시 종료 또한 드문 경우가 있다. 회의 시 회의 경과는 담당자가 반드시 기록해 놓아야 한다. 회의 경영 절차는 기획·준비·실시·사후 검토로, 사후 검토는 꼭 필요하다.

회의 리더는 신중성을 유지하기 위해 항상 감정 자제가 요구된다. 리더는 표현력·지성·용기·정보·판단력 등이 있어야 하며, 예민한 감각이 필요하다. 리더는 청무성(聽無聲)의 감각이 요구된다. 또한 리더는 감정 이입을 잘 해야 한다. 게다가 실무 경험, 침착성, 이해력, 공평성, 기전 감각, 유머 감각 등을 겸비하면 더욱 좋다. 회의를 진행하면서 리더는 '전체 질문'과 '지명 질문'을 잘 활용해야 한다. 전자는 '정보 수집', 후자는 '의견 수렴'이 목적이다.

회의 단계에는 다음과 같이 일정한 형식이 있다.

도입－의제 설명, 토의 범위, 방향 제시

전개－정보 교환, 의견 교환

결론－다수결은 최종 방식이다. 만장 일치로 이끈다.

정리－회의 경과를 반복 확인한다.

회의 운영 (2)

리더는 먼저 '토의 사항'과 회의의 '예상 결론'을 미리 파악해 둔다. 회의는 짧아도 30분, 길어도 60분을 넘기지 않는다. 회의가 길면 적절한 휴게가 필요하다. 회의에 가벼운 다과는 준비하는 것이 좋다. 단, 알코올은 금물이다. 알코올은 감정을 자극하기 때문이다.

리더는 어려운 발언을 쉽게 풀어 준다. 리더와 멤버는 모두 자기 도취를 삼가며, 귀·눈·입·코·피부에 장애가 되는 것은 적극 피한다. 반윤리적 표현으로 물의를 빚지 않도록 주의한다.

발언할 때는 논리적 표현으로 말에 힘을 보탠다. '우리'란 말은 회의 참가자에게 '일체감'을 준다. 1인의 지혜보다 참가자 전원의 일치된 의견이 바람직하다. 누구나 개략적 발언은 피한다. '모두', '전부' 따위보다 '일부', '소수' 표현이 좋다. 또, 누구나 단정적 발언은 피한다. '틀림없다', '염려 마라', '절대 안심이다' 따위보다 '아마도', '거의', '대부분'과 같은 말을 쓴다. 고압적 발언은 회의 분위기를 흐리기 쉬우므로 삼간다. 특히 남의 발언을 함부로 차단하지(Interrupt) 않는다. "말씀 다 하셨읍니까?", "제가 말씀드려도 될까요?" 등과 같이 발언에 앞서 발언자의 '의중 타진'은 예의상 필요하다. 평소 대화 시에도 그렇지만 회의 중 '경청' 또한 매우 중요하다.

회의 시 남에 대한 인신 공격은 엄격히 삼간다. 감정에 쏠리지 않도록 신중해야 한다. 일언거사(一言居士, 안건마다 꼭 한 마디씩 하는 사람) 침묵(沈默)거사는 회의 능률을 저하시킨다. 분위기를 흐리지 않도록 유의한다. 회의 분위기는 날씨와 같다. 리듬이 있다. 항상 좋지도, 항상 나쁘지도 않다.

회의는 뒤끝이 좋아야 한다. 회의 전후에 로빙(Lobbing)이 필요할 수 있다. 생산적 회의는 즐겁고 보람 있는 것이다. 회의 경험을 많이 쌓을수록 회의의 지혜가 생긴다.

스피치 연구

문겸(文兼) 전영우의 스피치 연구

석사 논문, 「유럽 스피치 교육의 사적 진전 소고」

1957년 2월 20일, 저자는 서울대학교 사범대학 국어 교육과를 졸업하며 학사논문으로 「시청각 교구를 통한 중학교 국어과 교육」을 작성하여 대학에 제출함으로써 처음 '시청각 교육'에 관심을 기울였다. 국어과 수업의 새 방향이 '시청각 교육'이라 판단할 정도로 이에 관심을 집중하게 된 것이다.

이때 새 조류를 일깨운 분이 바로 원홍균 선생이다. 이분이 사대에 출강해 시청각 교육에 눈뜨게 해 주었다. 저자는 이때 이미 서울중앙방송국 아나운서로 근무할 시절이라 한층 더 관심을 가졌다. 그러나 거의 동시에 '스피치'에 눈을 돌리게 되자, 신학문이 안전에 전개되는 느낌이 들었다. 서울 시내를 돌아다니며 중고 서점을 주로 샅샅이 뒤져 보았다. 그리고 이 행보가 저자의 생활 습관을 새롭게 바꿔 놓았다. 이때 찾아낸 책이 미국 퍼듀(Purdue) 대학 스피치 전공 앨런 몬로(Alan H. Monroe) 교수가 지은 『스피치의 원리와 형태』다.

이 무렵 배움에 대한 목마름이 가시지 않는 가운데 다른 한편, 방송에서 자주 뉴스를 접하며 직접 뉴스 방송 실시에 임하는 저자에게 부상되는 또 다른 분야 '저널리즘'이 눈길을 끈다. 을지로 6가 서울신문학원에 입학, 1년간 곽복산 교수와 석천 오종식 선생, 당대 일간지 명사회부장 이혜복·오소백·박성환 기자 등에게 배우고, 최준 교수 및 오주환 교수와 만나 자주 저자의 장래에 대해 상담을 이어 갔다.

저널리즘 연구로 신문학원을 졸업하고, 곧 성균관대학교 대학원 국어국문학과 석사과정 진학을 서두르게 된다. 당시 대학원장이 바로 국문학 전공 조윤제 박사다. 면접고사 때 '무엇을 배우러 오느냐'가 첫 질문이다. 확정한 대로 '스피치'를 전공하려 한다 하니, 대뜸 선생은 그 방면을 전혀 모른다는 반응이다. 나는 "그러시겠죠." 하고 말을 이었다. "우리나라에서 제가 처음 시작하려 합니다." 하고 말문을 열며 "선생님이 우리나라에서 국문학을 처음 시작하신 것처럼 저도 '스피치'를 처음 개척하려 합니다. 즉, 선생님께 '학문 개척 방법'과 '한국문학 정신'을 배워 '우리말 스피치'를 개척해 보고자 합니다." 하고 계획을 말씀드리니, 그럼 들어와 열심히 하라 하시어 입학이 결정되었다(1960).

고등학교 시절, 고3 국어 교과서에 〈은근과 끈기〉라는 도남 조윤제 박사의 글이 실려 있어 이를 통해 선생을 처음 알았는데, 대학원에서 새로 선생님의 학문을 배우게 되니 그 감격을 어디에 비할 수 있겠는가. 대학원 수업에 들어가기에 앞서, 저자는 서울교대 교수 국어 교육학 전공 박붕배 대학 선배와 만나 자주 저자의 진로를 놓고 도움말을 들었다. 사실 이분 권유에 도남 문하로 들어가기로 진로를 확정한 것이다.

조윤제 박사 외에 월탄 박종화 선생, 일석 이희승 선생, 그리고 한 세대 아래로 이명구 교수, 최진원 교수, 중국 문학 전공 정래동 교수가 있었다. 그리고 외래교수로 이가원 선생과 이우성 선생이 한문학을 담당했다. 그리고 대학원 동학으로 대학에서 동양철학 전공의 최근덕 전 성균관 관장이 함께 수학했다.

도남 선생은 '스피치'를 전혀 모른다고 말씀했지만, 어느 날 강의 시간에 당시 대한교육연합회 정태시 사무총장을 만나보고 도움을 청하는 것이 어떤가 하고 저자의 의중을 떠보신다. 정태시 선생은 연설 또는 웅변 분야 역서 및 저서를 이미 출판한바, 저자 역시 그 책들을 구입해 읽은 경험이 있는 터에 그분을 말씀하기에 우선 호기심이 생긴다. 조윤제 박사는 대학 졸업 후 첫 직장이 당시 경성사범학교인데, 이때 가르침을 받은 제자 가운데 한 사람이 바로 정태시 선생이다.

몇 가지 당부 말씀을 듣고 곧 그분을 사무실로 찾았다. 매우 온건하고 자상한 성품인데, 사범학교 출신다운 꼼꼼함이 인상적이다. 광복 후 강원도 원주중학교 교감을 지낸 이력을 알고 저자 처가가 원주라 말하니, 집안 내력을 듣고 크게 반가워한다. 뿐만 아니라 최근 출판한 그의 신간서까지 선물로 내준다. 저자의 처가가 바로 집안 일가라 하며 크게 반겨 준다. 참으로 고맙고 기쁘기 이를 데 없다.

동호 정태시 선생은 1917년 원주 출생으로, 1936년 경성사범학교 연습과 졸업 후 경성대 중등 교원 양성소를 졸업했다. 1958년 대한 교육연합회 사무총장을 지내고, 1973년부터 8년간 공주교대 총장을 지냈다. 저서는 『영어 입문』, 『연설 입문』 등이 있고, 상훈은 문화포장·국민훈장 모란장 등이 있다. 그분은 1963년, '한국스피치학회' 창립 발기인 중 한 분이다. 그분은 국제적으로 잘 알려진 교육계 인사이므로 학회가 미국으로부터 스피치 전문 도서와 함께 물심양면 많은 지원을 받는 데 큰 역할을 했다. 1958년, 아테네 출판사가 발간한 선생의 『새 시대의 연설』과 이보다 먼저 1957년 희문 출판사가 낸 『20세기 웅변술』 등 그분의 두 책을 보면, 그것은 당시 미국 및 유럽 스피치 교육 내용을 발췌 요약, 간략하게 편찬한 교양 교재의 체재다. 그리고 그 핵심은 미국 스피치 학계의 선구자 몬로 교수의 학술적 이론이 토대가 되고 있음이다. 저자에게 항로를 밝혀 주는 등불과 같은 책이다. 그래서 앞에 말한 것처럼 저자는 중고 서점에서 이 책을 찾게 된 것이다.

성균관대 대학원 원생으로 좋은 기회를 포착한 저자는 곧 지도교수에게 이 사실을 보고 드리니 더없이 좋아하신다. 몬로 교수 원저 『스피치 원리와 형태』는 미국 스커트 포리스맨 출판사의 1949년 판이다. 이를 토대로 저자의 스피치 연구는 박차를 가할 수 있게 된다.

저자의 스승 도남 조윤제 박사(1904~1976)는 초기 국문학자다. 1929년 당시 경성제국대학 조선어문학과를 졸업하고, 1952년 서울대에서 문학박사 학위를 받았다. 선생은 1929년 경성제대 법문학부 조교로 출발, 1945년 경성대학 법문학부 학부장, 1949년 서울대 문리대 교수 및 학장, 1954년 성균관대 교수·대학원장·부총장, 1960년 한국교수협의회 의장, 1965~1974년 영남대 교수, 1969년 학술원 회원(국문학), 1971년 동 인문과학부장을 지냈다. 저서로 『조선 시가 사강(史綱)』, 『한국 시가의 연구』, 『국문학 개설』, 『국문학사』 등이 있다. 상훈은 학술원 공로상이 있다. 우리나라 국문학계에서 가장 손꼽는 대표 학자요, 저자가 존경하는 스승이다. 특히 당시 선생이 쓴 〈국어 교육의 당면 문제〉는 저자 관심을 끌기에 충분했다.

한편, 저자는 석사과정 2년을 마무르자 석사 논문 작성이 눈앞에 다가선다. '스피치'의 무엇을 써야 하나 고심할 때 학문 연구의 첫 단계는 역사적 연구라 판단, '유럽 스피치 교육사'를 쓰기로 결정하였다. 자료를 수집·고대 이집트·고대 그리스·중세 유럽·영국과 미국으로 범위를 압축, 방법은 결국 '문헌 연구'로 계획을 잡았다. 앤드류 웨버(Andrew

Weaver) 교수의 '스피치 수업'에서 힌트를 잡아 '스피치 교육사'로 그 범위를 좁히되, 유럽과 미국으로 한정했다. 결국, '스피치 교육의 역사적 진전 소고'로 논문 제목을 붙이고, 석사 논문을 작성하기에 이른다.

논문 심사는 언어학 전공의 한교석 교수, 국문학 전공의 이명구 교수, 최진원 교수가 맡아 해 주었다. 세 분 심사위원의 대체적인 심사 소견은 우리나라에서 처음으로 '스피치' 분야를 개척했다는 점을 평가하고, 가능하면 앞으로 더 진학하는 경우 '우리말 스피치' 분야를 탐구하도록 하는 것이 좋겠다는 일치된 소견을 듣고 저자는 크게 고무되었다.

국제스피치학회 회원 정식 가입(1962)

1962년 1학기, 후기 졸업식에서 영예의 '문학석사' 학위를 받고 다소 안도했으나, 안주하기에 아직 이른 감이 있다. 다른 한편, 석사과정을 밟으며 동시에 저자는 번역서를 준비했다. 미국 펜실베이니아 주립대 스피치 전공 헤롤드 젤코(Harold Zelko) 교수가 지은 『유능한 연사가 되는 길』을 우리말로 옮겨 당시 을유문화사 구미신서 42집으로 『화술의 지식』을 저자 첫 번째 책으로 출간하니, 역자로서 더없는 영광이 아닐 수 없다. 1962년 4월 10일의 일이다.

그리고 수소문 끝에 저자는 미국 국제스피치학회(Speech Association of America)에 정식 회원으로 가입, 본격적으로 이 방면 연구자의 행보를 확실하게 내딛는다. 이 사실도 1962년에 이루어진 기쁨이다. 이후, 그곳에서 보내오는 정기 간행물을 통해 저자는 스피치 연구의 급물살을 타

게 되었다. 저자 이름이 확실하게 명기된 동 학회 회원 명단 '1963년 판'
은 아마 저자 가보로 길이 전해질 줄 안다.

'한국스피치학회'는 1963년 정태시·김갑순·이두현·이근삼·전영우
등이 중심되어 서울에서 조직되었다. 중학교 및 고등학교 국어과 교과
과정에 '화법'을 넣고 교과서도 펴내어 검인정 교과서로 인정받고자 하
는 등 의욕적인 출범을 보였다. 그러나 정국 불안으로 인해 소기의 결실
을 보지 못하고 1998년 '한국화법학회'로 명칭을 변경, 새로 발족하여 저
자가 1·2대 학회장을 지내며 여러 관련 학자들을 규합, 오늘날 20여 년
의 연구 연륜을 쌓아 오고 있다.

1995년 9월 30일, 교육부 검정 『고등학교 화법』 교과서도 공저로 교
학사에서 발행하니 만시지탄은 있지만 소기의 목적을 이룬 데 대한 감
회는 자못 크다. 그래도 '스피치'의 이름이 들어가는 저서가 본격적으로
세상에 선보여야 한다는 저자의 꿈은 여전히 남아 저술에 착수, 마침내
『스피치 개론』을 1964년 문학사에서 간행했다. 하지만 고려대 당시 여
석기 교수 권고를 수용, 일층 발전된 학술 전문서로 『화법 원리』(1967)를
교육출판사에서 출간하자, 이제 국어학계 및 국어 교육 학계에서 저자
가 화법 연구 교수의 지위를 어느 정도 구축하기에 이른다. 참으로 다행
이요, 보람이라 생각한다.

어느 정도 '스피치'로 자리가 잡히고, 곧이어 저자가 『화법 개설』
(2003)을 역락 출판사에서 출간하자, 마침내 우리나라 학술원에서 해당
연도 '우수 학술도서'로 인정하는 영예를 안았다. 그리고 이에 앞서 여
러 차례 판을 거듭한 끝에 『표준 한국어 발음 사전』을 민지사에서 내며
당해 연도 문화공보부 선정 '우수 학술도서'의 영예를 거듭 안으니, 그만
큼 보람이 크다. 그러나 일층 정점을 찍게 된 일은 저자의 학술 논문집

『신국어 화법론』(1998)이 태학사에서 출간되고, 역시 당해 연도 문화공보부 선정 '우수 학술도서'로 자리매김하니, 저자로서 더없는 영광이다.

　이상 저술 기록을 세상에 새삼 알림은 자칫 저자 자신의 어리석은 자랑으로 비판받기 쉽지만, 그래도 덮어두기보다 밝히는 것이 학계 학술 정보 교류의 도리라 판단, 부득이 공표하는 바이니 강호 제현의 양해를 바란다.

중앙대 대학원 박사과정 입학

　성대에서 석사 학위를 받고, 곧 저자는 진학 계획을 세웠다. 아무래도 방송에서 쌓은 아나운서의 화법 현장 경험도 중요하지만 이를 정리, 체계화하는 학술적 자리매김이 저자에게 한층 더 중요한 사명으로 인식된다.

　그 가운데 가장 절실한 학술적 저서가 바로『한국어 발음 사전』편찬 문제다. 이에 따라 저자에게 절실하게 다가오는 학문이 '음성학'이다. 당시 우리 학계 중진은 두 분이 계시는데 그중 한 분, 정인섭 박사가 마침 중앙대 대학원장이기에 우선 이곳을 진학 목표로 삼고 준비, 박사과정에 들어가기로 마음을 굳힌다.

　오늘 그때를 회상하면, 박사과정 전공 시험은 도대체 어떤 문제가 출제될 것인가 전혀 예측이 가지 않아 매우 궁금했다. 시험장 들어가 막상 문제를 대하고 보니 안심이 된다.

　① Daniel Jones의 Cardinal Vowel을 그림으로 그리고 설명하라.

②IPA에 대해 아는 바를 쓰라.

③정음(正音) 창제 당시, 28글자 중 소멸된 4글자의 소멸 과정을 밝혀
보라.

아는 대로 차분히 답을 쓰고 시험장을 나서니 마음이 개운하다. 앞의
두 문제는 저자가 『화법 원리』를 저술할 당시 이미 확실하게 익혀 놓은
것이므로 그다지 부담을 느끼지 않고 답을 작성할 수 있었다.

면접시험 때 전공이 무엇이냐는 질문을 받고 '스피치'라고 하자, 그럼
구체적으로 연구 계획을 말해 보라 해 '표준 한국어 발음 사전' 편찬 작
업이라 말씀드리니, 그럼 당신에게 배워야 할 것이라 한다. 그래서 중앙
대 대학원에 지원했다고 말씀드리자 잘했다는 반응이다. 부급(負笈) 종
사(從事)의 길이 열린다.

정인섭(1905~1983) 박사는 평론가요, 영문학자다. 1926년 일본 와세
다 대학 영문과를 졸업하고, 1953년 영국 런던 대학 대학원을 수료했
다. 1926년 연희전문 교수, 1946년 중앙대 교수, 1950년 런던 대학 교수,
1957년 중앙대 대학원장 및 문학박사 학위 취득, 1964년 미국 4개 대학
교환교수, 1969년 한국외국어대학 대학원장을 역임했다.

저자는 박사과정 입학 후 선생에게 '음성학'과 '미국 방언학' 등을 배
우고 3년의 전 과정을 마쳤으나, 곧 개인 사정으로 인해 선생이 외대 대
학원장으로 자리를 옮기는 바람에 이분에게 박사 논문 심사를 받지 못
했다. 이때 교수진은 국어학의 정인승 박사, 남광우 박사, 외래교수로
이숭녕 박사, 그리고 고전문학의 양재연 박사, 현대문학의 유명한 백철
교수로 이루어졌다.

1963년 케네디에 이어 미국 36대 대통령이 된 린든 존슨 대통령이 한

국을 방문, 두 나라의 우의를 다지는 뜻깊은 자리 환영사에 이은 답사에서 그가 당시 김현옥 서울특별시장의 성씨를 [김]이 아닌 [기엄]으로 발음한 사실을 듣고 저자가 질문하자, 바로 그 발음이 미국 남부 방언의 특징이라 서슴지 않고 지적하는 정인섭 선생 말씀을 듣고 새롭게 느낀 바 있다. 존슨 대통령은 미국 텍사스주 출신이다. 한편, 미국 중서부 방언이 미국의 표준어란 사실 지적도 매우 신기하게 들었다. 또한, 방언을 가르는 지리적 조건만 아니라 사회적 조건도 따져봐야 한다며 흑인 영어의 특성을 말씀할 때 저자의 호기심은 절정에 달했다.

박사과정 입학 후 10년이 지나면 대체로 논문 제출 자격이 소멸되는 것이 관례다. 저자 역시 이 경우에 해당되어 망설이던 중 성신여대 대학원이 국문과 박사과정을 개설하며 남녀 공학으로 대학원생을 모집한다고 하여 마침내 이에 응시, 박사 재도전에 나선다. 국어학 전공 배윤덕 박사와 김명희 박사 그리고 국문학 전공 한영환 박사·이성교 박사, 외래교수로 한글학회 대표 허웅 박사가 수업을 맡았다. 대학원장 전상운 박사는 전부터 방송에서 지면(知面)이 있는 터라, 면접 시 반갑게 맞아주어 크게 고마웠다. 이에 앞서 저자는 대학 시절 인사를 나눈 대학원 국어국문학과 학과장 이성교 박사를 먼저 찾아 인사를 나누고 입학 의사를 밝히자, 반갑게 받아 주며 환영한다는 소견을 말해 주었다.

1986년 3월 1일 입학, 만 3년의 박사과정 전 과정을 새로 마쳤다. 재수를 한 셈이다. 이때 학과 전체 교수회의에서 중앙대 박사과정 이수 과목 가운데 12학점을 인정받아 24학점(모두 36학점 가운데) 이수 목표로 박사과정 재수를 한 셈이다. 지도교수 배윤덕 박사의 각별한 지도를 잊을 수 없다. 재학 중 어학시험 영어와 제2외국어도 무난히 통과, 종합시험을 보고 최종 논문 작성에 들어갈 때 많이 망설였다.

박사 논문, 「한국 근대 토론사 연구」

이즈음 불현듯 석사 논문 심사위원의 권고가 떠오른다. 가급적 우리나라에서 주제를 뽑아 보라는 충고가 생각났다. 그것이 '근대 국어 토론에 관한 사적(史的) 연구'다.

'스피치 교육의 사적(史的) 진전 소고'라 제목을 붙인 석사 논문 '유럽 스피치 교육사'를 학계에 보고했을 때, '한국의 스피치 교육사'를 정리해 보면 어떻겠는가 종용을 받고 저자는 한국의 근대사 자료를 살펴보는 중 우연히 협성회, 독립협회, 만민공동회 활동 상황에 관심을 갖게 된 것이다.

한국 근대에 이입(移入) 수용된 유럽 스피치는 연설·토의·토론·회의에 한정, 학문 연구를 기본으로 한 학술 이론에 중점을 둔 것이 아니라 실연(實演) 형식에 비중을 둔 매우 기초적인 부분임을 이해하게 되고, 유럽 스피치를 체득한 지도자가 우리말 스피치를 통하여 당시 민중에게 민족 자강(自强), 민족 자주의 독립 정신과 개화 정신을 계몽했다는 역사적 사실을 접하게 되었다.

서재필, 윤치호 두 지도자는 장차 한국에 의회가 설립될 것을 전제로 하여 의원 양성의 원대한 목표를 세우고 협성회·독립협회 회원들에게 연설, 토의, 토론, 회의법의 실연 경험을 쌓게 하였다. 토론회의 효시는 협성회나 거의 동시에 독립협회 또한 토론회를 개최하여 공변(公辯)을 통한 공론(公論) 형성 과정을 회원 각자가 직접 체험할 수 있게 지도하였다. 협성회 토론은 〈협성회 규칙〉(1896)의 토론법을 따르고, 독립협회 토론은 〈독립협회 토론 규칙〉(1897)을 따랐으며, 그 준거는 윤치호가 번역한 〈의회 통용 규칙〉이다. 그리고 또, 이 규칙은 로버트(Henry M.

Robert)의 〈의회 규칙 편람〉을 초역(抄譯)한 내용이다. 동의, 재청, 개의 등 회의 용어가 처음 번역 사용되기 시작한 때가 비로 이 무렵이다. 말하자면, 오늘날 사용되는 회의 용어의 기원이 된 셈이다. 독립협회 창립 당시 목표가 '토론 단체(Debating society)'였던 점만 보아도 협회와 토론과의 관계가 밀접했음을 쉽게 확인할 수 있다.

국어 교육을 전공하며 현대문·고문·작문·문법·국문학사와 함께 화법(스피치)이 고교 국어과 교과 과정에 반드시 포함되어야 할 것이며, 나아가 대학 교양 국어에도 화법이 작문과 함께 중요 과목으로 학습되어야 할 것이란 저자의 확신이 이 논문을 착수하게 된 동기다.

스피치를 좁은 뜻으로 '연설'이라 옮길 수 있지만 넓은 뜻은 '화법'이라 하여 대화, 토의, 토론, 연설, 회의 등을 망라하는 내용의 '학문' 명칭이다. 한때 저자는 스피치를 '화술'(1957)이라 옮겼으나 말하기와 듣기가 한낱 술수에 매일 수 없고, 기교에 머물 수 없다는 판단 때문에 용어를 다시 '화법'(1967)으로 바꿔 사용하고 있다.

우리말 화법 교육이 제도권 밖에서 실시된 것이 1890년대 협성회·독립협회에서의 일이요, 중심 지도자는 서재필·윤치호 등이고, 교재는 〈의회 통용 규칙〉이며, 교육 내용은 실연 위주의 연설·토론·회의법이라는 '근대 한국 토론의 생성 발전에 관한 연구'가 본 논문의 주제다.

저자는 결국 근대 한국 공중(公衆) 집회의 스피치 실연 상황, 그 형식과 내용, 그리고 영향 등을 분석하여 우리말 스피치 실연의 여명기를 조명하고, '토론'에 초점을 맞춰 그 역사적 의의를 찾아본 것이다.

박사 학위 논문의 '결론'을 전문 전재(轉載)한다

한국에 스피치 실연(實演) 방법을 이입(移入) 수용케 한 중심인물이 누구인가를 구명(究明)하고, 토론 중심인 근대 공중 집회의 스피치 실연 상황과 그 영향을 분석하며, 우리말 스피치 실연의 여명·생성·발전기를 조명해 그 역사적 의의를 찾는 일이 본 논문의 목적이다.

이 목적에 따라 세워진 가설은 5개 항목이다.

① 유럽 스피치 실연 방법이 한국에 이입 수용된 시기는 근대에 속할 것이다.

② 주로 서재필, 윤치호 등에 의하여 이입된바, 그들은 이미 미국 대학 수학 시에 스피치 실연 분야에 많은 관심을 가져 강의를 수강하고, 혹은 또 대학의 특별 과외 활동에 참여했을 것이다.

③ 그들은 배재학당·협성회·독립협회 등 학교 또는 단체에서 연설·토론·회의법을 가르치고, '스피치 실연'을 학생 및 회원들에게 직접 지도했을 것이다.

④ 스피치 실연의 당시 활동이 다방면의 반응 효과를 가져왔고, 이와 함께 그 이후의 영향이 매우 컸을 것이다.

⑤ 윤치호가 번역한 로버트의 〈의회 통용 규칙〉과 협성회의 〈협성회 규칙〉은 당시 토론 및 회의법에서 귀중한 지침서요, 동시에 훌륭한 교재였을 것이다.

상기(上記) 가설을 입증하기 위해 〈협성회 규칙〉, 〈의회 통용 규칙〉, 〈Rules of Order〉, 『윤치호 일기』, 《독립신문》, 《황성신문》, 《협성회 회보》,《매일신문》,《대조선독립협회 회보》,『대한계년사』,『민회 실기』,『한국개화기 교과서 총서』,『한국 논저 해제』,『한말 근대 법령 자료집』,〈독립협회 토론회 규칙〉 등과 함께 서재필·윤치호 관련 연구 논문, 그리고 협성회·독립협회 관련 연구 논문 등을 집중적으로 탐구하게 되었다.

그 결과 본론에서 가설 대부분이 거의 확실하게 검증되었을 뿐 아니라, 그 밖에 새로운 역사적 사실이 속속 드러나 본 논문의 연구 결과를 일층 가치 있게 만들어 주었다.

항목별로 그 밖에 연구 결과를 보이면 다음과 같다.

① 배재학당은 매주 토요일, 연설회·토론회·사상 발표·변론 시간 등을 과외 시간으로 정해 일찍이 한국에서 시도해 보지 못한 '전인 교육'을 실시하고, 교육의 새로운 의의를 널리 일반에게 인식시켰다.

② 서재필은 최초로 미국의 민주정치와 독립정신을 배우고, 또 그들의 학술과 생활 양식까지 체득할 수 있던 선각자임이 분명하다. 그의 귀국을 계기로 비로소 우리 사회는 자유, 독립, 권리, 의무가 무엇인지 배우고 깨닫게 되었다.

③ 1896년 협성회 발기를 지도했고, 여기서 서재필이 '회의 진행법'을 가르쳤다. 동의·재청·개의 등 회의 용어가 협성회 당시 번역되었으며, 오늘 사용되는 회의 용어의 기원이 된 것이다.

④ 토론회에서 서재필은 '박수'를 처음 가르쳤다.

⑤ '연설'이란 용어가 윤치호에 의해 한국에서 처음 쓰이기 시작한 것으로 알려졌다.

⑥ 독립관에서 서재필은 독립협회 회원을 대상으로 근대 정치 활동에 필요한 기초 훈련을 실시했다. 토론회를 자주 개최하고, 이론 전개

와 함께 화법과 연설법을 가르치고, 각종 집회의 절차와 회의 규칙을 습득하게 했다.

⑦ 토론회 및 연설회의 목적은 국민에게 자유사상과 민주주의 지식을 넣어 주자는 것이다. 초기의 토론 논제는 일상 생활에 관계되는 것인데, 불필요한 내용을 가지고 토론하기보다 차라리 국가 정치에 대한 '비판 연설'을 하자고 의견이 모아졌다.

⑧ 독립협회 창립 당시의 성격은 '토론 단체'이던 것이 '정치 단체'로 변신한 이유 중 하나는, 토론이 '정치 이슈'를 다루면서 격렬한 토론 분위기를 연출한 까닭이다.

⑨ 독립협회는 연설회·토론회·민회 등이 '언론 자유'를 실현하고 창달하는 방법이라 보고, 집회의 자유를 주장했다.

⑩ 독립협회 토론회에서 실제 체험한 회의법, 연설법, 토론법이 만민 공동회 조직에 귀중한 수단이 되었다.

⑪ 개화사상이 비로소 일반 민중에 삼투하고, 1898년 만민공동회의 대중적 기반과 그 지도적 중핵을 형성하기에 이르렀다.

⑫ 1898년은 독립협회가 가두로 진출해 한국의 개화운동이 비로소 대중운동과 결합한 획기적인 한 해가 되었다.

⑬ 1898년 2월 27일, 독립협회 집회가 절영도(絶影島) 석탄고 기지의 조차 문제를 조사하기로 결의, 외부대신에게 공한을 발송하고 그를 행동으로 비판한 사실을 '한국에 민주주의 물결이 일기 시작하는 것'으로 윤치호는 간주했다.

⑭ 1898년 10월 29일 '관민(官民)공동회' 제2일, 수만 명이 모인 집회 개막 연설을 종래 가장 천대받던 천민 백정(白丁) 박성춘이 시작했다는 사실이 매우 큰 역사적 의미를 갖는다.

⑮ 만민공동회 제1일(1898. 11. 5)은 당시 소학교 학도인 11세 소년 장용남이 집회에 나와 연설했고, 만민공동회 제3일(1898. 12. 8)은 소년 결사체 '자동(子童)의사회' 소속 14세 소년 서형만이 충군(忠君) 애국 목적의 연설을 했다. 소년 연사의 출현이 이채롭다.

⑯ 1898년 11월 2일 반포된 정부의 '중추원(中樞院) 관제'는 한국 최초의 의회 규칙이다.

'근대 토론의 가능성'에서

서당의 언어 교육은 화법 교육의 내용이 적지 않으나 대부분 교훈적인 교재에 국한된 것이고, 학교의 국어 교육은 담화·독법·낭독에 머물러 서당 교육과 함께 교훈적이고 단편적인 성격에서 벗어나지 못했다.

토론의 정의는 '주어진 문제의 해결 방안을 결정하는 수단'으로, '정해진 규칙에 좇아 의견 대립을 보이는 2팀 사이에 행해지는 토의 또는 논의'이다.

'서재필의 토론 지도'에서

서재필이 미국 '힐맨(Hillman) 아카데미'에서 수학할 때, 스피치가 각 학년 공통 과목이었던 것과 그 학교의 토론을 위한 과외 서클이 있었다는 점을 주목하지 않을 수 없다.

서재필의 지도로 협성회가 처음 시도한 '가두연설' 그리고 회의를 통한 '의사 결정'을 '좇 다수 표결 원칙'으로 처리하기 시작한 점이 특이하다. 귀국 초기, 배재학당에서 '미국 민주주의와 의회제도'의 강연을 행한 일은 서재필의 포부를 짐작하는 데 도움이 된다. 《독립신문》 발행 역시 민권사상·민주정치를 이식, 한국이 자주독립을 쟁취해야 한다는 점에서 찾게 된다. 그의 지도로 창립된 '독립협회의 토론'에서 한국 최초 '포럼'의 토의 형태를 찾아볼 수 있다.

'윤치호의 토론 지도'에서

윤치호는 독립협회가 주도한 민중 운동이 민권(民權)을 고취해 정부의 권력 남용을 견제했고, 일반 민중의 지적 향상에 공헌했으며, 독립협회 가두대중집회는 민중, 특히 젊은 세대에게 지대한 교육적 효과를 준 것으로 확신했다.

그는 회원 간 토론에 의한 합의를 존중하고, 상향식 민주주의 지도 노선을 견지하고 있었다. 또, 그는 합리적 대화로 상대를 설득해 적대 관계를 협력 관계로 전환시키려는 온건 노선을 지향했다. 그리고 그는 점진적 개량주의 또는 상소와 건의 및 평화적 시위 등에 의한 비폭력주의를 기본 지도 노선으로 삼았다.

일정한 한계가 있음에도 불구하고 독립협회 운동이 한국의 민주주의와 민족주의 그리고 근대화 운동에 새 이정표를 세웠다면, 지도자 윤치호가 이의 추진자였다. 그는 미국 유학 시절 서재필과 함께 스피치 교육을 받은 한국 최초의 인사며, 〈의회 통용 규칙〉을 최초로 번역 배포해 '회의 진행법'을 널리 보급했다. 독립협회 토론에 그는 연설, 토의, 토론, 회의 진행 등 스피치 활동의 기초 형식을 제공한 지도자였다

'협성회 토론'에서

협성회의 큰 업적은 토론회와 가두연설을 통해 민중을 계몽하고, 여론을 형성함으로써 민족의식과 사회의식을 고취한 점이다. 연설과 토론, 또는 신문 논설을 통해 협성회의 일관된 주장은 전통적인 봉건 사회

제도를 개혁해 근대 민주사회를 건설하자는 사회 개혁을 위한 계몽사상이 주류를 이룬다.

'독립협회 토론'에서

토론 방식은 주제와 4인 지명 토론자, 곧 찬성 측 우의(右議) 부우의와 반대 측 좌의(左議) 부좌의를 토론회 있기 1주일 전 미리 발표, 준비케 하고, 회원은 누구든 당일 토론에 참가할 수 있고, 시간은 5분으로 제한했다. 주제는 방청인의 지식에 유조(有助)하고, 반드시 논쟁이 가능한 것에 국한했다. 그리고 토론 종결 시에 참가자 전원의 다수 의견에 따라 '토론 승부'를 결정했다.

'만민공동회 집회'에서

회의를 통한 결의와 연설을 통한 의사 통일, 그리고 10차에 걸친 상소와 고종의 비지(批旨)라는 형식을 거친 대화의 부단한 노력이 주효해 만민공동회운동의 성과가 컸던 사실을 기억해야 한다. '헌의(獻議) 6조'와 '조칙(詔勅) 5조'가 그것이고, 협회 지도자 17명 석방 역시 운동의 결실이었다.

'토론 형식과 내용의 영향'에서

일반 시민은 새 사상을 접하게 되었다. 자주독립사상, 자유민권사상, 자강개혁사상이 그것이다. 이 부분은 형식과 내용 양면에서 관찰할 수 있다. '사상'이 내용이면, '의회 통용 규칙'은 형식이 될 것이다.

문학 분야 토론체 소설에 음양으로 조명된 영향을 간과할 수 없다. 그리고 안국선의 '연설 법방' 또한 민회 토론의 영향으로 본다.

'민회 토론의 연사'에서

이상재, 이승만, 안창호 등을 거론한 것은 연사의 자질과 인품으로 보아 당시 민회 토론에서 주도적 역할을 수행했기에 그들의 생애를 통한 지도자적인 역할이 '스피치' 시각에서 어떻게 가능했는가를 연사를 본보기로 각각 다루어 본 것이다.

전영우, 박사 학위 논문의 결론을 논문 머리말에 앞서 발췌 요약, 역순(逆順)으로 먼저 제시해 보였다.

학위 심사는 5차에 걸쳐 하게 돼 있다. 최종 심사에서 위원장 한글학회 대표 허웅 박사는 "전 박사 축하해요!"와 함께 찬사를 해 주었다. "스피치 분야 논문은 우리나라 처음이고, 특히 토론 관련 논문도 이번이 처음 아닌가!" 하던 말씀이 아직도 귀에 남아 있다. 심사위원은 허웅 박사 외 4인이다. 박붕배 박사, 이응호 박사, 배윤덕 박사, 김명희 박사 다섯 분에게 깊은 감사의 말씀을 드린다.

여담이지만, 허 박사님이 '그 어려운 자료를 모두 어떻게 찾았는가' 물을 때, 순간 저자는 울먹이지 않을 수 없었다. 동시에 내용이 좋으니 박사 논문을 책으로 출판, 많은 사람들에게 알려 줄 필요가 있을 것이라 덧붙여 말할 때, 또 한 번 감격했다.

그 후 일지사 김성재 대표가 출판을 맡아 주어서 크게 고마웠다. 이때 저자를 도와 창조사 최덕교 대표가 동행, 김 대표에게 각별히 부탁한 점을 지금껏 잊지 못한다. 두 분은 학원사 편집 부문 선후가 된다. 한편, ㈜대우 전 사장 엄길용 동문이 대우문화재단에 저자를 추천, 출판 지원을 받게 해 준 점을 고맙게 생각한다. 특별히 '한국학'에 관심이 큰 김성재 사장은 학술지 '한국학'을 정기 간행물로 내놓을 때다. 그 편집 주간을 서울대 교수 문학평론가 김윤식 동문이 맡아 할 무렵이다. 뿐만 아니라 김성재 사장은 저자의 경복고 선배이기도 하다.

모든 일이 순조롭게 진행되어 1991년 8월, 마침내 일지사에서 『한국 근대 토론의 사적 연구』라는 저자의 박사 논문이 출간되자, 저자의 기쁨은 배가했다. 이즈음, 저자 머리에 떠오른 금언은 "하늘은 스스로 돕는 자를 돕는다."는 명구다.

박사 학위 논문의 서론

문제의 제기

'국어 교육'을 전공하며 저자는 두 가지 문제를 의식했다. 각급 학교 국어 시간에 문장은 가르치면서 왜 화법을 가르치지 않느냐는 점, 또 외국어를 배울 때 발음을 중시하면서 국어를 배울 때는 왜 발음을 도외시하느냐는 점이다. 이 같은 문제의식에 자극되어 관심 갖기 시작한 분야가 바로 '스피치(Speech)'다.

공사 간 대화, 연설, 회의, 장면을 통해 직면하는 발표, 토의, 토론, 협의 과정에 우리는 언어를 매개로 상호 의사를 소통한다. 국어 생활에 화법이 차지하는 비중이 그만큼 크다.

능변이 반드시 교언영색, 미사여구, 음성 과장 등으로 형상화될 수 없다. 오히려 사실에 입각, 진실을 바탕으로 자기 주의 주장을 남에게 펼 수 있고, 가치 있는 정보를 수집·수시 인용할 수 있으며, 경험과 식견을 통해 창의성을 발휘할 수 있고, 겸허와 성실의 인간미로 호의 어린 대인 관계를 유지한다면 의사소통과 대인관계, 그리고 각계각층의 사회 적응에 일층 보람 있는 성과를 거둘 것이다.

국어국문학 연구에 현대문학, 고전문학, 한문학, 음운론, 형태론, 통어(사)론, 계통론, 의미론 못지않게 '화법론'이 마땅히 거론되어야 한다.

데모스테네스(Demosthenes, B.C. 384~322), 키케로(Cicero, B.C. 106~43), 처칠(W. Churchill, 1874~1965), 케네디(J.F. Kennedy, 1917~1963) 등은 스피치 교육사상 능변으로 손꼽는 인물들이나 시대적 배경에 따라 평가 기준에 차이가 드러난다. 데모스테네스는 웅변, 키케로는 화법, 처칠은 정치 연설, 케네디는 정치 토론으로 각각 그들 목적에 기여했다. 이미 학적 체계가 잡힌 미국은 예일(Yale) 대학을 위시해 펜실베이니아(Pennsylvania) 주립대학, 미시건(Michigan) 대학, 일리노이(Illinois) 대학, 보스턴(Boston) 대학 등 유수한 대학에서 이미 학위 과정을 설치하고, 오래전부터 스피치 논문으로 학위를 수여해 오고 있다.

크게, 사이언스(Science)와 아트(Art)에 걸쳐 있으면서 언어생활의 범주를 망라하는 것이 스피치 필드(Speech Field)다. 발전적인 스피치 연구를 위해 뒷받침되는 보조학은 국어학, 역사학, 논리학, 철학, 교육학, 심리학, 사회학, 언어학, 음성학, 물리학, 생리학 등이다. 인간의 언어가 개재되는 분야면 스피치 연구 영역이 된다. 언어생활에서 문장 생활은 문자 언어에 의존하는 까닭에 기록과 보존이 가능하나, 스피치는 다만 음성 언어에 의존하는 관계로 다분히 과거 연구가 불가하고, 현재보다 미래를 위한 연구가 가능할 뿐이다. 음성 부호인 문자의 발명이 실은 음성 언어의 이 같은 결함을 메우기 위함이 아닌가. 그러나 학문 연구가 새로운 미래 창조의 가치를 인정한다면 스피치 연구의 필요성은 명약관화하다.

스피치 행위는 대체로 다음 활동에서 핵심이 된다.

대화(Casual conversation), 담화(Informal talks), 연설(Formal speeches), 식사(Orations), 성명(Declamations), 패널(Panel), 포럼(Forum), 심포지엄(Symposium), 상담(Sales talks), 업무 대담(Business interview), 토의(Discussions), 토론(Debates), 낭독(Oral reading), 방송 담화(Talking on the radio television), 구연(Interpretations), 무대 및 방송 제작(Productions of the stage, radio, television), 집단 구현(Choric speaking) 등이다.

뉴욕 대학의 멀그레이브(Dorothy Mulgrave) 교수는 스피치를 아트(Art), 사이언스(Science), 패돌로지(Pathology)로 분류하고 있다. 요컨대 화법, 연극, 영화, 라디오, 텔레비전 그리고 스피치 클리닉(Speech clinic)이 광의의 스피치에 포함되고, 협의의 스피치는 화법 일반으로 한정된다.

스피치는 '의사 전달'과 '의사 표현' 그리고 상호 '의사소통'의 실재적인 언어 기능을 연구 대상으로 한다. 화자(話者)가 신체적 동작과 함께 스피치 내용을 발표하면, 청자(聽者) 및 청중(聽衆)은 이에 반응한다. 화자와 청자 사이에 자극 반응의 관계가 반복되는 것이 스피치 과정이다. 이 과정에서 화자의 언어 기능 장애나 정황, 혹은 스피치에의 부적응, 그리고 청자의 바람직하지 못한 '디코딩(Decoding)' 등으로 스피치 커뮤니케이션(Speech communication)에 차질이 생긴다. 이 같은 여러 현상을 파헤치고, 가능한 대로 효과적인 커뮤니케이션 원리를 추출하기 위해 현재 '스피치'가 국내외에서 연구되고 있다.

이집트 파피루스(Papyrus)에 기원을 두는 스피치 교육사는 고대 그리스와 로마를 거쳐 근세 영국에서 학문의 발전적 추세를 시현했고, 일층 고도한 학문적 체계는 20세기 미국에서 구현되었다.

멀그레이브 교수는 "오늘을 토킹(Talking) 시대라 지칭함에 어느 누구도 부정할 사람은 없을 것이다. 라디오, 텔레비전 그리고 녹음 및 녹화기 등 기술 분야의 발달로 우리는 문장 표현어보다 구두 표현어에 의존하는 빈도가 하루가 다르게 증가하고 있다. 라디오 텔레비전 출연 인사에 의한 방송이나 혹은 각계각층 인사의 좌담, 토의, 토론에 의존하지 않으면 현대생활의 새 방향을 제시 받을 수 없다."고 하여 스피치에 대한 새로운 인식의 고취와 스피치 연구의 의미를 특별히 강조하고 있다.

이미 언급한 대로 한국은 오늘의 국어 교육에서 문장 편중의 경향이 매우 현저하다. 따라서 화법 교육의 인식이 국어 교육 측면에서 크게 새로워져야 한다. 이에 대화, 연설, 토의, 토론, 회의 등이 포함되는 구미 스피치 교육을 개관(槪觀)한 이론을 토대로 근대 한국에 스피치 실연 방법을 이입 접목한 중심인물이 누구인지 구명하고, 근대 국어 토론의 실연 상황을 형식과 내용 양면으로 고찰함과 동시에 그 영향을 분석해 국어 스피치 생성의 여명기를 조명, 역사적 의의를 찾는 데 이 논문의 목적을 둔다.

연구사

『한국 논저 해제』, 언어 문학 편(고려대 민족문화 연구소, 1982)에 의하면, 국어학의 단행본에 화법의 분류가 빠져 있고, 단지 논문에 「스피치 교육의 사적 진전 소고」(석사 학위 논문, 1962)와 「스피치의 지식」(《새교육》, 183호, 1970)이 소개되고 있을 뿐이다. 이는 저자의 소론이다.

스피치 관련 문헌을 수집하는 과정에서 저자는 해롤드 젤코(Harold

P. Zelko)의 『How to become a successful speaker』를 입수해 번역하고, 1962년 『화술의 지식』을 출판했다. 그 후에 『스피치 개론』(1964), 『화법 원리』(1967), 『화법론』(1973), 『표준 한국어 발음 사전』(1984), 『국어 화법』 (1985), 『국어 화법론』(1985) 등 그 밖에 몇 권의 저서를 발간했다. 오직 스피치 연구에만 전념, 「구미 스피치 교육의 사적 진전 소고」, 「구미 스피치 비평 체계 및 안 도산 연설의 적용 예 연구」, 「화법 교육론」, 「연사 안창호의 에토스에 대하여」, 「서재필의 스피치 교육에 대하여」, 「국어 화법의 포스에 대하여」, 「방송 언어에 관한 연구」 등 소논문을 작성, 학계에 보고했다.

스피치 또는 화법 분야가 한국에서 아직 소개 단계에 있음을 알게 된다. 시중 서점에 웅변, 연설, 식사, 회의, 토론 등 실용 면에 비중을 둔 저서는 상당수에 달하나 학문적 측면에서 다룬 논문은 거의 드물다. 그러므로 한국의 스피치 연구는 1960년경을 기점으로 보게 된다. 그러나 구미(歐美)의 경우는 매우 판이하다. 고대 이집트에서 화법 교육이 시작된 5천여 년 전에 사회 지배 수단으로 화법의 중요성이 인식되었다.

쁘리세 파피루스(Prisse papyrus)에 기록된 '프타호텝(Ptah-ho-tep)'의 교훈과 '케겜니(Kegemni)'의 교훈에서 "세련된 화법은 조약밭에서 얻은 에메랄드 보석보다 희귀하다."는 표현이 나온다. 프타호텝은 화법이 사회를 지배해 나가는 수단이라 본 것이다. 이는 화법에 대한 현대적 의미를 이미 함축한 것임에 다름 아니다. 프타호텝은 화법이 청자에 미치는 영향을 중시한 나머지 각계각층의 청자 및 청중에게 다양성 있는 화법을 구사하도록 종용하고, 주어진 정황에 알맞은 특이한 정서를 표현, 전달하면 이에 따른 특정의 반응을 얻게 될 것이란 사실을 일깨워 주었으며, 청자 및 청중에게 기대되는 반응을 구하려면 화자의 윤리성이 중시돼야 함을 강조했다.

고대 이집트를 기점으로 화법 교육이 비롯되었고, 고대 그리스는 기원전 5세기경에 엘리아(Elea)의 제노(Zeno)가 새로운 '토론법'을 창안했다. 토론이 주어진 문제에 대한 어떤 결정을 추출하기보다 사실과 진실을 발견하자는 데 초점을 맞춘 의론 방법이다.

그리스 프로타고라스(Protagoras), 고르기아스(Gorgias), 이소크라테스(Isocrates) 등은 다른 의미로 토론의 기초를 쌓았다.

1948년, 돈센(Thonssen)과 베어드(Baird)는 아리스토텔레스(Aristoteles)에 관해 "그는 고대 수사학에서 가장 높게 평가받아야 할 인물이다. 수사학은 문학적인 기교에서 가장 중요한 기능을 수행하고 있다."고 주장했다. 기실, 그는 화법 교육상 주요 사항들을 모두 망라해 조직적 체계를 확립했다. 그의 저서『수사학』은 3권이다. 1권은 연설자, 2권은 청중, 3권은 화법에 관한 내용이다. 학계는 이 저술이 화법 학설에 매우 큰 공헌을 한 것으로 간주하고 있다.

고대 로마의 퀸틸리안(Quintilian)은 'Institutio Oratoria'를 통해 학생의 언어 표현을 개선하는 데 '직접 지도법'에 동조했고, 언어·발음·음성·제스처 등을 중시하는 반면, 웅변·토론·논쟁 그 밖에 일상 대화까지 문제의 초점으로 삼았다. 그는 화법 교육의 기초를 닦은 셈이다. 그가 규정한 '연설자의 조건'은 화법의 소질은 물론, 고매한 인격을 갖추고 있는 선량한 인사여야 한다는 것이다. 바로 이 점이 특이하다.

17세기, 영국 학자들은 영국 교육에 있어서 '연설법'에 대한 주의가 부족하다는 데 관심을 모았다. 그들은 발음, 음성, 동작에 관한 저술을 남겼다. 로버트 로빈스(Robert Robins)의 『The art of Pronunciation』(1617), 길버트 오스틴(Gilbert Austin)의 『Chironomia』(1806), 알버트 베이컨(Albert Bacon)의 『Manual of Gesture』(1872) 등이다.

1829년 출판된 리처드 위틀리(Richard Whateley)의 저서 『수사학』은 가장 중요한 영국 교과서의 하나로, 아리스토텔레스·키케로·퀸틸리안이 세워 놓은 수사학 정의에 가장 가까이 접근한 것이다. 그는 도덕적 증거와 신념의 법칙을 분석하려 노력했다. 그는 개연성(蓋然性), 예증, 추측, 오류 등을 포함하는 논쟁에서 각각의 개념을 분류해 놓았다.

18세기, 미국에서 처음 화법 교재가 출간되었다. 1791년 버그(Burgh)의 『The art of speaking』이다. 그리고 1955년 미국 윌슨(Wilson)에서 간행된 『미국 박사 학위 목록집』(1954~1955)에 수록된 스피치 관련 논문 편수가 상당수에 이른다.

한국에서 스피치 분야 논문은 매우 희소하고, 특히 종개념인 토론은 거의 전무하다. 그러나 간접적으로 사회사상의 시각에서 연구된 논문이 있다. 신용하의 「독립협회의 독립문 건립과 토론회의 계몽 활동」(1974)이다. 또 사학의 시각에서 연구된 논문은 김동면의 「협성회 연구」(1980)다. 그 밖에 토론 관련 논문은 아직 알려진 것이 없다.

연구 방법론과 그 범위

스피치를 한국적 입장에서 수용하려면 오직 문헌 연구에 매일 수 없고, 비교적 실질 문제의 발견과 이 문제를 조상에 놓고 진지한 분석 및 종합적인 연구 자세를 취함이 일층 바람직할 것이다.

따라서 국어 교육상 학생의 의사 표현 능력을 직접 집단적으로 관찰 조사해 수집되는 자료를 중심으로 과학적 분석 방법에 의한 한국 스피치 연구의 문제점과 방향을 모색하는 일이 매우 중요한 스피치 연구 과제가 될 것이다.

그러나 이보다 먼저 선행해야 할 것이 스피치 도입 단계에서 필수 불가결한 '스피치 체계'의 이론 정립과 이를 뒷받침하는 '스피치 교육사' 부분이라 판단했다. 고로 「스피치 교육의 사적 진전 소고」를 저자 최초의 논문으로 내놓게 된 것이다. 학문 입문의 초기 단계에서 반드시 탐구해야 할 것이 대상 학문의 역사적 연구, 즉 통시적 고찰이라 간주한 때문이다. 이때 크게 영향 받은 것이 뉴욕 대학 멀그레이브 교수의 이론과 퍼듀 대학 몬로 교수의 이론이다.

구미의 스피치 교육사를 섭렵한 뒤에 한국에는 언제쯤 그 영향이 미쳤는지 탐구해 보았다. 그것은 1890년대 일이고, 근대 개화기 서재필·윤치호 등에 의해 이루어진 사실임을 알았다. 그들은 초기 미국 유학생으로, 대학 재학 시 스피치 관련 강좌를 이수했다. 그리고 그들은 민주주의사상과 함께 대화, 연설, 토의, 토론, 회의법을 학습했다. 두 사람은 귀국 후 거의 동시에 협성회, 독립협회에서 지도적 역할을 수행했을 뿐만 아니라 이에 앞서 배재학당에서 학생을 대상으로 개화사상·독립사상·민족주의·민주주의 이념을 고취하는 한편, 유학 시 학습한 구미식 화법을 전수했다. 이때 전파력은, 학생은 물론 일반 시민에게까지 널리 파급되었다.

특히 배재학당, 협성회, 독립협회에서 정기적으로 토론회가 개최된 바, 이에 대한 일반의 호응은 대단한 것이고, 집회에서 개최된 토론회는 협성회가 효시로 손꼽힌다. 당시 협성회 활동은 토론회와 《협성회회보》 및 《매일신문》 등 신문 발행으로 요약되는데, 대조선 건양 원년(1896) 12월에 반포한 〈협성회 규칙〉은 협성회 토론의 규칙을 상세히 규정하고 있다. 이 1차 자료를 입수할 수 있었던 사실과 나아가 융희 2년 (1908) 5월에 황성신문사 발행으로 된 〈의회 통용 규칙〉 및 원전인 로버트(H. M. Robert)의 〈Rules of Order〉의 입수는 본 논문 연구를 위해 획기적 전기를 마련해 주었다.

윤치호 번역인 〈의회 통용 규칙〉은 1898년 3월 착수, 동년 6월부터 배포하기 시작했으니 황성신문사판은 10년 뒤의 것이 된다. '독립협회 토론회 규칙' 또한 큰 도움이 되었다.

배재학당, 협성회, 독립협회, 만민공동회로 이어지는 연설, 토론, 집회의 장에서 다루어진 토론 내용은 《대조선 독립협회 회보》, 《독립신문》, 《황성신문》, 《협성회 회보》, 《매일신문》 등 1차 자료를 통해 확인할 수 있었고, 정교(鄭喬)의 『대한계년사』와 『민회 실기』 또한 큰 도움이 되었다. 『한국 개화기 교과서 총서』는 근대 개화기 언어, 혹은 국어 교육의 대강을 살펴보는 데 참고가 되었다. 최근에 재조명된 국사편찬위원회 『한민족 독립운동사』(1987)는 독립협회와 만민공동회의 역사적 사실을 다루고 있어 보다 확실한 논거가 되었다. 『한말 근대법령 자료집』(1970)은 각종 민회 토론 반응과 민회 주장, 민회 투쟁 등의 효과를 입증하는 데 큰 뒷받침이 되었다.

본 논문의 가설은 앞에 나온 결론에서도 언급되었지만, 또 한 번 되풀이하면,

① 구미 스피치가 우리에게 이입 수용된 시기가 근대에 해당될 것이다.
② 구미 스피치 이입의 중심인물은 서재필, 윤치호 등일 것이다.
③ 스피치 실연의 장은 주로 협성회, 독립협회, 만민공동회 등이었을 것이다.

④ 민회 토론의 영향은 '한말 근대 법령'을 통해 파악할 수 있을 것이다.

⑤ 〈의회 통용 규칙〉의 영향이 컸을 것이다.

⑥ '토론체 소설'에의 영향이 없지 않을 것이다.

⑦ 안국선의 '연설 법방'에 구미 스피치 이입 수용에 따른 새로운 의미가 있을 것이다.

상기한 가설을 입증하기 위해 '문헌 연구'에 의존하지 않을 수 없다. 스피치는 구미에서 발단된 학문이므로 구미 스피치를 교육사의 관점에서 개관한 논문을 재검토하고, 이를 토대로 구미의 스피치 실현 방법이 한국에 이입 수용된 시기를 포착, 논증하는 방편으로 전기한 여러 자료들을 활용하게 된 것이다.

시기는 한국 근대가 연구 대상이다. 당시 스피치 실연 운동의 반응 및 영향을 분석 파악하기 위해 시민의식, 문학작품, 계몽운동, 법령 제정을 거론하게 된다.

본 논문은 주로 '국어 교육' 분야에 해당되고, 그중 제도권 내의 교육이 아니라 제도권 외의 교육을 취급하는 한계성을 갖는다. 뿐만 아니라 개화기 전후의 언어 및 국어 교육 내용에 포함되지 않은 '화법'을 그것도 '토론'에 국한시키되, 그것이 실연(實演)에 비중을 두지 않을 수 없는 한계가 있음을 밝힌다.

근대의 개념이 역사 인식에 들어온 것은 본래 유럽 사회에서 비롯된 것으로 알려져 온다. 그것은 '르네상스'와 '종교개혁' 이후의 일이다. 동양인의 역사 인식에 근대 개념이 도입된 것은 개항 이후 유럽 사조의 유입으로 비롯되며, 그것은 19세기 유럽인이 인식하고 있던 근대의 개념이다. 한국 근대사는 개항을 기점으로 한 반일 투쟁에서 시작, 동학혁명을 1차 전환기로 하고, 그 이후 계몽주의 시대를 맞았으며 3·1운동을 전환기로 민중의 기반 위에서 전개된 것으로 학계는 보고 있다. 대체로 한국은 1860년 유럽 세력의 위협으로 과감한 개혁을 시도한 때로 기점을 잡기도 하나, 1876년 일본과의 병자수호조약 체결로 보는 것이 타당한 견해다. 본 논문에서 다루는 시기는 대체로 1894년부터 1919년까지 갑오경장 이후 3·1운동까지의 약 25년간이다.

용어상 문제를 논의하지 않을 수 없다. 구미 스피치가 좁은 뜻은 '연설'이지만 넓은 뜻은 학문 명칭으로 대화, 연설, 토의, 토론, 회의 등을 포함하는 개념으로 통한다. 스피치에 해당하는 용어를 저자는 '화술'(1962)로 옮겼다가 다시 '화법'(1967)으로 바꾸었다. 따라서 화법은 좁은 뜻과 넓은 뜻을 함께 갖는 셈이다.

토론은 어떤 논제를 둘러싸고 여러 가지 의견을 말하며 좋은 결론을 내려는 논의로서 '다수결 원칙'의 전제 조건이 된다. 영어 'Debate'에 해당한다. 토론의 보다 정확한 개념은 '정해진 규칙에 따라 이슈(Issue)를 중심으로 대립되는 양 팀 사이에 행해지는 토의, 또는 의론'인 것이다.